중년의 심리학

중년의 심리학

middle-aged psychology

최명희 지음

자유문고

참 이상하다. 사람들은 자신이 원하는 어떤 것, 즉 돈이나 사랑, 명예, 권력 등등만 있으면 행복할 것이라고 생각한다. 하지만 아이러니하게도 그토록 원하던 것들이 자신을 불행으로 몰아넣는다. 중년은 바로 그러한 삶의 모순과 맞닿은 시기이다. 인생의 행복을 위하여 지금까지 모든 것을 바쳐 치열하게 살아왔건만, 행복은 모호하고 삶은 허무하기까지 하다.

"중년"이라는 단어를 떠올리면서 이러한 삶의 모순을 진지하게 고민한 사람이라면, 성실한 삶을 사는 현실적 존재이면서 동시에 충분히 심리적인 사람이다. 『중년의 심리학』은 이처럼 현실적이면서도 심리적인 사람들을 위하여 중년의 안녕을 묻고 답하기 위한 책이다. 왜냐하면 중년은 육체적 변화와 더불어 심리적 변환을 특징으로 하기 때문이다.

우주의 본질이 음과 양의 양년으로 구성되어 있듯이, 모든 변환점은 발전과 도태를 함께 갖는다. 중년이라는 변환점에서 어떤 것을 선택할 것인지는 오직 자기 자신에 대한 깊은 관심에서 비롯된다. 이것이 바로 우리가 중년이라는 육체적 변화와 심리적 변환의 시기에 대해 예리한 주시와 관심을 가져야 하는 이유다.

『중년의 심리학』에서는 '변환'이라는 단어를 사용한다. 왜냐하면 중년의 특징으로 나타나는 심리적 현상들은 그동안 전혀 의식하지 못했던 정신적 내용을 깨우치게 됨으로써 심리적 아이가 심리적 성인식을 치르는 것과 같은 신비를 담고 있기 때문이다. 그것은 "중년"이 전체인격으로 가기 위하여 분리된 의식과 무의식의 정신적 통합과정에 있음을 의미한다. '변환'은 칼 구스타프 융의 이론에서 가져왔고, 이 책의 핵심 내용 역시 그의 이론을 바탕으로 하였다.

삶의 땡볕을 내달려온 사람일수록 중년은 안정과 허무를 더 크고 또렷하게 경험할 수 있다. 변치 않으리라고 믿었던 가족이라는 집단의 심리적 혹은 물리적 해체를 경험하거나, 경제적·심리적 빈곤이나 불안정으로 인한 두려움이나 공포를 접하거나, 무기력과 우울이라는 절벽을 만날 수도 있지만, 반면 중년의 풍요와 안정이 가져다주는 권태감으로 인한 궤도이탈도 있다. 물론 중년의 특징으로 나타나는 일반적 상황에 해당하지 않는 사람도 있을 것이다. 따라서 어떤 것이 더 좋고 더 나쁘다고 규정짓는 것은 의미없는 일이다.

심리적 문제를 많이 겪는다는 것은 심리적 운행이 활발하다는 의미이다. 그러므로 심리적 문제나 고통을 갖고 있다는 것은 정신의 더 높은 단계로 향한 길목에 서 있다고 볼 수 있다. 그리고 성숙으로의 본격적 진입은 우리가 문제를 잘 다루었을 때 얻어지는 결과이다. 『중년의 심리학』이 중년의 심리 경험을 통해서 반드시 획득되어져야만 하는 심리적 결실에 주목하는 이유가 바로 여기에 있다. 왜냐하면 어려운 심리적 과정을 겪었음에도 불구하고 그것이 주는 의미나 자신에 대한 인식으로 나아가지 못한다면 그것만큼 허망하고 원통한 일도 없기 때문이다.

삶은 복잡하고 내 뜻대로만 되지 않는다. 이것은 삶의 문제일까, 나의 문제일까? 그 문제의 해답은 어디서 찾을 수 있을까? 바로 이것이 『중년의 심리학』의 주제다.

행복을 염원하는 주체가 '나'라면 '나'는 무엇으로 구성되어 있는지를 알아야만 한다. 그것은 정신구조를 통해서 드러난다. 중년은 정신구조에 숨겨진 그 비밀, 그 암호를 푸는 시기다.

우리는 초년기에 이미 '사춘기'라는 시험지를 받은 적이 있다. 사춘기의 심리적 과제는 누구에게나 적용되는 보편적인 답안을 쓰면 되었다. 그런데 중년의 심리적 과제는 고유성을 요구한다. 즉 보편적 답안지는 교과서에서 배울 수 있지만 고유성의 답안지는 오직 '내가 누구인지'를 탐구할 때 발견되는 지극히 개인적인 것이다. 이것이 중년의 심리적 과제가 자신의 내밀한 정신구조 속에서 그 비밀을 찾아야 한다고 말하는 이유다.

전혀 준비되지 않은 상태에서 받아든 심리적 과제들이 중년을 당황하게 만든다. 필연적으로 겪게 되는 삶의 문제들과 자신에 대한 회의감을 우리는 어떻게 보아야 하고, 어떤 방식으로 해결해야만 하는 것일까? 『중년의 심리학』은 그 해결점을 문제의 표피가 아닌 본질에 접근해서 찾아내고자 한다. 그것만이 중년을 심리적으로 재탄생시켜 줄 수 있기 때문이다.

• 머리말 / 5

• 들어가면서 / 15

제1장 중년의 가치를 높이다 / 29

1. 중년은 갱년기가 아니라 사추기다   31

2. 중년의 자신에게 우울증이 아닌 기쁨을 선물하라   34

3. 중년의 공허감은 삶의 훈장이다   37

4. 공허감은 '나'가 '나'에게 보내는 초대장이다   40

5. 중년은 '나'를 발견하는 시기다   45

6. 나의 행복은 오직 나로부터 온다   48

제2장 중년의 사랑 / 53

1. 사랑은 왜 이토록 사람을 사로잡을까?   55

2. 인생 전반기의 성과 후반기의 성은 어떻게 다른가?   59

3. 사랑은 육체적 욕망일까, 정신적 욕망일까?   64

4. 아내와 남편과 자식이 있어도 외롭다   68

5. 중년의 갈등은 잃어버린 '나'를 찾으려는 욕구다   73

6. 건강한 중년은 성문제를 고민하지 않는다   76

7. 젊음과 로맨스 추구는 육체 중심 사회의 가치다　　　80

8. 중년의 갈등은 동물적 삶을 마감하라는 신호다　　　85

9. 중년기는 보이지 않는 삶에 주목할 때다　　　88

●────────── 제3장 중년의 가족 그리고 나 / 93

1. 우리는 일심동체야　　　95

2. 너는 내 운명　　　98

3. 너는 내 새끼　　　101

4. 내게 어떻게 이럴 수 있어?　　　104

5. 더 이상은 싫어　　　107

6. 콩깍지를 벗겨라　　　111

7. 사랑은 적개심을 등에 업는다　　　115

8. 동일시를 어떻게 벗어날 것인가?　　　118

9. 부부 사이에도 외교적 관계가 중요하다　　　121

10. 관계는 성숙한 인간 삶의 기술이다　　　125

11. 남편이 내편을 들지 않아 속상하다　　　127

제4장 나는 누구인가? / 133

1. '나'는 정신이 살고 있는 성이다   135
2. 나를 아는 것이 왜 중요한가?   139
3. '나'를 알지 못하면 모두가 고통스럽다   143
4. '나'는 나를 볼 수 없다   148
5. '나'는 오해의 창시자다   151
6. '나'를 보여주는 마음의 거울을 꺼내라   155
7. '나'를 이해하는 사람만이 상대를 이해할 수 있다   159
8. '나'는 극단적 이기주의자다   164
9. '나'는 죽지 않는다   167

제5장 가장 가치 있는 배움은 중년에 시작된다 / 173

1. 나는 내 삶의 주인으로 살고 있는가?   175
2. '나'의 둥지에는 '나'를 담아라   179
3. 희생적 삶은 위험하다   184
4. 갈등은 살아 있다는 증거다   188
5. 고통이라는 짐을 내려놓지 마세요   192

● 제6장 결혼관계의 핵심은 변환이다 / 197

1. 삶의 회의감은 본질적 물음이다   199
2. 중년의 위기는 정신성장 욕구의 표출이다   200
3. 자연 그대로의 인간은 온전한 인격체가 아니다   204
4. 중년의 특징은 변환이다   207
5. 변환을 거부할 때 신경증이 발생한다   210
6. 중년은 나를 마주할 준비기간이다   216
7. 중년에는 자신만의 독창적 문화를 만들어라   220

제7장 여성의 심리학과 남성의 심리학 / 225 ●

1. 정신은 자웅동체다   227
2. 여자와 남자, 어떻게 다를까?   230
3. 내면의 연인을 만나다   234
4. 남성의 부분적 여성화, 여성의 부분적 남성화   238
5. 왜 결혼이 성적 판타지를 접게 하는가?   242
6. 마더 콤플렉스와 파더 콤플렉스의 비밀   245
7. 홀로서기는 중년의 요구이자 명령이다   250
8. 마더 콤플렉스, 파더 콤플렉스는 왜 문제가 되는가?   253
9. 왜 심리적 독립이 중요한가?   257
10. 자기 내면에 있는 분석가를 만나라   260
11. 홀로서기는 자기 자신과의 소통이자 사랑이다   264

제8장 중년에는 새로운 정신 에너지가 필요하다 / 269

1. 자신의 진짜 모습을 찾아라   271
2. 정신 에너지의 원천을 찾아라   274
3. 새로운 에너지는 어떻게 만드는가?   279
4. 삶의 에너지를 고갈시키는 '심리적 아이'와 이별하라   285
5. 정신적 에너지의 원천인 심리적 대극과 마주하라   289
6. 원시적 정신상태란 자아 중심적 정신이다   293
7. 정신은 모순으로 이루어져 있다   298
8. 자기 이해는 에너지 흐름을 원활하게 만든다   302

• 나가면서 •
하찮은 자신을 사랑하라 / 307

중년에는 마음의 보험을 드세요

많은 이들이 연금보험에 가입하고 있을 것이다. 연금보험은 경제적 능력이 없어질 노후를 대비하는 생활의 지혜다. 이처럼 육체적 늙음에 대한 염려와 대책은 대부분 가지고 있다. 그러나 아이러니하게도 정신적 늙음에 대해 걱정하거나 대비하는 경우는 매우 드물다. 기껏해야 치매에 대비하는 정도다.

그것은 어쩌면 '나'는 늙지 않을 것이고, 죽지 않을 것이고, 불행하지 않을 것이라고 생각하기 때문은 아닐까? 생명체라면 늙음과 죽음을 피할 수 없다. 첨단의 의료기술이 있지만 그것은 단지 늙음과 죽음을 조금 지연시킬 수 있을 뿐이다.

미래는 준비된 자를 위한 것이라는 말도 있다. 미래에 대한 준비는 물리적 문제에만 해당하는 것이 아니라 정신적 문제에도 적용되어야 마땅하다. 물질적 준비가 아무리 완벽하다고 하더라도 그것을 이끌어 갈 주체로서 정신이 준비되어 있지 않다면 그것은 결국 절반의 준비에 지나지 않을 것이다.

아들을 셋이나 둔 부유한 노인이 있었다. 하지만 그는 자신이 너무도 외롭고 행복하지도 않다는 말을 입에 달고 살았다. 자식들의 관심이 아버지라는 존재가 아니라 아버지가 가진 돈이었다는 사실을 알고서는 감당하기 어려운 낙담에 빠져 버린 것이다. 노인은 많은 돈을 가질수록 자식들이 아버지를 존경할 것이라고 생각했었다. 그런데 현실은 자신의 예상을 보기 좋게 날리고 말았다.

물론 아버지의 돈을 탐하는 자식들을 잘했다고 말할 수는 없다. 그러나 아버지의 철학이 돈이었다면 그 자식들 또한 그것을 자연스럽게 닮아갔을 것이다. 돈에 관한 한 누구보다도 잘 아는 노인이었지만 정작 자기 자신에 대해서는 전혀 알지 못했다. 자신을 알지 못하는 사람이 다른 사람을 알 수 없는 것은 너무도 당연한 이치다. 노인의 원망은 자기 자신이 아닌 오직 자식들을 향해 있었다.

노후에 자식으로부터 존경은 아니더라도 존중조차 받지 못하거나 학대에 가까운 홀대를 받는 이야기는 현대 사회의 흔한 일이기도 하다. 지금 그러한 노인들의 모습이 지금 중년을 살고 있는 이들의 미래가 아니라고 확신할 수 있는 사람이 과연 얼마나 될까?

자신의 딸을 한없이 예뻐하는 젊은 엄마를 보고 있던 한 할머니가 "그렇게 애지중지 키워봤자 다 자라고 나면 저 혼자 큰 줄 알아!"라고 부질없는 한마디를 건넸다. 그 말을 들은 젊은 엄마는 뜻밖의 대답을 들려준다. "그래서 저는요, 내 딸에게 해 준 것들을 다 기록해 놓을 거예요. 내 딸이 잊지 않게 말이에요." 그 말을 들은 할머니가 "그럼 아기 엄마는 길러준 부모의 은혜를 다 기억하여 효심이 깊겠구려."라고 했다. 젊은 엄마는 얼굴을 붉히며 배시시 웃기만 했다. 자신이 받은 사랑을 미처 다 기억하지 못하는 아기 엄마처럼, 그 아기 또한 엄마의 사랑을 기억하지 못할 것이다. 왜냐하면 자아의식은 '나'를 중심으로 세상을 인식하도록 되어 있기 때문이다.

자기중심적 인식이란 언제나 이기적일 수밖에 없다. 이것이 바로 물질적 연금이 넘쳐도 마음의 연금이 없으면 인생은 참으로 허무하고 쓸쓸하게 되는 이유다. 마음의 연금은 그 누구를 위한 것이 아닌, 바로 자기 자신을 위한 것이다. 자신이 풍요로운 사람은 가족이나 이웃, 사회도 더불어 풍요롭게 한다는 것은 진리다.

마음의 연금보험은 '나'가 누구인지를 알 때 하나씩 불어나는 자기 지식의 축적이다. 자기 지식은 그 누구에게서도 배울 수 없다. 오직 자기 자신만이 알 수 있고, 자기 자신만이 꺼낼 수 있는 고유한 세계다. 그러므로 자기 지식은 가장 독창적인 지식이다. 그것은 외적 성공이나 외부적 지식으로 얻어질 수 없다. 오직 불완전한 자신에 대한 통렬한 자기 인식에 의해서만이 가능하다. 그러므로 마음의 연금보험은 그 무엇과도 비교할 수 없는 가치를 지닌다.

물질적 연금에만 몰두하다 보면 사람은 쉽게 자기 자신을 잃어버리게 된다. 자신이 누구인지를 알지 못하면 자기 분열이 일어날 수밖에 없다. 자기 분열은 곧 자기 자신과의 불화이다. 자기 자신과 불화하는 사람이 다른 사람들과 화합하기 어려운 것은 너무도 당연하다.

자기 이해란 자기 내면의 갈등과 혼란에서 벗어나는 일이고, 분리된 정신이 통합으로 가도록 하는 지름길이다. 통합된 마음은 삶의 여정을 소비가 아니라 창조로 이끈다. 창조적 노년은 더 이상 늙음의 처분을 기다리는 낡아빠진 짐짝이 아니다. 왜냐하면 그의 연륜은 곧 지혜의 보물창고이기 때문이다.

중년이 심리학에 주목해야 하는 이유도 바로 여기에 있다. 물질적 연금보험을 중년에 시작하듯이, 정신의 연금보험 역시 중년에 시작해야만 한다. 중년은 삶의 전반기에서 후반기로 연결하는 다리 위에 서 있다. 노년의 삶은 중년의 다리를 어떻게 건너느냐에 달려 있다. 중년에 자기 탐구의 기반이 갖추어진다면 그의 삶은 풍요로 보상될 것이다.

사실 알고 보면 삶의 순간들은 '나'가 누구인지를 알려주는 중요한 신호들이다. 그 신호를 알아차리는 사람의 시간들은 죽음으로 달려가는 허무의 열차를 성숙한 인격체로 거듭나기 위한 위대한 여정으로 바꾸어준다. 그러므로 이 책은 마음의 연금보험을 드는 비법을 위한 조그마한 힌트가 되기를 바라는 마음을 담고 있다.

중년에는 심리학을 즐겨라

중년의 한 여성은 고등학교에 진학하면서 친구들과 어울리지 못하고 외톨이로 지내야만 했던 아픈 과거를 가지고 있다. 초등학교와 중학교를 시골 읍내에서 다녔던 그녀는 학교성적이 우수했다. 부모님은 통학시간이 길다는 이유로 반대했지만 그녀는 도시에 있는 고등학교를 선택했다. 그런데 학교는 입학성적 순위에 따라 우수학급을 만들었다. 그녀의 성적이 우수학급에 미치지 못했는지 일반학급으로 배정을 받았다. 그것이 그녀의 자존감에 심각한 상처를 주고 말았다.

심리적 위축을 가지고 학교생활을 시작한 그녀는 학우들 안으로 들어가지 못하고 스스로 외톨이가 되어 갔다. 그녀에게 고등학교 3년의 기억이 너무도 힘들고 고통스럽게 짜여진 것은 당연했다. 대학 졸업 후 정신과 치료를 받으면서 조금은 나아졌다고 생각했다. 그러나 그녀는 여전히 상처에 매어 있었다.

결혼을 하고 두 아이의 엄마가 되었지만 대인관계를 어떻게 해야 하는지에 대한 자신감이 없었다. 관계 형성이 서투르다고 느낀 그녀는 답답함을 토로하기도 했다. 자기 삶이 원활하지 못하다고 느낄 때마다 그녀는 그 원인을 고등학교 시절의 외톨이 아픔 때문이라고 생각했다.

이 사례는 우리에게 중요한 문제를 알려준다. 초년기의 심리적 문제에 갇혀 있으면 현실은 중년이 되었더라도 그는 여전히 초년기를 살고 있는 것과 다르지 않다는 점이다. 많은 이들이 자기 과거에 발목이 잡혀 살아가고 있는 것이다.

육체와 정신은 같이 성장한다. 즉 몸이 변화할 때 심리적 변화도 함께 일어나야 한다. 몸이 변화하는데도 심리가 따라 변화하지 못하면 균형은 깨진다. 모든 질병은 조화가 깨졌다는 것을 의미한다. 과거로 돌아간다는 것은 현재를 살지 못한다는 것이다. 현재를 살지 못한다는 것은 현존재로서의 자기 자신에 대하여 알지 못하는 것과 같다.

이것이 바로 중년의 심리학에 주목해야 하는 이유다. 초년의 삶이 어떠하건 그것은 그것대로 끝을 맺어야만 한다. 그랬을 때 중년의 삶이 건강하게 진행될 수 있다. 중년 심리의 혼란은 현실적 존재로서 일어나는 문제이지 초년기 삶에 의해서 결정되어지는 것은 아니기 때문이다.

그러므로 아동기의 심리학 못지않게 우리는 성인기의 심리학에 깊은 관심을 가져야만 한다. 일반적으로 성인기에 심리적 혼란을 겪을 때 그것을 아동기의 문제에 초점을 맞추어 해결하려는 경우가 많다. 물론 유아성의 문제가 성인의 심리적 문제의 발단이 될 수 있다. 그러나 성인기의 심리적 문제가 오직 그것으로 인한 것만은 아닐 것이다.

성인의 심리적 문제는 '지금' '여기'에 있는 '나'라는 현실성이다. 그러므로 성인기의 심리적 문제의 핵심이 유아성의 문제로 이동된다면, 현실성이 간직하고 있는 성인기의 창조적 의미와 그 가능성을 간과할 수 있다고 융은 지적한다. 아동기의 심리학이 표준화된 집단인 양성을 위한 초석이었다면, 성인기의 심리학은 개성적 주체를 위한 초석이어야 한다.

정신을 어이할까요?

인간 삶의 주체는 정신임에도 불구하고 우리는 그것에 대한 관심이나 계발이 미흡한 게 사실이다. 아마도 그것은 육체는 눈으로 확인할 수 있는 대상이지만 정신은 보이지 않는 것, 눈으로 확인되지 않기 때문일 것이다. 그래서 우리는 정신적 삶이라는 말 자체를 너무도 어려워한다. 쉽게 이해되지 않는 골치 아픈 것들을 배워야 할 것만 같은 선입견 때문인지도 모른다.

그러나 사실, 몸에 관심을 갖는 정도의 노력을 정신에 대해서도 쏟는다면 누구나 쉽게 접근할 수 있다. 왜냐하면 그것은 이미 우리의 정신에 내재되어 있는 사실들이기 때문이다. 다만 우리는 먼저 보이고, 들리고, 만져지는 것들만이 진실이라고 믿어버리는 사고들에 의해 지배당하고 있다는 사실을 인정해야 한다. 몸에 대한 정보가 건강한 몸을 유지하는 데 많은 도움을 주듯이, 정신의 구조나 기능에 대한 정보 또한 정신의 건강을 위하여 참으로 유익할 수 있다.

인간은 자유로움에 대한 열망이 상하다. 그것은 어쩌면 그만큼 무엇엔가 제한되어 있고 구속되어 있다는 의미일 것이다. 대마초나 마약에 쉽게 유혹을 받는 이유가 바로 여기에 있다. 일찍 성공한 연예인들, 부유한 집 자제들이 마약중독 문제를 일으키는 경우를 흔하게 접한다.

현실에 적응하여 살아남기 위해 노심초사하는 동안에는 마음의 불안이나 혼란을 느낄 틈이 없다. 그런데 이른 성공은 그러한 과정이 생략되어 버리고, 부유한 집 자제는 이미 충족되어 있기 때문에 무의식으로 있던 여러 기능들이 활동을 하기 시작한다.

사회적·도덕적 질서 아래로 숨어 있던 본능이 본격적으로 치밀어 오르면서 본능을 제약하는 현실이 답답하게 느껴진다. 마약의 힘은 그를 답답한 현실에서 벗어나 새처럼 자유로움을 느끼게 해준다. 즉 의식에 의해 짓눌려 있던 그림자가 풀려나는 것이다.

전쟁이나 자연의 이변에 대한 두려움보다 사실 더 무서운 것은 자기 내면에서 일어나는 정신의 변화를 알지 못한다는 것이다. 이것은 우리가 정신에 대해서 알아야 한다는 사실을 말해준다. 일반적으로 우리가 건강에 대해 말할 때 육체적 건강만을 말하곤 한다. 그것은 그만큼 우리의 관점이 정신보다는 육체 중심으로 생각하고 살아간다는 의미다.

정신이 육체만큼이나 중요하다면 우리는 육체에 대해서 알고 있는 지식이나 정보만큼이라도 정신에 대해서 알아야 한다. 육체의 건강에 대해 걱정하는 사람들은 어떤 음식을 먹어야 하고 어떤 음식을 조심해야 하는지, 어떤 운동을 해야 하고 어떤 생활 규칙을 지켜야 하는지에 대해 아주 많은 시간과 노력을 들이고 지식과 정보를 수집하기도 한다.

건강염려증을 앓던 한 부인이 불행하게도 위암3기의 판정을 받았다. 그녀는 암치료와 더불어 암을 이길 수 있는 음식을 만드는 일에 거의 하루를 보낸다. 건강염려증이던 그녀가 그동안 온 신경을 기울여 온 것은 말할 것도 없이 음식의 질이었다. 그렇다면 그녀의 식생활은 보통 사람에 비해서 건강식이었을 텐데, 그럼에도 불구하고 그녀는 위암에 걸린 것이다.

물론 이것을 반드시 이러하다는 공식으로 대입하기는 어렵지만, 우리는 다른 방식으로 생각해 볼 수 있을 것이다. 외부세계나 내부세계에 의해서 만들어지는 마음의 갈등이 바로 스트레스다. 그런데 암과 같은 질병의 원인에는 스트레스도 반드시 들어간다. 스트레스란 무엇인가? 마음이다.

현대인에게 육체적인 부분에 대해서는 첨단과학적인 정보들이 광범위하게 알려져 있고, 발전 또한 계속되고 있다. 그러나 정신적 측면에 대한 것은 그렇지 않다. 물론 그것은 과학이 눈으로 확연히 드러나는 것에 집중하고 있기 때문일 것이다. 그러한 관념의 결과로 현대인들의 삶은 육체적 측면에 기울어져 있다.

문제는 관심이 육체적 측면으로 치우친 만큼 정신적 측면에 대하여 소홀해진다는 것이다. 그리고 그것이 정신에 대한 무지로 이어질 수밖에 없는 것은 당연하다. 물론 육체는 정신을 담고 있는 그릇이고 육체적 건강은 정신적 건강에 영향을 미친다.

그러나 사실 육체를 인도하는 것은 정신이다. 정신이 없는 육체는 살아 있어도 죽어 있는 것과 다르지 않다. 동물과 인간의 차이가 정신에서 확연하게 드러난다. 그것은 인간이 정신이라는 측면에 대해서 얼마나 깊은 관심을 쏟아야 하는지를 말해 주는 것이기도 하다.

정신은 우리가 무심히 지나쳐야 할 만큼 하찮은 것이 아니다. 정신에 대한 가치를 믿는 사람은 자기 존재에 대한 가치를 믿는다. 자기 삶의 주인은 자기 삶에 책임을 지는 사람을 말한다.

『중년 심리학』의 주제는 바로 '나' 자신이다

한때 '행복하소서'라는 인사가 유명세를 탄 시기가 있었다. 그것은 우리가 행복이라는 것에 얼마만큼 집착하고 있는지를 보여주는 바로미터다. 이러한 마음을 반영하는 것일까? 한 언론 매체에서 진행했던 50대 남성들의 심리 설문조사에서 응답자의 69%가 불안과 우울을 경험한다고 조사됐다. 그들은 행복하기 위해 지금까지 열심히 살아왔지만 50대에 이르러 느끼는 것은 외롭고 공허하다는 것이었다.

그렇다면 인간은 왜 행복하지 못하면 불안하고 우울하게 되는 것일까? 행복이란 과연 무엇일까? 행복(happiness)은 '주관적 안녕감(subjective well-being)이다'라는 정의가 가장 보편적으로 사용된다고 사전은 말하고 있다. 그것에 대한 부연설명으로는, 안정된 직업과 건강한 몸과 화목한 가족이 있어서 만족과 즐거움을 느끼는 상태라고 했다.

물론 앞에 정의된 행복의 조건을 갖추고 살 수 있다면 누구나 더 없이 좋을 것만 같다. 그러나 많은 이들이 그러한 조건 안으로 들어가지 못할 뿐만 아니라, 그러한 조건을 갖추고 있는 사람들조차도 완전한 행복으로의 진입은 아니라는 것 또한 사실이다. 왜냐하면 행복의 조건이라고 알려진 사회적 명성과 부를 이룬 사람들조차도 결국 정신건강법을 찾고 있기 때문이다.

한 매거진이 독자들에게 행복으로 가는 길에 도움을 주겠다며 유명인들의 정신건강법들을 소개한 적이 있다. 그들이 전하는 정신건강법에는 복잡하고 혼란한 머릿속을 비우는 명상법, 일상의 고통을 잊게 해 주는 나만의 독특한 취미 생활, 실패를 돌아보는 시간 갖기, 자기 자신을 보듬어 주는 일기쓰기, 충분한 수면을 통한 건강법, 부자들에게 행복감을 준다는 봉사활동 등이 있었다. 전문가들도 운동이든 취미든 자신이 원하는 삶의 가치를 새롭게 만들라고 조언한다.* 이 모든 방법들과 조언들은 의욕을 잃고 주저앉으려는 중년의 마음을 추스르게 만드는 데 긍정적인 작용을 하게 될 것임에는 틀림없어 보인다.

'행복은 주관적 안녕감(subjective well-being)'이라고 했다. 이 말을 풀어보면, 결국 행복이란 '나'가 아무 탈이 없어서 편안함을 느낀다는 것이다. 여기서 '나'라는 단어에 작은 따옴표를 쓴 이유는, '나'라는 단어가 심리학의 '자아'를 대신하고 있음을 강

---

* "열심히 살았는데 왜 이렇게 허무하죠?", 한국경제 매거진, 제126호, 2015. 11. 10.

조하려는 의도이다. 자아에 대해서는 본문 속에서 좀 더 논의가 진행될 것이다.

다시 말해 행복이란 '나'가 별 탈이 없이 편안하고 한가롭고 싶은 욕구다. 이 말을 뒤집어 보면 '나'는 늘 탈이 날까봐 두려움에 떨고 있다는 말이다. 불행하다고 답한 중년남성의 69%가 불안을 경험한다는 것에서도 이 말은 증명되고 있다. 말하자면 행복을 갈구하는 것도 불행을 피하고 싶은 것도 모두 '나'이다.

위에서 말한 정신건강법들이 복잡하고 혼란한 '나'의 마음을 지우는 것에 그 초점이 두고 있다. 그런데 재미있는 것은, 행복에 대한 정의대로 하면, 행복의 조건이 갖추어지면 행복을 방해하는 갈등이나 혼란이 일어나지 않아야 한다. 하지만 안정적 여건 속에 있는 유명인들조차 여전히 마음의 갈등과 혼란에서 벗어나지 못하고 있다.

그러므로 이 책에서는 위에 소개된, 성공한 사람들이 말하는 건강법에 덧붙여 문제의 근원으로 들어가 보고자 한다. 즉 근원적 불안과 갈등을 가지고 있는 '나'라는 마음에 대해서 알아볼 필요가 있다는 것이다. 우리는 불안에 대해서 이야기할 뿐, 정작 불안의 주체인 '나'에 대해서는 말하지 않는다. '나'는 모든 문제의 근원이다. 불안이나 혼란이 현상이라면 '나'는 그것들을 일으키는 본체다. 병을 근본적으로 치유하기 위해서는 현상을 통해서 본질을 보아야만 한다.

제시된 정신건강법들이 '혼란 시그널의 생산 중단'을 향하고 있다. 물론 우선적으로 끓어 오르는 열을 멈추는 것도 중요하다. 그것에 더 나아가 열이 나는 원인을 안다면 더욱 좋을 것이다. 원인은 고독과 불안을 느끼게 만드는 본질인 '나'에게 있다. 이것이 바로『중년의 심리학』이 '나'에 대해 관심을 두는 이유다.

　물론 '나'에 대한 심리학적 연구는 그렇게 많지 않다. '나'라는 주제는 참으로 미묘하여 탐험하기 어려운 정신의 본체에 그 근원을 두고 있기 때문이다. 이처럼 미묘한 마음을 간파하기 위해서는 가장 섬세하고 뛰어난 의식성이 요구된다. 이러한 어려움에도 불구하고 조금씩 접근해 보는 것도 나쁘지 않을 것이다. 아무리 높은 산이라고 하더라도 한 걸음의 시작에서 비롯되는 것처럼 말이다.

제1장 중년의 가치를 높이다

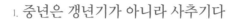

1. 중년은 갱년기가 아니라 사추기다

지금까지는 중년의 문제를 주로 육체적 현상으로 인식해 왔다면, 이제 정신적 현상으로 그 중심을 이동할 필요가 있어 보인다. 왜냐하면 육체 못지않게 중요한 것이 바로 정신이기 때문이다. 어느 한 쪽에 치우친다는 것은 어느 한 쪽을 무시하는 것과 다르지 않다.

초로의 치과의사가 한 여성과 식사를 하면서 "여자가 앞에 있어도 마음이 두근거리지 않는 나이가 되니 참으로 좋습니다."라고 말했다. 이 말은 유명한 철학자가 한 말과 다르지 않다. '사랑이 얼마나 피곤하고 골치 아픈 것인지를 아는 사람만이 사랑을 졸업합니다.' 어쩌면 이러한 말들은 사랑을 온몸으로 경험했기 때문에 나올 수 있었을 것이다. 열정에는 이성이 없다. 사랑이 그토록 매혹적인 것도 바로 그러한 이유 때문이다. 이성이 없는 곳에는 혼돈이 주인이다.

사랑을 졸업할 나이에도 불구하고 여전히 사랑의 판타지를 꿈꾸고 있다면, 그는 삶을 피상적으로 살아왔을 가능성이 크다. 대상이 존재하는 사랑은 오로지 사랑 그 자체만 오지 않는다. 미움·증오·소유·집착·갈증·불안·갈등·배신 등 온갖 감정들과 함께 온다. 그러므로 사랑이 무엇인지를 아는 사람이라면 사랑이라는 열정이 사라진다는 것이 얼마나 편한지를 안다. 왜냐하면 더 이상 사랑이라는 열정의 노예가 되지 않는 자유인이기 때문이다.

사춘기는 영어로 puberty다. pube는 음모陰毛를 상징한다. 그러므로 puberty는 생식기능이 완성되는 시기를 말한다. 즉 puberty는 생리학적 조망을 주축으로 한다. 그런데 이 puberty를 동양에서는 사춘기思春期로 번역했다. 말하자면 동양의 언어선택은 생물학적 조망보다 심리학적 조망이 더 우선되어 있다고 볼 여지를 가진다.

사춘기를 글자 그대로 풀이하면 '생각의 싹들이 한껏 피어오르는 시기'라는 말이다. 봄에는 꽃과 잡초를 가리지 않고 온갖 생명들이 오른다. 어느 것이 곡식이고 어느 것이 잡초인지 구분이 되지 않기에 좌충우돌하기 마련이다. 마구잡이로 자라던 생각들은 사춘기를 지나는 동안 사회적으로 적합하지 않는 것들을 가려내면서 자신이 중요하다고 생각하는 것들 위주로 생각의 나무를 키운다.

사전에는 정식으로 등록되어 있지 않지만 갱년기를 표현하는 또 다른 용어는 '사추기思秋期' 또는 '행년기幸年期'이다. 갱년기가 육체적 변화에 중심을 둔다면, 말 그대로 사추기는 정신적 변화를 통한 정신적 성숙을 함의하고 있다.

사추기는 청년기 동안에 사고의 토대가 되었던 심리적 과정들을 점검하고 거둬들이는 시기다. 행년기는 이러한 사추기를 더 적극적으로 해석한다. 즉 성숙한 생각들을 추수하는 사람에게는 그야말로 인생 최대의 은총을 누리는 시기가 시작된다는 의미다.

그런데 인생의 진정한 안정기로 전환되어야만 하는 시점에서 많은 이들이 마음의 브레이크에 걸리고 있다. 그것은 사추기가 되지 못하고 갱년기가 되어 버릴 때 일어난다. 중년을 그야말로 몸의 변화에 맞춘 갱년기라는 음울한 들판이 될 것인지, 아니면 삶이 무르익는 황금의 들판이 될 것인지는 중년을 맞이하는 사람의 마음 자세에 달려 있다.

인생의 황금들판으로 가고 싶어도 그 방법을 알지 못하면 혼돈 속에서 방황할 수밖에 없다. 정보와 이론이 넘쳐나는 시대지만 인생의 성숙함으로 들어가는 길을 제시하는 방법론에 대한 지혜는 그리 흔하지 않다. 그것은 이 분야의 연구가 아직 제대로 이루어지지 않았다는 것을 나타낸다.

결국 중년의 고개를 넘어가는 당사자들이 직접 관심을 가지고 열정을 모아야만 한다. 사실 내 삶의 문제, 내 자신의 문제는 신조차도 해결해 줄 수 없다. 왜냐하면 내가 나를 모르면 신조차 나를 알 수 없기 때문이다. 나를 알 수 있는 것은 오직 나 자신뿐이다. 그러므로 그것은 오직 당사자 개인만이 풀 수 있는 유일무이한 암호인 것이다.

2. 중년의 자신에게 우울증이 아닌 기쁨을 선물하라

여성의 생식기능 소실과 여러 가지 신체적 변화에 초점이 맞추어진 갱년기라는 이름은 중년을 우울증으로 이끈다. 얼굴이 화끈거리거나 가슴이 두근거리는 증상이 나타나고, 활달하고 적극적인 성격도 소극적으로 변하면서 외로움을 느낀다. 말하자면 호르몬 변화에 따른 중년의 신체적 변화가 심리적 변화를 동반하는 것이다.

그런데 갱년기 여성들이 경험하는 심리적 문제의 원인이 단순하게 호르몬의 작용에 의한 것인가는 생각해 볼 여지가 있다. 진화심리학자 가나자와 사토시 교수는 인간의 가장 큰 존재이유를 '번식'이라고 주장한다. 이 말에 동의라도 하는 것처럼, 많은 여성들이 생리를 멈추는 것을 여성성을 잃는 것으로 생각한다. 그렇기 때문에 여성들은 폐경을 존재의 가치가 떨어지는 두려움으로 인식하게 된다. 하지만 이것은 인생을 생물학적 현상을 중심으로 보는 학습의 결과일 뿐이다.

삶이란 참으로 복잡하고 미묘하다. 생을 유지하는 것 자체가 고통이다. 한 치의 앞길도 내다볼 수 없기에 그야말로 긴장의 연속이다. 그러므로 잘 살건 못 살건 누구나 중년의 나이에 이르면 몸도 마음도 지치게 되어 있다. 갱년기 장애는 중년이 경험해야 하는 신체적 변화와 심리적 변화에 대한 두려움이 낳은 증상이다.

중년여성의 90%가 갱년기 장애를 겪는다고 알려져 있다. 이유도 없이 짜증과 화가 치밀고, 우울하며 무기력해진다는 것이다. 우리는 다른 사람의 늙음과 죽음을 보고 듣지만 정작 그것이 자신의 일이라고는 쉽게 인식하지 못한다. 그러다 보니 자신의 늙음을 어느 날 갑자기 발견하게 되면서 충격을 받게 된다.

동물적 삶은 몸에 한정되어 있다. 몸이 삶의 전부이기 때문에 몸에 집착한다. 몸이 '나'의 전부가 될 때, 늙음은 충격으로 다가오고 건강에 대하여 과민하게 반응한다. 몸이 곧 삶이기 때문에 몸이 늙는다는 것은 죽음을 연상시킨다. 그러므로 필사적으로 늙음을 피하고자 한다. 죽음에 대한 공포가 그를 짓누른다.

운동에 매달리고, 호르몬 치료를 하면서 성기능 강화를 위해 애쓴다. 젊은 애인을 사귐으로써 자신의 젊음을 확인하고자 한다. 늙음 쪽으로 가려는 밧줄을 최대한 젊음 쪽으로 끌어당기려는 것이다. 하지만 그렇게 유지된 젊음이란 다리미질을 한 옷과 같아서 물에 젖으면 곧바로 원상태로 될 수밖에 없다. 말하자면 그것은 자기기만일 뿐이다.

사실 폐경이나 성력 감퇴는 동물적 삶에서 인간의 삶으로 가는 축복의 다리다. 그러므로 여성과 남성은 자신의 폐경과 정력 감퇴를 축하해야 한다. 정력 감퇴와 폐경으로 우울증을 겪는 일이 호르몬만의 작용이 아니라고 한다면 그것은 심리적인 문제이다.

인간은 자연이다. 봄이 오면 여름이 오고, 가을이 오면 겨울이 온다. 늙음의 문제도 이와 전혀 다르지 않다. 그런데 우리는 왜 인생의 가을에 성기능장애를 걱정해야만 하는가? 이러한 현상은 육체적 건강에 초점을 맞추기 때문에 일어난다. 나이가 들면 육체는 자연히 보잘것없어진다. 육체적 가치에 집중할수록 허물어져 가는 몸을 받아들이는 것이 힘들어진다. 모든 문제는 언제나 정직하게 인식하고 수용해야 하는 것을 거부했을 때 일어난다. 갱년기를 우울증으로 맞는 이들은 삶의 가치를 사토시 교수의 말처럼 '번식'에 두고 있는 것이다. 본능적이고 동물적인 것만이 가치가 된다면 그것은 인간됨의 진정한 의미를 모르는 것이다.

또한 그것은 삶의 전체성을 지극히 부분적인 것에 속박시키는 것이다. 삶의 전체성은 너무도 다채롭다. 속박된 삶이란 자신의 작은 구멍 속에서만 살아가는 쥐의 삶과 다르지 않다. 구멍 속에 사는 쥐는 넓은 세상을 결코 알지 못한다. 동물적 삶만이 전부라고 아는 사람은 정신적 삶이 알려주는 존재의 고유하고 찬란한 의미를 결코 알 수 없다.

3. 중년의 공허감은 삶의 훈장이다

중년이라는 말을 쓸 때 떠오르는 것 중의 하나가 바로 '위기'라는 말이다. 중년의 위기라는 것이 있다고 주장하는 학자들이 있는가 하면 중년의 위기 같은 것은 없다고 주장하는 학자들도 있다. 세상에 존재하는 모든 것에는 양면성이 존재하기 마련이다. 그러므로 문제를 바라보는 관점에 따라 다른 결론에 도달할 수 있다.

공허감을 느낀다고 대답한 응답자들의 말 중에 인상적인 것은 자신이 열심히 살아왔다는 것이다. 말하자면 그들은 행복하기 위해서 열심히 살아왔지만 그것이 자신을 행복하게 만들어 주지는 못했다는 말이다. 사실 자기 삶에 전력질주한 사람일수록 공허감을 더 크게 경험하고 더 혹독하게 치르게 된다. 목표지점을 행해 전속력으로 몰았던 삶의 자동차가 전혀 예상치 못한 지점에서 급브레이크를 밟아야 했을 때 충격은 속도에 비례하는 것이 사실이다.

세상은 사랑·결혼·가족·돈·출세와 같은 것들로 삶의 모범답안지를 제시했다. 그것들은 세상을 살아가는 방법이었다. 젊은 인생은 한 점의 의혹도 없이 그것들을 얻기 위해 최선을 다했다. 그러나 기쁨으로 가득 찰 것만 같았던 목표점 가까이에 도달해 보니 남은 것은 텅 빈 가슴이다. 무엇이 잘못된 것일까?

그렇다. 세상이 요구한 답안지는 세상에 맞추어 살아가는 방법이었다. 그러므로 그 안에는 '나'가 들어 있을 수가 없었다. 세상의 방법에 맞추기 위해 '나'는 희생되어져야만 했던 것이다. 이제 공허감은 세상을 살아내기 위해 희생되어졌던 '나'를 찾으라고 말하고 있다. 세상이 요구한 모범 답안지에는 사랑·결혼·가족·돈·출세를 하고자 하는 주체인 '나'가 빠져 있었던 것이다.

왜냐하면 '나'를 세우고서는 그것들을 얻을 수 없기 때문이다. 그래서 '나'는 '나'를 모범 답안지와 동일시했던 것이다. 그러나 중년의 어느 날 그것들이 '나'가 아니었다는 사실을 느끼기 시작했다. '나'가 빠져 있는 나의 삶이 공허한 것은 너무도 당연하다. 그것이 바로 중년이 느끼는 공허감의 실체다.

엄밀하게 따지고 보면, 내가 추구했던 것들은 결국 '나'를 찾고자 했던 것에서 비롯된다. '나'가 누구인지를 알지 못하기 때문에 '나'는 세상이 제시한 것들에 의해서 '나'를 확인하고 싶었던 것이다. 그러나 공허감은 그것들이 결국은 '나'가 될 수 없다는 사실을 알려주고 있는 것이다.

설문지를 중심으로 보았을 때, 중년에 공허감을 느끼는 사람도 있지만 느끼지 않는 사람도 있다. 공허감을 느끼지 않는 사람들을 중심으로 본다면 중년의 위기 같은 것은 없다고 하는 연구가 인정되는 셈이다. 모든 생명체는 병을 앓게 되어 있다. 물론 자기는 감기 한 번 걸리지 않았다고 하는 사람들도 더러는 있다. 그러나 그 말들은 아직은 건강이 좋은 상태에 있는 사람들의 경우다. 병마와 죽음은 건강을 자신하고 있을 때 찾아온다.

모두가 아름답게 보았던 초로의 부부가 있었다. 아내는 병약해서 한의사 남편의 관리를 받으며 평생 약으로 살았다. 반면에 남편은 건강해서 일생동안 아파서 자리에 누운 적이 없었다. 그런 남편이 갑자기 심각한 병을 앓다가 먼저 세상을 떠났다. 약골인 아내는 그보다 20년을 더 오래 살았다.

마음의 병도 이와 다르지 않을 것이다. 병이 없는 것이 더 좋아 보이지만, 병을 앓는 것 역시 꼭 나쁘다고만 할 수는 없다. 건강을 위협 받을 때 우리는 건강에 대해 생각하고 보다 더 조심스럽게 건강을 챙기기 때문이다. 만일 중년에 공허감을 느끼지 않으면 자기 자신으로 돌아가는 길이 있다는 사실을 알지 못할 수도 있다. 공허감을 내면세계를 탐험하기 위한 초대장으로 인식할 수 있다면, 그것은 최선을 다해 살아온 자기 삶의 훈장이라고 말해도 결코 어긋나지 않을 것이다.

4. 공허감은 '나'가 '나'에게 보내는 초대장이다

공허감이란 속이 텅 비는 느낌을 말한다. 육체는 위장이 비어 있으면 배고픔을 느낀다. 마음의 위장이 비어 있으면 마음 또한 고프다. 만일 누군가가 공허감을 느끼고 있다면 그의 마음이 텅 비었다는 신호다. 배가 고프면 음식물을 먹어야 살아갈 수 있는 에너지가 만들어진다. 마찬가지로 공허감을 느끼면 마음의 허기를 메울 수 있는 마음의 음식을 먹어야 한다.

열심히 살아온 사람이라면 허기가 일어나는 것은 너무도 당연하다. 공허감은 마음의 에너지가 고갈되어 심리적 허기, 심리적 위축이 일어난 것이다. 그러나 우리에게 마음이라는 말은 마치 외계의 일만큼이나 낯설게 느껴진다. 그만큼 우리가 마음에 대해서 알지 못한다는 것을 증명한다. 남의 마음이 아니라 나의 마음인데도 말이다. 내가 누구인지를 모르니 나의 마음을 모를 수밖에 없고, 마음을 모르니 마음의 허기를 채우는 방법도 모른다.

이러한 현실적 분위기를 반영하듯이, 중년이 느끼는 마음의 허기는 당사자도 제대로 알아차리기가 쉽지 않다. 때문에 해결하는 방법 또한 미숙하다. 마음의 음식은 외부에 있는 것이 아니라 바로 자기 마음 안에 있다. 그러나 마음에 대해서 문외한이 할 수 있는 일이란 기껏해야 보이지 않는 마음의 음식을 보이는 것에서 찾으려고 시도하는 것이다.

　그러나 감각적으로 채워지는 마음의 양식들은 자신뿐만 아니라 가족들까지 희생당하는 경우가 생기게 된다. 문제는 엄청난 희생을 치르고서도 공허감이라는 근본적 배고픔을 채울 수 없다는 데 있다. 원인에 대한 정확한 진단이 없으니 정확한 치유 방법을 찾지 못하는 것은 너무도 당연한 일이다.

　생명을 유지하고 삶을 살아낸다는 것은 엄청난 정신적·육체적 에너지가 요구된다. 공허감은 삶으로부터 누적된 '나'라는 자아의식이 느끼는 피로감이다. 자아라는 작은 그릇에 담았던 생명에너지가 고갈되어 버린 것이다. 그것은 중년이라는 이름으로 오는 허무와 갈등 그리고 삶과 죽음에 대한 두려움으로 드러난다.

　이 과정에서 지혜로운 대처가 일어나지 않으면 정신은 퇴보의 길을 걷는다. 왜냐하면 생명에너지의 고갈이란 결국 의식이라는 에너지가 약해져 있다는 것을 말하기 때문이다. 의식의 에너지가 약해진다는 것은 곧 무의식화 된다는 것이다. 무의식화라는 것은 자기 자신에 대하여 명료한 인식 없이 그냥 살아가는 것을 의미한다.

　젊은 시절에는 타고난 에너지로 '나'가 누구인지를 몰랐어도 그럭저럭 살아졌다. 그러나 이제 그 에너지가 바닥나면 불안감이 몰려든다. 왜냐하면 '나'가 누구인지를 모른다는 것은 마치 칠흑의 어둠 속에 홀로 서 있는 것과 다르지 않기 때문이다. 무의식화는 결국 내적 혼란이다. 혼란이 심화되는 것을 신경증이라고 말한다.

그렇다면 중년에는 왜 이런 변화가 일어나는 것일까? 융의 이론으로 본다면 중년에 일어나는 이러한 심리적 변화들은 정신의 근원으로 돌아오라는 신호다. 그러한 과정을 제대로 이해하지 못하는 사람은 중년에 정상적으로 만나야 하는 자신을 피해 버린다. 대신 자신의 고통을 망각하게 해줄 다른 것에 정신을 쏟는다. 요즘 중년들 사이에서 모바일 게임이 유행하는 이유도 바로 여기에 있다.

그러나 자신의 문제는 자신 안에 있고, 그것은 오직 자기 자신과의 진정한 만남에 의해서만 치유가 가능하다. 자기가 알고 있는 세상만이 전부라고 생각하는 것이 바로 자아의식이다. 자아의식은 '나'라고 생각하는 아주 작고 좁은 사고의 틀이다. 그러므로 오직 자아의식으로만 살아온 사람은 그 자신이 감히 가늠조차 할 수 없는 엄청난 영역의 또 다른 정신세계가 존재한다는 사실을 알지 못한다.

실제로 '나'라고 생각하고 있는 자아의식은 정신의 주체가 아니다. 그러므로 자아의식만이 정신의 전부라고 고집할 때, 개체는 위험에 처하게 된다. 그러나 대부분의 사람들이 그 사실조차 제대로 인식할 수 없다는 것이 더 큰 문제를 만든다. 스스로 위험하다고 느낀다면 그는 성숙한 인간이다. 왜냐하면 위험은 보이지 않는 무의식의 정신이 자아의식에게 자신을 돌아보게 만드는 시그널이기 때문이다.

위험에는 언제나 그것을 타파할 수 있는 지혜도 같이 있다. 그것이 바로 인간 정신의 위대함이다. 자기 안에 엄청난 에너지의 근원을 두고서도 꺼내 쓰지 못하는 것은 무지의 소산이다. 우리가 심리학에 대해서 알아야만 하는 중요한 이유를 여기서 발견하게 된다. 정신은 자체적으로 발전의 과정을 가지고 있다.

정신 발달의 중요한 순간들은 늘 위험과 기회를 동반하고 있다. 정신의 구조에 대해서 알지 못하는 한 사람은 위험의 신호만을 느낄 수밖에 없다. 자아의식은 본능적으로 자신이 알지 못하는 정신에 대한 두려움을 가지고 있다. 자아의식이 정신 발달의 중요한 순간을 인식하지 못하고 안타깝게도 발달보다 퇴행을 선택하게 만드는 중요한 이유다.

젊은 시절의 문제가 외적인 것에 있었다면 중년 이후의 문제는 내적인 것으로 옮겨진다. 외적인 것에 대한 두려움의 극복은 현실적 조건의 충족으로 가능해지는 것처럼, 내적인 것에 대한 두려움은 온전하게 내적인 문제다. 이것은 중년의 위기를 극복하기 위해서는 오직 자기 자신으로 돌아가야 한다는 것을 말한다.

중년 이전의 삶은 주로 외석 가치로 채워지고 외적 성공을 위해 달려 왔을 것이다. 외적인 것을 삶의 중심에 두고 살았다는 것은 내적 가치와 내적 성공은 버려져 있었다는 의미다. 삶의 전반부에는 내적인 가치와 내적 성공이라는 단어를 사용하지 않는다. 왜냐하면 삶의 전반기는 대부분 외적인 삶을 살아야만 하는 시기이기 때문이다.

그러나 삶의 후반기는 전반기의 심리학으로는 잘 맞지 않는다. 그만큼 삶의 양상이 다르다. 중년에 느끼는 심리적·물리적 변화들은 외적 삶에서 내적 삶으로의 전환을 의미한다. 내적 가치란 바로 자기 자신의 진정한 모습에 대한 이해로부터 온다. 외부로부터 습득되는 지식들이 주어진 세계로의 진입을 위한 것이었다면, 중년에는 진정한 나의 것을 발견함으로서 자신만의 가치관을 새롭게 만들어 가야 한다.

'나'가 세상의 중심이라고 인식하는 자아의식은 전체 정신의 기준으로 본다면 사실상 부분 정신이다. 부분 정신이란 온전한 정신이 아니라는 것이다. 온전한 정신이 되기 위해서 자아의식은 분리되어 있는 무의식의 정신과 통합하는 과정을 거쳐야만 한다. 자아의식이 외면해 왔던 정신의 영역이 무엇인지를 살펴야만 하는 때가 바로 중년의 위기다.

위장이 아파야만 우리는 위가 병들어 있다는 것을 느낀다. 아픔은 언제나 자신을 돌아보라는 신호다. 중년에 느끼는 공허감은 마음의 에너지가 고갈되었음을 알리는 신호다. 그 신호를 제대로 알아차리는 사람은 마음의 허기진 배를 채워야 한다는 사실을 인식하게 된다.

마음의 허기는 밖에 있는 외부의 것들로는 채워지지 않는다. 그것은 오직 내 안에 저장된 에너지를 꺼내야만 가능하다. 저장된 에너지를 융은 '무의식의 정신'이라고 부른다. 무의식은 미완의 정신이다. 그것은 의식의 자각이 있을 때만이 정신의 가장 값진 에너지로 가동될 수 있다. 심리학적으로 의식과 무의식의 통합이다. 통합은 분리된 정신이 하나되는 일이고, 하나된 정신만이 진정한 치유다.

무의식의 에너지는 전혀 새로운 에너지다. 그것은 외부적 조건에 의해서 조금씩 얻어지는 그런 것이 아니다. 정신의 원천으로부터 생산되는 창조적 에너지다. 그것을 끌어내야만 중년의 위기는 극복될 수 있다. 뿐만 아니라 이전에는 전혀 알지 못했던 정신의 온전히 새로운 영역이 열리는 기쁨을 맞게 된다.

5. 중년은 '나'를 발견하는 시기다

자신의 삶을 산다는 것은 무슨 의미일까? 자기 자신의 삶을 살려면 우선 자기 자신이 누구인지를 알아야만 한다. 그런데 불행하게도 많은 이들이 자기 자신에 대해서 지독히도 문외한이다.

그래서 사람들은 자기가 누구인지를 알기 위해서 전문가를 찾기도 하고, 종교적 지도자를 찾는가 하면, 그 외에 다양한 방법들이 동원된다. 그만큼 자신을 아는 일은 어렵다. 마치 눈은 외부적 대상들은 아주 잘 보지만 정작 눈 그 자체에 대해서는 보지 못하는 것과 같다.

자기다운 삶이란 우선적으로 자기 자신이 누구인지를 알 때 가능해진다. 자기란 우주에서 단 하나뿐인 고유한 존재다. 고유한 존재는 개성적인 삶을 산다. 개성적인 삶이란 고유한 존재로서의 본연의 삶을 실현한다는 의미다. 자기 자신을 알지 못하면 당연히 고유한 삶이 존재할 수 없다. 그는 타인의 삶을 모방할 뿐이다.

모방은 물리적이든 심리적이든 자신의 고유한 삶은 아니다. 물론 자기 삶의 주인이 되는 사람은 사회라는 공동체와 적절하게 맞출 줄도 알아서 조화와 편리함을 도모한다. 반면에 자기 삶의 주인이 되지 못하면 모방에 의해서 지배당해 버린다.

남들이 하는 일을 하지 않고 혼자 있다는 것은 소외감이다. 소외감은 심리적으로 견디기 힘든 고통 중의 하나다. 우리 속담에 '남이 장에 가면 따라 간다'는 말이 있다. 장에 가는 사람은 무엇인가 필요한 일이 있었을 것이다. 그러나 남들이 다 장에 가는데 자신만 가지 않는다면 뭔가 뒤처지는 기분이 든다. 그래서 필요하지도 않은 일을 하게 되는 경우가 많다.

모방하는 삶은, 나는 왜 지식을 습득해야 하는지, 나는 왜 결혼을 해야 하는지, 나는 왜 경쟁을 해야만 하는지에 대한 아주 기초적인 질문조차 갖지 않는다. 부모가 시키니까, 혹은 다른 사람들이 다 하는 것이니까, 그래서 덩달아 한다. 그렇게 하지 못할 때 불안해진다.

그러나 모든 사람이 다 똑같다면 개성은 드러날 수 없다. '나'는 바로 홀로 남겨진 그 가운데서 발견될 수 있다. 능력이 없어서 남들과 같이 하지 못하든, 할 수 있지만 하지 않았든 고독이라는 마음의 광야에서만이 '나'를 또렷하게 대면하게 된다. 물론 아무런 것도 치장하지 않은 자연 그대로의 존재로서 자기 자신을 있는 그대로 볼 수 있는 용기를 가졌을 때만 가능하다. 그것이 바로 자기 삶의 과정에 진정으로 참여하는 길이다. 모방적 삶에는 자기 영혼이 담기지 않는다. 혼이 없는 삶에 의미가 있을 리 없다.

자기 존재의 의미를 발견할 수 없는 삶은 알맹이 없는 껍질이다. 알맹이가 없는 사람이 공허한 것은 너무도 당연하다. 완벽한 삶, 판타지적 삶을 원할수록 사람은 있는 그대로의 자신이 되기를 두려워한다. 그렇기 때문에 사람들은 불완전한 자신을 버리고 다른 누군가가 되고 싶어 하는 것이다.

훌륭한 부모가 되는 일, 부를 일궈낸 사업가, 권력을 가진 정치인, 인격을 훌륭하게 갖추어 남을 이끌어가는 종교인, 사회적으로 유명한 사람들이 있다. 그러나 외부적 성공이 내부적 성공으로 이어지지 못한다면 그것들은 아무런 소용이 없다. 왜냐하면 그것들은 진정한 자기 자신이 아니기 때문이다. 공허감은 사회적 성공이 높은 사람들에게 더 크게 오는 경우가 많은 이유도 바로 여기에서 찾을 수 있다.

6. 나의 행복은 오직 나로부터 온다

융은 사람이 자신만의 행복을 찾아가는 방법을 알지 못하면 신경증에 노출될 수 있다고 했다.* 모방은 나의 옷이 아니라 남의 옷이다. 남의 옷은 나에게 맞춰진 옷이 아니기 때문에 어딘지 모르게 불편하다. 나의 옷이 있듯이 나의 행복이 있다. 나의 행복은 고유함에서 오기 때문에 밖에서 얻을 수 있는 것도, 누가 줄 수 있는 것도 아니다.

나만의 맞춤식 행복은 오직 나만의 고유한 길에서만 만날 수 있다. 그러므로 자기 자신을 아는 사람만이 자기의 고유한 삶을 창조한다. 자기만의 고유한 삶이란 곧 자기 자신이 누구인지를 인식할 때 일어난다. 나를 알지 못하면 다른 사람들을 따라함으로써 행복을 취하려 한다. 그러나 모방은 자기 고유의 것이 아니기 때문에 자신의 고유한 생각이나 감정을 알 수 없게 된다.

그런 면에서 2014년에 개봉된 「얼굴도둑(Un illustre inconnu, Nobody From Nowhere)」이라는 프랑스 영화는 현대인들의 모방

---

*   *Psychology of the Unconscious* = C. G. Jung(1991). *Psychology of the Unconscious* tr. by Beatrice M Hinkle, Princeton: Princeton University Press. p.224.

심리를 상징적으로 보여준다. 영화 이야기를 조금 해 보자면 이렇다.

주인공 '세바스티앙 니콜라'는 42살의 부동산 중개업자다. 그의 얼굴에는 표정이 없다. 표정은 감정의 움직임이 그려내는 그림이다. 그만큼 그의 감정은 미분화되어 있다는 것을 나타낸다. 그러다 보니 그는 가족과의 관계에서도 사회적 관계에서도 아무런 느낌이 없다. 사랑의 감정 역시 그를 움직이지 못해서인지 혼자 살고 있다.

조용하고 말이 없는 그는 가족이나 주변과도 사적인 교류나 소통을 하지 못한다. 자아는 관계를 통해서 의식을 확장시켜 나간다. 감정은 관계를 통해서 발현되고, 의식은 감정을 인식함으로써 자기 자신을 파악한다. 감정에 대한 인식은 대단히 중요하다. 왜냐하면 사고는 감정에 대한 깊은 인식의 결과로 일어나기 때문이다.

예를 들어 '나'는 억울함을 당했다. 억울함에 대해서 '나'는 분노할 것이고, 슬플 것이고, 가슴이 아플 것이다. 억울함으로 인하여 일어나는 다양한 감정들을 직시함으로써 철저하게 경험해 보아야 한다. 그것은 바로 '나' 자신이 누구인지를 인식하는 일이자 의식의 확장이다. 의식의 확장은 자신뿐만 아니라 다인에 대해서도 보다 더 정확하게 이해하고 보다 깊이 공감하는 능력을 가져온다.

감정의 소용돌이에 빠져 버리거나 감정에 휘말려드는 것을 두려워하여, 일어나는 감정을 억압해 버리는 경우가 많다. 그렇게 되면 감정은 인식되지 않는다. 감정에 대한 정확한 인식은 감정에 반응하는 자기 자신에 대한 객관적 시선에서 비롯된다. 자기 인식 또한 일어나지 않으면 자신이 누구인지를 알지 못한다.

주인공 세비스티앙의 삶은 무표정한 얼굴만큼이나 무료하다. 자신의 삶에서 아무런 것도 느낄 수 없었던 그는 타인의 삶이 궁금해졌다. 그는 타인의 얼굴로 변장할 수 있는 뛰어난 마스크 기술을 가지고 있었다. 중개업자인 그는 보관하고 있던 스페어 키 spare key로 세입자들이 집을 비운 사이에 그들의 얼굴로 위장하고 들어가 그들이 되어 살아보았다. 그러다 자신의 존재가 노출되어 들킬 위험에 처하자 위장술 도구들을 모두 없애 버린다.

그런 와중에 그는 유명한 바이올리니스트 앙리 드 몽탈트의 집을 중개하게 된다. 몽탈트는 세계적인 명성을 얻을 만큼 음악에 뛰어난 재능을 가졌다. 그러나 그 역시 불행히도 자기 자신에 대해서는 아는 것이 전혀 없었다. 그가 비록 세계적인 스타이기는 했지만 정신적 성장을 멈춰버린 아이처럼 그저 본능적 욕망이 이끄는 대로 살아갈 뿐이었다.

몽탈트의 삶은 세바스티앙에게 강한 호기심을 유발시켰다. 그는 들킬 위험 때문에 포기했던 위장술을 다시 꺼내 몽탈트를 흉내 내는 재미에 빠진다. 몽탈트에게는 비밀이 하나 있었다. 자신의 아들을 낳았지만 결코 가족이 될 수 없었던 애인이 있었던 것이다. 자신을 사랑하는 법을 몰랐던 세바스티앙과 마찬가지로 몽탈트 역시 자신을 사랑하는 법을 모른다. 그런 그가 애인과 아들을 사랑하지 못하는 것은 지극히 자연스러운 일이었다.

애인의 사랑을 집착으로 생각한 몽탈트는 그녀를 피해 여기저기 이사를 다니지만 그녀는 몽탈트를 잘도 찾아냈다. 그러나 다시 찾아온 그녀를 몽탈트는 매몰차게 쫓아버린다. 세바스티앙은 그동안 몽탈트의 얼굴로 위장을 하고 그녀의 뒤를 쫓아가 몽탈트의 버려진 아들에게 아빠 노릇을 대신했다. 한편 아들이 보고 싶은 본능적 열망과 지독한 자기 중심의 이기심 사이에서 갈등하던 몽탈트는 감정의 혼란으로 인해 자살을 해 버린다.

일이 복잡하게 얽혀 버렸지만 세바스티앙은 아빠 노릇을 멈출 수 없었다. 몽탈트의 음악적 정보들을 훔쳐서 아빠로 위장하던 가짜 아빠 세바스티앙은 아들로부터 "아빠 어릴 때는 어땠어?"라는 질문을 받는다. 세바스티앙은 순간 말을 잃고 말았다. 그것은 오직 진짜 아빠만이 할 수 있는 대답이었기 때문이다. 이 장면은 모방된 삶 속에는 자기 자신의 고유한 세계가 없다는 사실을 상징적으로 보여준다.

자신의 삶을 살아야만 자기 자신만의 고유한 세계를 갖는다는 사실을 알게 된 세바스티앙은 훔친 얼굴을 버리고 진정한 자기 얼굴로 살아가고자 결심한다. 그것은 거짓된 삶을 속죄해야 하는 엄청난 대가를 치르는 길이었다. 자기 삶을 산다는 것은 결국 자기 삶에 책임을 지는 일이다. 자기 삶에 책임을 지는 사람만이 자기 감정과 생각이 무엇인지를 정확하게 의식할 수 있다. 그것은 자기 자신이 누구인지를 아는 일이다.

중년이 되어서도 남을 탓하는 마음으로 가득 차 있다면 그는 자신의 삶을 살지 못하고 있음을 증명하는 것이다. 비록 그것이 억울함의 연속, 불행의 연속이라 할지라도 그것을 통해 자기 자신을 알 수 있다면, 고통은 더 없는 지혜와 성숙의 원동력으로 환원된다. 표면적인 출세, 표피적 성공을 거두었다고 할지라도 그것들이 자기 인식으로 연결되지 못할 때 공허감은 그를 사로잡고 말 것이다.

제2장 중년의 사랑

1. 사랑은 왜 이토록 사람을 사로잡을까?

재미있게도, 지금 소개하고자 하는 사연이 이 책을 쓰게 만드는 데 일조를 했다. 예시된 노인들이 겪고 있는 문제들이 '심리적 노후를 준비하는 것이 지금 중년을 살고 있는 사람들에게 얼마나 중요한지'를 생각하게 해준 것이다.

어느 며느리가 자신의 시어머니에 대한 재미있는 사랑 이야기를 라디오 방송에 소개했다. 정확하지는 않지만, 방송을 통해 소개한 내용은 대충 이랬다. 83살 되신 시어머니는 경로당에서 만난 80세의 연하 할아버지를 좋아하셨다. 그런데 할아버지가 인기가 있으셨는지 다른 할머니도 그를 좋아했다.

할머니는 저녁에 집으로 돌아오면 며느리에게 늘 같은 푸념을 늘어놓으셨다. "아, 새파랗게 젊은 것이 글쎄 옷도 야하게 입고, 할머니들에게는 절대 웃지 않으면서 그 할아버지만 보면 웃는다니까?" '새파랗게 젊은 것'에 짜증을 내시는 시어머니의 이야기에 며느리는 궁금해졌다. "어머니! 젊은 것이 몇 살인데요?" 며느리의 관심에 신이 난 시어머니는 "그 젊은 것? 78살 밖에 안

됐어."

사연을 소개하던 라디오 진행자도 웃고 청취자인 나 역시 웃었다. 같은 라디오를 듣던 많은 청취자들도 그랬을 것이다. 83살의 할머니에게 5살 어린 78살은 아주 새파랗게 어리다. 연애경쟁에 있어 어리다는 것은 중요하다. '새파랗게 젊은 것'에게 그야말로 질투를 아낌없이 뿜어내는 할머니의 이야기는 '사랑이 무엇이길래 사람의 마음을 이토록 지배하는 것일까'라는 의문을 던져 주었다.

융은 사랑을 신의 인격화이고 배고픔에 버금가는 인간 고유의 심리적인 충동력이라고 말한다. 그러한 이유 때문에 사랑은 운명의 힘으로 우리 앞에 나타나는 것인지도 모른다. 사람은 태어나면서 부모의 사랑을 갈구하고, 사춘기를 지나면서 이성의 사랑에 자신을 걸기도 한다. 그것은 사랑이 인간에게 있어서 얼마나 중요한 정신적 요소인지를 알려주는 일이기도 하다. 특히나 현대인들에게 있어서 사랑은 과거에 종교가 했던 역할을 대행하고 있다고 봐도 무방할 만큼 심리적 영향력을 갖는다.

중년의 심리를 말하는 많은 이론들이 존재의 가치와 삶의 의미를 로맨스에 맞추고 있는 근거도 여기에 있을 것이다. 삶의 마지막 로맨스를 기대하는 「메디슨 카운티의 다리」라는 영화의 엄청난 인기는 세계 중년들의 사랑에 대한 열망을 확인해 준 셈이다. 로맨스를 추구하는 마음은 젊음에 대한 추구로 이어진다. 로맨스는 섹스어필에 바탕을 두고 있기 때문이다. 젊음에 대한 집착은 젊음에 대한 착각으로 이어진다.

전망 좋은 한 카페에 60대 후반에서 70대로 보이는 몇 분의 할머니들이 들어왔다. 그들의 옷차림은 파운데이션이 깊은 주름 사이를 두껍게 메운 거친 피부와는 너무나 대조적이었다. 끈으로 된 윗옷은 노인의 앙상한 어깨를 다 드러냈고, 10대 20대들이나 즐겨 입을 것 같은 짧게 잘려나간 청바지는 허벅지 살이 다 드러났다. 그 광경들은 민망함을 넘어 기이하게까지 보였다.

그들의 육체는 고단한 그들의 삶을 고스란히 담은 듯했다. 힘들게 살아온 세월을 보상받고 싶은 마음이 그들의 차림을 통해 강렬하게 표현되고 있었다. 세월을 잊을 만큼 사는 것에 몰두해야만 했던 그들, 어느 날 굽힌 허리를 펴고 세상을 보았을 것이다.

몸은 다 늙어 있었지만 마음은 그대로 청춘이어서 청춘을 살고 싶었을 그 마음이 그대로 전해진다. 다만 그러한 보상을 외적인 것·물질적인 것·감각적인 것에 의존하려는 것이 안타까움을 더했다. 물론 자신의 세대를 잃어버린 이러한 노인들을 일반화하려는 것은 아니다.

"중년의 심리학"은 책을 쓰는 것과 동시에 강연도 함께 진행되었다. 어느 단체에서 "중년의 사랑"을 주제로 강연해 달라는 요청을 받고 2시간 강연을 했다. 대부분의 사람들이 강의에 매우 공감한다는 대답이 돌아왔다.

특히나 한 여성은 정년퇴직을 하고 집에서 주로 지내는 남편의 성적 요구가 너무나 힘들다고 고백했다. 차라리 밖에서 어떤 방법으로든 해결할 수 있으면 좋겠다는 말까지 한다. 여성 호르몬이 감소된 아내로서는 남편의 성적 요구를 도저히 받아들이기 어렵기 때문이었다. 그러다 보니 남편의 눈길조차도 마주치기 무섭고 견딜 수 없는 증오감까지 든다는 것이었다.

반면에 의문을 제기하는 두 사람이 있었다. 60대 초반의 한 남성 사업가는 자신의 아버지를 예로 들었다. 아버지는 90세가 넘어서 돌아가셨는데, 그 연세까지 섹스를 했다고 한다. 그러면서 남자는 섹스가 남성성을 확인하는 징표인데, 그것은 어떻게 할 것이냐는 것이었다. 얼굴은 웃음을 띠고 있었지만 어조는 강했다.

두 번째 반문을 한 사람은 앞의 질문자와 같은 연령대의 고상해 보이는 여자 분이었다. 그녀의 노모는 백 살이 넘으셨는데, 대화 상대가 없다 보니 '하루가 지옥 같다'는 말씀을 자주 하신단다. 반면, 매일 집 근처 능묘 공원에 산책을 가는데, 할머니 할아버지들이 서로 키스도 하고 사랑의 몸짓을 하는 것을 자주 목격한다고 했다. 그런데 그것이 얼마나 아름다운지 모른다는 것이었다. 그렇게 해서라도 그분들이 지루한 시간을 벗어날 수 있는 것이 다행이라며 항변했다.

두 질문 모두 현실적 문제를 담고 있다는 점에서 충분히 타당하다. 다만 이 책에서 말하고자 하는 것은 젊음의 사랑과 젊은 열기의 끝자락에 선 사추기 사랑이 같은 것이어야 하는가의 문제를 한번 생각해 보자는 것에 있다. 그러므로 "중년의 사랑"에서는 사랑의 본질을 부정하는 것이 아니라 사랑의 본질에 대한 근원적 이해를 돕고자 함이라는 점을 이해해 주기 바란다.

2. 인생 전반기의 성과 후반기의 성은 어떻게 다른가?

농사는 계절의 변화에 민감하다. 인간은 누구나 삶이라는 농작물을 가꾸는 농사꾼들이다. 가을을 잘 수확하는 사람만이 겨울에 풍요를 누릴 수 있다. 삶도 이와 다르지 않다. 인생의 봄과 여름을 지나 가을에 접어든 사람들을 우리는 중년이라고 부른다. 가을은 봄과 여름을 부지런히 보낸 사람들에게는 기대되는 계절이다. 인생의 봄과 여름을 잘 보냈다면 인생의 가을을 설레는 마음으로 기대할 것이다.

그런데 아무리 봄과 여름의 농사를 정성스럽게 지었다고 하더라도 가을걷이의 시기를 놓쳐버린다면 그 해 농사는 실패다. 마찬가지로 인생의 봄과 여름을 아무리 잘 보냈다고 하더라도 인생의 가을걷이를 제대로 하지 못한다면 그의 곡간은 채워지지 않을 것이다. 인생의 가을걷이에 실패한 사람들의 최후의 삶이 얼마나 비극적일 수 있는지를 보여주는 영화「죽여주는 여자」가 있다.

65세의 '박카스 할머니' 소영이 늙고 외로운 종로공원의 할아버지들에게 성을 판다. 영화의 이야기처럼 현실에서도 60대, 70대 노인들이 성욕을 해결하는 장소로 모텔을 이용하는 비중이 높다고 한다. 한 평론은 주인공 소영이 성을 파는 행위를 '생명을 불어 넣는 성性녀에서 죽음의 전령사'로 묘사하고 있다.

"외로움에 종로로 모인 노인들에게 살아 있음을 일깨워주는 행위이다. 죽을 날만을 기다리며 외로이 살아가는 독거노인들, 더구나 섹스는커녕 성욕도 잃어가는 이들에게 죽여주는 서비스로 성행위를 가능하게 하는 행위는 생명을 불어넣는 일에 다름 아니다."라고 한 이 평론은 일반적인 성에 대한 개념을 잘 드러내고 있다.

그런데 여기서 필자는 중요한 사실을 발견했다. 자신이 살아 있다는 것을 성행위로써만 느껴야 한다면 그것은 너무 슬픈 일이다. 성행위에 의해서 생명이 불어넣어진다는 일방적 논리가 노인들을 더 슬프게 하는 것은 아닐까? 성이라는 것은 일정한 기간 안에 사용 가능한 자연적 에너지임을 인정할 때, 사람은 동물적 욕망이나 쾌락에 집착하지 않고 자연스럽게 벗어날 수 있게 될 것이다.

진화심리학자 가나자와 사토시 박사는 중년의 위기는 오직 여자에게만 있다고 주장하기도 한다. 여자의 폐경은 몸과 마음을 완전히 바꾼다는 것이다. 그런데 남자는 자기의 변화에 의해 위기를 느끼는 것이 아니라, 폐경기를 지난 아내가 더 이상 여자가 아닌 인간이기 때문에 중년의 위기를 겪는다고 한다.[*] 이 말을 옮기고 있으니 한 이야기가 생각난다.

초로의 한 할아버지가 초로의 한 할머니를 만났다. 할아버지는 앞에 앉은 할머니에게 웃으며 농담을 건넨다. "아, 여자는 늙으면 연애도 못하고 어쩌죠? 남자는 팔십이 되어서도 연애를 할 수 있는데 말이죠. 피카소를 봐요. 80살에 18살 소녀와 연애를 했거든요." 하고 마치 자신은 늙음과 관련이 없다는 듯 유쾌하게 웃었다.

아마도 72세인 피카소의 마지막 연인이자 두 번째 부인인 27살의 자클린 로드를 말하는 것 같다. 비록 할아버지 말처럼 80대와 18살은 아니었지만 무려 45살의 나이 차이가 나긴 한다. 나이를 더 강조한 것은 어설프게 전해들은 이야기이거나 남자는 여자와 다르다는 것을 강조하려는 순진한 남성 우월적 심리에서 온 착각일 수도 있을 것이다.

그런데 남자와 여자를 그렇게 구분하게 되는 것은 사람의 가치를 새끼를 낳는 수컷과 암컷에만 초점을 맞추기 때문일 것이다. 사람은 동물에 속하지만 그 동물성을 초월할 수 있는 능력이 있기에 그 우월성을 인정받는다. 폐경으로 여자가 사람이 된다면 그것은 인간으로서 그야말로 이상적인 조건이다.

남자가 죽을 때까지 수컷에서 해방되지 않는다면 그것만큼 불

---

[*]   http://evopsy.tistory.com/125 「진화심리학의 모든 것」

행한 조건도 없을 것이다. 진화심리학자인 사토시와 피카소를 선망했던 할아버지의 주장을 전적으로 받아들인다면, 여자는 사람이 될 수 있는데 남자는 사람이 되지 못한다는 말이다. 남성의 성기능이 강조되고, 여성이 폐경에 두려움을 느끼게 만드는 것이 과연 제대로 된 문화인지 돌아볼 시기가 된 것이다.

동물적인 것에 집착하는 현상은 영혼을 잃어버린 현대인의 자화상이다. 현대 과학이 인간의 가치 중심을 육체적인 것으로 옮겨 놓았다. 섹스가 강조되는 사회, 사랑이라는 말이 곧 섹스와 동의어가 될 때, 사람은 자연을 거스르는 이상 행동을 하도록 강요된다. 폐경기의 여자가 우울증에 걸리고, 약화된 남성성으로 심리적 위축을 겪는 것은 모두 육체적인 것에만 삶의 의미와 가치를 두고 있기 때문이다.

젊음엔 젊음의 가치가 있고 늙음엔 늙음의 가치가 있다. 늙음의 가치를 알지 못하는 한 늙음은 불행이고 슬픔이며 고통이 된다. 젊음의 가치가 육체적인 것이 우선되었다면 늙음의 가치는 정신적인 것이 우선되는 게 옳다. 늙음은 질주하던 삶을 멈추어 정비하고 마무리하는 시기다.

그 의미를 제대로 안다면 질풍노도의 젊음과는 품격이 다른 삶의 깊은 의미가 기다리고 있다. 인생의 의미나 가치를 성과 몸을 기준으로 한다면, 그것들을 넘어서 있는 정신적 단계를 경험하는 일을 생략하게 된다. 몸을 기준으로 하는 삶이란 언제나 더없이 무상할 수밖에 없다. 노인 우울증과 자살률은 정신적 단계의 경험이 생략된 삶의 반증이다.

삶의 가치를 젊음과 섹스에 두는 사회에서 노인은 폐차될 자동차처럼 취급되기 마련이다. 영화 「죽여주는 여자」는 현대 사회의 노인들의 현실을 아주 잘 표현하고 있다. 영화의 등장인물 중 송노인은 사회적으로 성공한 삶을 살았다. 그러나 늙음의 끝자락에 그 역시 종로에 모인 늙고 외로운 노인들과 친구가 되고 박카스 할머니를 필요로 하는 사람이 되었다.

그러던 어느 날 송노인은 병원 침대에 묶여서 조금도 움직일 수 없는 신세가 되고 말았다. 그런 송노인의 삶은 죽음보다 더 비참했다. 병문안을 온 소영에게 그런 자기 자신이 너무도 창피하다며 제발 죽여 달라고 말한다. 번듯한 아들과 며느리 그리고 손자가 있었지만 그들은 아버지의 늙음과 병들어 비참한 현실에 공감하지 못했다.

송노인의 마음을 그 누구보다도 절절하게 느꼈던 소영은 송노인의 부탁을 받아 죽음에 이르도록 도와준다. 송노인의 죽음은 타살임이 분명하게 추정되었지만 아들과 며느리는 그 문제를 외면한다. 마치 거추장스러운 물건을 처리하듯이 장례를 치르고 아버지의 재산을 정리해서 미국으로 서둘러 떠나는 것에만 관심이 있다.

가난한 종수노인은 중풍과 치매에 걸려 있고, 재우노인은 부인이 죽고 난 후 외로움을 견지지 못하고 죽음을 결심한다. 삶과 죽음은 양면이다. 우리에게 삶과 죽음은 똑같이 주어진 운명이다. 하지만 우리는 삶에 주목하는 만큼 죽음을 외면한다. 죽음에 대한 외면은 삶에 대한 진정한 이해를 결여하게 만든다는 점을 우리는 간과한다. 삶을 진중하게 사는 사람은 죽음을 맞이하기 위한 준비 또한 진중하다.

3. 사랑은 육체적 욕망일까, 정신적 욕망일까?

중년의 아줌마들이 짐승남을 찬양하고 중년의 아저씨들은 '꿀벅지'에 감탄한다. 짐승남이 강한 남성적인 느낌, 즉 수컷냄새를 강조하는 단어라면, '꿀벅지'는 비율 좋은 여성의 탄력적인 허벅지를 말하는 신조어이다. 그것들은 모두 섹스를 상징하는 말이다. 가치의 정점에 섹스를 두었다면 육체적 삶을 중심으로 살아가게 된다.

중년들이 '짐승남' 혹은 '꿀벅지'로 돌아가는 것이 정상일까? 찬양과 감탄은 그것이 되고 싶은 열망에 대한 반영이다. 현대인에게 섹스는 종교처럼 보인다. 섹스가 마치 삶의 질을 결정하는 것처럼 이야기되고 있기 때문이다. 그렇다면 현대인은 왜 이토록 섹스를 과장하게 되었을까?

초년은 암컷과 수컷의 특성을 발현하는 동물적 삶이다. 말하자면 본능에 근거한 삶이라는 뜻이다. 모든 것에는 적정한 때가 있다. 지혜로운 삶은 그 때를 잘 알아 때에 맞게 살 것이고, 어리석은 삶은 때를 거슬러 살아가려고 할 것이다.

융의 이론으로 풀어보면 성인成人의 리비도는 성욕에 밀착되어 있다. 리비도가 성적 에너지로 해석되고 있는 프로이드의 이론을 아는 사람은 이 단어에 익숙할 것이다. 그런데 융은 리비도의 개념을 프로이드보다 훨씬 넓은 의미로 사용한다. 리비도를 '생기(elan vital)'라는 일반적인 생명 에너지 자체로 보는 것이다.

에너지는 욕망이다. 욕망에는 성적 욕망·음식에 대한 욕망·출세 욕망·재물에 대한 욕망·인격완성의 욕망 등등 수도 없이 많다. 즉 욕망은 삶을 이루는 결정적인 동기들이다. 리비도는 욕망이 구체화되어 심리적 현상으로 나타나는 것을 말한다.

리비도가 성욕에 밀착되어 있으면 마음은 육체적 욕망으로 이끌고 간다. 육체적 욕망에 지배되면 무의식화 되는 것이다. 무의식적 삶이란 혼란 상태다. 혼란은 의식이 없는 상태이기 때문에 현실적 삶의 방향성을 정확하게 읽고 판단하는 능력이 상실된다.

그것은 요즘 많이 기사화 되고 있는 유명인들의 '미투(me too)' 사건에서 확연하게 볼 수 있다. 그 상태에서 정신적 성장은 일어날 수 없다. 성욕을 단순하게 육체적인 것으로만 생각해서는 안 되는 이유가 바로 여기에 있다.

욕망은 본능이다. 본능은 곧 무의식의 정신이다. 무의식의 힘을 감당할 수 있을 정도로 의식의 힘이 강하면 의식은 리비도가 어디에 밀착되어 있는지를 알아차린다. 알아야만 욕망의 노예가 되지 않을 수 있다.* 우리는 보통 '마음먹기 달렸다'는 말을 많이 한다. 이것은 마음이 육체를 좌우한다는 말이다. 그러므로 마음을 아는 것은 참으로 중요하다.

비록 성적 욕망이 생물학적 형상을 띠고 나타나기는 하지만, 그것이 본능이라는 점에서 정신의 문제다. 그러므로 성욕을 단순하게 생물학적 기준으로만 적용하면 '본능'은 '장애'가 되어 버린다. 성욕을 무조건적인 억압의 대상으로 보면 성욕에 담겨 있는 본질적 의미 또한 발견할 수 없다는 말이다.[**]

성적 충동에 대한 억압은 성적 충동에 대한 정상적인 이해가 일어나지 못하게 막는다. 성적 충동에 대한 이해가 왜 중요할까? 충동에 대한 이해가 일어나야만 갈등이 해결될 수 있기 때문이다. 그러므로 자신의 감정에 대한 정확한 인식과 눈물겨운 수용을 하는 일보다 더 지혜로운 해결책은 없다. 자신의 감정을 억압하거나 기만하는 일은 갈등과 혼란을 가중시킬 뿐이다.

한 신앙심 깊은 여자가 멋진 남성에게 성적 욕망을 품었다. 하지만 남자는 그녀를 전혀 알지 못했다. 그녀는 자신의 성적 욕구가 실현될 가망이 없다는 사실을 솔직하게 받아들이는 대신, 신의 사랑을 저버리지 않기 위해서 육체적 사랑을 선택하지 않은 것이라고 스스로를 기만했다.

이 경우는 종교적 현상으로 나타나는 '신성한 힘'의 작용과는

---

[*]   『영웅과 어머니의 원형』, p.421.

[**]   『티벳 사자의 서』, p.170, 융의 서문.

전적으로 다르다. 신성한 힘에 대한 경험은 충동의 기만적인 억압이 아니라 충동에 대한 완전한 이해가 일어날 때 가능해진다.

여기서 깊게 거론할 수는 없고 간단히 언급해 본다면, 성애性愛의 문제는 정신의 종교적 요소와 깊은 관련을 가진다. 사랑은 인간 존재의 가장 깊은 곳에 뿌리 내리고 있는 충동이라고 융은 말한다. 존재의 가장 깊은 곳에 있는 것은 바로 신성神性이다. 이것은 종교가 인간에게 미치는 엄청난 영향을 볼 때 쉽게 부정할 수 없을 것 같다.

심리학적으로 바라본 신은 신앙의 중심이 되는 인격신을 말하는 것이 결코 아니다. 그것은 매우 강력한 감정을 중심으로 모여드는 관념 콤플렉스(Vorstellungskomplex)다.*** 이 관념 콤플렉스는 인간의 종교·예술·과학 등 모든 창조적 아이디어의 원천이 된다. 그것이 사랑의 얼굴로 나타날 때 사람은 현실적 연인을 찾아 나선다. 말하자면 관념 콤플렉스를 자기 밖에 있는 사람에게 투사하는 것이다.

인간은 분명하게 파괴적인 섹스 충동을 넘어설 수 있는 능력을 가지고 있다. 왜냐하면 정신 안에는 섹스 본능보다 강한 자기보전 본능이 있기 때문이다. 섹스가 강압적인 충동으로 밀려들 때 자기보전 본능이 그것을 잡아준다. 이것이 바로 사람이 동물과 다른 이유다.

*** 『상징과 리비도』, p.132.

4. 아내와 남편과 자식이 있어도 외롭다

현대인에게 있어서 섹스는 병적으로 과장되어 있다. 섹스를 하지 않는 사람은 마치 불행한 사람처럼 취급된다. 섹스가 곧 삶의 질이라도 결정하는 것처럼 되고 있는 것이다. 이처럼 섹스를 과장하는 현대적 현상은 성욕에 대한 올바른 이해가 없기 때문이라고 융은 말한다.

말하자면 자기보전 본능을 과소평가하게 되니까 섹스의 중요성을 과대평가한다는 것이다. 존재는 육체만이 아니라 영혼을 가지고 있다. 영혼은 인간의 육체적 충동을 상쇄시키는 힘이다. 영혼을 잃어버린 사람들에게 섹스는 오직 동물적 충동의 상징이자 육체적 욕망의 실현밖에 되지 못한다.[*]

2007년 월간 『여성동아』에서는 김경수(가명·48세·사업·결혼 20년 차. 두 명의 자녀를 두고 있으며 최근 3년간 연애 중) 씨와 박명환(가명·50세·직장인·결혼 17년 차. 30대 초반에 결혼해 세 아이를 두고 있고 결혼 후 연애 경험 없음) 씨 두 사람을 만나 중년 남성들이 뒤늦게 연애감정에 빠져드는 이유에 대하여 취재했다. 두 남자는 중년에 뒤늦게 연애감정에 흔들리는 이유를 다음과 같이 털어놓았다.

---

[*]   『인격은 어떻게 발달하는가』, pp.101~4.

박명환: 나이가 들면서 마음이 허전할 때가 많아요. 흔히 중년 남성들이 가을을 탄다고 하는데 그게 꼭 계절의 변화 때문만은 아닌 것 같아요. 아무리 돈 있고 권력 있는 남자라 해도 사는 게 힘들고 인생이 허무하게 느껴지긴 마찬가지죠.

김경수: 아내와 자식이 있어도 외롭더라고요. 인간은 누구나 외로운 존재라지만 특히 40대에 접어들면서 내적인 갈등이 더 심해지는 것 같아요. 누군가에게 위로받고 싶고, 말동무가 필요하다는 생각이 들죠.**

이 기사는 중년의 연애감정이 육체적 문제라기보다는 심리적 문제라는 것을 분명하게 말해 주고 있다. 중년에 느끼는 외로움과 허무감, 가장의 책임에 대한 압박감은 본능에 얽매여 습관적으로 살아온 삶에 대한 회의이자 불안이다. 있는 그대로의 현실을 회피하고 내면의 혼란과 불안에서 도피하는 방법으로 그들은 연애를 생각한다. 진통이 강할수록 강력한 진통제가 필요한 법이다. 연애는 본능 중에서 그 힘이 가장 강한 것 중의 하나다.

그런가 하면 2011년 『월간 중앙』에서 「50대 중년의 위험한 사랑－"우리는 옛 애인이 그립다"」라는 특집을 다뤘다. 50대 중반의 기업 임원으로 있는 A씨는 회사 사정으로 곧 은퇴해야 하는 상황에 놓였다. 대개의 가장과 마찬가지로 그 역시 너무 이른 퇴

** 『여성동아』, 2007. 10. 23.

직이다. 아들은 대학을 졸업했지만 아직 직장을 찾지 못했고, 딸은 아직 대학에 재학 중이었던 것이다. 현실적으로도, 심리적으로도 엄청난 부담을 안아야 했다.

> 삶의 범속성과 피상성에 대한 뼈저린 자각, 거기서 비롯된 무력감이 그것이다. 일과 사랑이 어떤 종류의 벽에 부딪혀 있다는 느낌이다. 돌파구는 없고, 서서히 침몰해 가는 삶의 잔해 속에서 허우적거리는 자신의 모습을 발견한다. 고착 상태! 그는 종종 이렇게 중얼거린다. 그때 사과향수를 은은히 풍기는 P가 거짓말처럼 눈앞에 나타난 것이다.
>
> (『월간 중앙』, 2011. 10. 30)

그랬다. 초기의 삶이란 동물적 본능 그 자체의 실현이다. 본능적이라는 것은 밥을 먹고, 자고, 좋아하고, 사랑하는, 즉 누가 가르쳐 주지 않아도 스스로 일어나는 행위와 감정들이다. 사람은 거의 무의식적 충동에 의해서 사랑하고 적당히 결혼하고 가정을 꾸리고, 거의 습관적으로 직업을 가지고 생활해 왔다. 무의식적이라는 말은 자기 존재나 삶에 대한 진지한 사색이나 깊은 고뇌가 없다는 것이다. 초기의 동물적 본능을 실현하는 데 있어서는 그런 것들이 필요하지는 않다.

그런데 이제 더 이상 무의식적이고 본능적인 삶으로는 안 된다고 태클이 들어오는 시기가 바로 중년의 삶이다. 너무도 무의식적으로 살아왔기에 자신 앞에 펼쳐진 중년의 삶은 더 충격적이다. 기사에 언급되어 있듯이 '삶의 범속성과 피상성에 대한 뼈저린 자각'이 일어난다. 그것은 한 번도 거울을 경험한 적이 없는 사람이 어느 날 갑자기 자기 자신의 모습을 보게 되었을 때의 충격과 같을 것이다.

아기가 텔레비전에 나오는 춤을 따라하면서 아주 행복해한다. 어른들 눈에 보이는 아기의 동작은 어설프기 짝이 없는 우스운 몸짓이다. 하지만 아기는 모니터 안에 있는 전문가의 모습과 자신의 모습을 동일시한다. 마치 로맨스 드라마에 열광하는 사람들이 드라마의 멋진 주인공과 자신을 동일시하는 심리와 같다.

A씨는 대학시절 '삶은 아름답다'라고 생각했다. 대학시절은 그의 삶 중에서 가장 기쁘고 즐거운 기억으로 남아 있었다. 그런 의미에서 대학시절의 애인은 그 시절의 향수를 통째로 전해 주는 사람이었던 것이다. 가장 아름다운 시절로 돌아가는 일은 침몰해 가는 자신의 현실을 망각하게 해 주는 환상이다.

A씨의 대학시절 애인이었던 P씨 역시 중년이라는 삶의 변곡점 한가운데에 있었다. 그녀의 결혼 생활은 편안한 대신 어떠한 자극도 없었다. 오늘과 내일이 전혀 다르지 않는 반복되는 일상은 그녀의 영혼에 조금의 온기도 불어넣지 못했다. A씨와 마찬가지로 P씨 역시 기존의 가정을 지켜나가기 위해서라도 격정적인 에너지가 필요했다고 고백했다.

두 사람은 다시 만나게 되었고, 그들은 섹스가 주는 황홀감이 분명 새로운 에너지가 되고 있다는 것을 서로 인정했다. 그러나 이 기사의 첫머리는 "50대의 섹스는 착잡하다. 육체적 기운의 쇠락과 정념의 부활을 꿈꾸는 욕망이 교차하기 때문이다. 그들에게 섹스는 은밀한 욕망으로 남아 있다. 외진 골목집 끝, 그 집에 숨겨둔 여자를 그리워한다."라고 시작했다.

50대의 쇠락한 육체가 다시 젊음을 되찾기를 바라는 욕망은 결국 '은밀한 욕망'이 될 수밖에 없다. 중년의 연인들 스스로도 사랑의 에너지가 길게 지속될 수 없다는 사실 또한 알고 있다. 그들을 연결하고 있는 것은 단지 '추억의 반추'라는 허구의 끈일 뿐이다. 하지만 허구의 끈이라도 잡고 있기를 바라는 것이 그들의 소망이었다.

물론 허구의 끈인 중년의 사랑이 현실적으로 당면한 삶의 문제를 해결해 줄 수도, 또는 초월할 수 있는 어떤 힘으로도 작용할 수 없다는 것은 너무도 당연했다 그럼에도 불구하고 그들은 관계가 지속되기를 바랐다. 왜냐하면 그들은 자신들의 현실적 문제를 직면할 용기가 없었기 때문이다.

5. 중년의 갈등은 잃어버린 '나'를 찾으려는 욕구다

『월간 중앙』의 「50대 중년의 위험한 사랑」에서는 50대의 사랑을
정확하게 '수탉효과'로 분석했다. '수탉효과'란 수많은 암놈과 교
배하는 수탉을 비유하는 말이다. 한 사람에게 싫증이 나면 새로
운 상대를 통해 자극을 얻고자 하는 현상을 가리킨다. 수탉은 말
하자면 인간 카사노바인 셈이다.

물론 본능이 가지고 있는 '수탉효과'를 부정할 수는 없지만 그
렇다고 중년의 위험한 사랑을 '수탉효과'로만 규정하기에는 뭔
가 어설퍼 보인다. 왜냐하면 남성 또한 갱년기를 겪기 때문이다.
남성은 여성의 폐경기와 같은 급격한 몸의 변화가 일어나는 것
은 아니다.

하지만 남성도 나이가 든다. 남성 호르몬이 감소되고 체력이
급격히 떨어진다. 그것은 사회적 지위나 경제적 능력을 갖추어
도 마찬가지다. 미친 듯이 일에 몰두하게 했던 열정이 모두 빠져
나가면, 자신이 더 이상 젊지 않다는 것을 느낀다.

가리개를 쓰고 앞만 보고 달리는 경주마 같은 자신에 대한 회
의가 들기 마련이다. 허전하고 쓸쓸한 마음이 일어나는 것은 메
울 수 없는 심연의 공허함이다. 공허감은 죽음을 연상시키는 두
려움이다. 두려움을 잊게 해 주는 강력한 자극이 필요하다. 그것

이 많은 중년 남성들로 하여금 '위험한 중년의 사랑'을 찾아 나서게 만드는 것이다.

"나이 들어 새 사람을 만나는 건 피곤하다. 솔직히 (관계가) 잘 안 풀린다. 젊은 여자들은 말이 안 통해서 재미가 없다. 여자를 성적으로만 바라보면 20대가 좋겠지만 그래도 이야기가 통하고 감정을 나누고 오랫동안 관계를 유지하기 위해서는 동년배가 좋다. 동년배 중에서도 옛날 애인이 제일 좋다. 인간관계에서 위로를 구하는 50대 남자들은 나이든 여자를 선호한다. 그 매력은 50대가 돼봐야 안다."(『월간 중앙』)

갱년기의 남자에게 정력의 발산이 목적이라고 보기에는 생물학적으로 문제가 있다. 그가 필요로 하는 것은 정력의 대상이 아니라 자신의 공허한 마음을 위로받을 수 있는 대상이다. 이것은 여성의 경우도 마찬가지다. 그렇다면 왜 굳이 부부가 아닌 새로운 상대여야만 할까? 부부가 터놓고 말할 수는 없는가?

물론 그렇게 하는 것이 가장 바람직한 일일 것이다. 그러나 부부는 이미 현실적으로 얽혀 있는 사이다. 예를 들어 회사를 그만두는 일이라면 가정이 유지되는 문제와 직결된다. 이것은 부부가 남편이나 부인이라는 개체보다 공동체를 중심으로 판단할 수밖에 없다는 것을 말해준다. 그러므로 온전히 자신의 입장에서 들어주고 이해해 주는 사람이 필요한 것이다.

밀란 쿤데라의 『참을 수 없는 존재의 가벼움』이라는 소설이 있다. 너무 오랜 기억이라 상세하지는 않지만, 다음과 같은 내용이 생각난다. 주인공 남자는 세상에 존재하는 모든 여성들에게 호기심을 느끼고 오백 명 정도의 여자와 섹스를 한다.

그가 아내를 사랑하지 않는 것은 아니다. 다른 여자들과의 섹스에서 그는 자신의 취향을 마음껏 드러낸다. 하지만 아내에게는 결코 자신의 취향을 드러내지 못했다. 이러한 이유 때문에 주인공은 부부간의 섹스를 지극히 기계적으로 하였다고 소설은 쓰고 있다.

부부가 서로에게 솔직할 수 없는 이유 또한 이런 것과 닮아 있을 것이다. 사실 부부는 너무 가깝기 때문에 너무 멀 수 있다. 너무 잘 알기 때문에 너무 모를 수 있다. 부부라는 개념은 개인이 아닌 공동체다. 그러므로 부부는 서로의 역할이 있고, 그 역할에 맞는 얼굴을 원한다. 공동체가 유지되는 것은 개인을 희생한 대가다. 즉 공동체 안에서는 온전한 개인으로 존재할 수 없는 것이다.

중년의 갈등과 혼란은 공동체 안에 자신이라는 존재가 없었다는 깨우침이다. 부부는 가족이라는 공동체를 자신과 동일시하면서 살아왔다. 그런데 어느 날 보니 가족은 내가 아니었다는 것을 문득 알아차린 것이다. 가족은 '나'가 될 수 없다. '나'가 될 수 없기에 나의 입장에서 내가 되어 주지 못하는 것이다.

그것을 알아차릴 때의 충격은 참으로 크다. 가족에 대한 동일시가 크면 클수록 그 충격 또한 커진다. 그러므로 중년의 갈등은 공동체로부터 개인이라는 독자성에 대한 일깨움이다. 가족이 아닌 나 자신을 생각하게 만드는 것이 바로 중년이다.

6. 건강한 중년은 성문제를 고민하지 않는다

갱년기를 경험하는 사람들의 가장 큰 고민 중의 하나가 바로 성문제라고 알려져 있고, 그 문제로 많은 남성과 여성들이 병원을 찾는다고 한다. 성이란 번식을 주요 과제로 하는 동물적 삶에서 가장 중심적인 기능 중의 하나이기도 하다. 그러므로 성기능이 저하되면 마치 존재의 가치가 저하되는 것으로 생각하게 된다. 갱년기 치료 과정에서는 성기능이 개선될 수 있는 다양한 방법들을 제시하기도 한다.

그러나 우리는 이 문제를 다른 방식으로 볼 필요가 있지 않을까 싶다. 성을 '번식'을 위한 것으로 볼 것인지, 아니면 본능적 쾌락을 만족시키는 것으로 볼 것인지의 문제가 대두한다. 번식을 위한 것이라고 본다면 성적 기능 저하를 자연스럽게 받아들인다. 그러나 본능적 쾌락을 위한 것이라고 본다면 성기능이 저하되는 것을 막거나 인위적으로 연장하려고 힘쓰게 된다.

물론 전자는 주로 동양 문화권적 관점이다. 반면에 후자는 서

양 문화권적 관점이다. 여기서는 어느 것이 옳고 그르다고 판단하려는 것은 물론 아니다. 다만 성적 기능을 자연적으로 인식하지 않고, 성이 곧 존재 그 자체가 된다면, 성적 기능에 민감하게 반응한다. 이러한 현상이 성적 기능의 저하를 존재감의 저하로 연결시킨다. 갱년기 우울증은 반드시 호르몬의 문제만이 아니라 이러한 심리적 요소를 동반한다는 사실은 부정할 수 없다.

전자가 성을 자연학적 관점에서 본다면 후자는 인간의 성을 존재론적 관점으로 본다. 성이 존재와 동일시되면, 본능적 쾌락에도 매우 중요한 방점이 찍힌다. 그래서 섹스의 행위는 몸을 영위하는 그날까지 유지되어야만 한다고 생각하게 된다.

지금 이야기는 내가 한 칼럼에서 다룬 적이 있다. 한 젊은 친구가 유명한 성교육 전문가에게서 감동 깊게 들었다는 이야기를 전해 주었다. 그야말로 섹스가 신의 경지에 오른 83살 먹은 노부부가 있었다. 신의 경지에 도달한 고수들답게 그들이 섹스를 하는 동안은 사람은 없고 성기와 성기의 만남만 있더라는 것이다. 전문가는 성이 이처럼 아름다울 수 있다는 사실에 깊은 감동을 받았고, 전문가가 받은 감동을 들은 청중들 또한 놀랐다고 했다.

사람마다 생각하는 관점이 다르다 보니 성교육 전문가에게는 감농적인 이야기가 심리학사에게는 슬프게 다가왔다. 사실 83살이 되도록 매일 섹스를 할 수 있는 사람이 이 지구상에 과연 몇이나 될까? 이 노부부의 섹스 이야기는 아주 특별한 경우임에 틀림없다.

일반적일 수 없는 사례가 일반화의 이상적인 모습으로 설득되면 어떤 일이 발생할까? 득보다는 실이 더 많을 수 있다는 우려를 간과하고 있는 점이 눈에 들어왔다. 사람이 나이를 먹으면 성기능이 감퇴하는 것은 지극히 자연스러운 일이다. 예외적인 성기능을 가진 사람이 모범적인 예로 강조되다 보면 자연적 현상도 패배적인 감정으로 왜곡될 수 있다.

성이 가지고 있는 원초적인 생명력은 모든 현실을 잊게 만들 만큼 환각적인 성질을 띤다. 죽음의 문에 들어선 노인들에게 자신을 잊게 해 주는 섹스는 죽음의 공포를 잊게 해 주는 아주 좋은 마취제임에는 틀림없다. 그러나 그것이 반드시 건강한 것이라고 말할 수 있을지는 의문이 남는다. 왜냐하면 자연의 조건에서 진정한 건강이란 때에 맞는 것이어야 하기 때문이다.

겨울에는 겨울의 삶을 사는 것이 좋다. 겨울을 여름처럼 산다면 온몸이 얼어붙는 추위라는 고통은 잊겠지만 겨울의 의미가 무엇인지는 결코 알 수 없을 것이다. 계절은 모든 만물을 성장시키는 자연의 섭리다. 그 섭리가 이해되지 않은 채 그대로 간과되어 버리면 정신적 성장은 일어날 수 없다.

본능적 쾌락은 내적 성숙으로 가는 길을 방해한다. 노인들이 죽음의 공포를 맛보지 않을 수는 있겠지만, 죽음으로 가는 과정을 읽지 못하는 사람은 '나'가 누구인지를 알 수 있는 기회를 잃게 된다. 나 자신을 앎으로써 얻어지는 환희는 본능적 쾌락에서 얻어지는 환희와는 그 차원이 근원적으로 다르다.

육체적 쾌락은 결국 정신적 만족으로 귀결된다. 자연은 감각적 쾌락을 끝맺는 과정을 규정해 놓았다. 자연의 이치라면 우리는 그것을 받아들이는 것이 현명해 보인다. 왜냐하면 그것은 더 본질적인 것으로 가기 위한 암시일지도 모르기 때문이다.

　융은 모든 심리적 사건은 필연적으로 목표 지향적이라고 말한다. 심리적 사건들은 필연적으로 어떤 목표점을 가지고 있다는 것이다. 분리되어 있는 마음은 통합을 향하여 움직인다. 통합은 결국 자기 자신을 앎으로써 일어난다. 마음이 일으키는 모든 일들은 '나'가 누구인지를 알게 만드는 자료들이다.

　종교적 진리를 추구하는 사람들에게 금욕이 실시되는 것도 바로 이러한 이유 때문이다. 물론 모두가 종교적 진리를 추구하는 사람은 아니다. 그러므로 금욕을 할 필요는 없다. 다만 모든 만물에는 적절한 때가 있다. 그 때에 따라 사는 것이 바로 도道라고들 말한다.

　제철 음식이 몸에 가장 좋다고 하는 것처럼, 생명의 법칙에 따른 적절한 시기에 맞게 사는 것 또한 정신 건강에 가장 적합하지 않을까 싶다. 사추기는 동물적 삶을 지나 사람의 삶으로 가는 시기다. 사추기의 삶에서 자연스럽게 일어나는 성기능 저하라면 그것이 문제로 다가와서는 안 된나는 것이다.

　자연의 질서는 엄격하다. 자연으로서의 인간 역시 그 법칙을 벗어날 수 없다. 사춘기의 성 충동이 건강한 육체적 삶을 추구하는 것이라면, 사추기의 성 충동은 성숙한 정신으로 향하고자 하는 정신의 상징적 추구다. 다만 정신이 보내는 신호체계를 이해하지 못하기 때문에 우리가 생물학적인 것으로 착각하고 있는 것은 아닐까?

7. 젊음과 로맨스 추구는 육체 중심 사회의 가치다

마음의 이러한 이치를 이해하지 못하여 성충동을 육체적 충동으로만 받아들이게 되면 그 에너지가 외부적 존재인 여성이나 남성에게로 투사되는 것은 당연하다. 마음이 움직이면 의식은 마음이 향한 그것으로 쏠리게 되어 있다. 쉽게 말하자면 마음이 가면 몸도 간다는 것이다.

그런데 문제는 마음의 원하는 것이 반드시 현실적 조건에 맞는 것은 아니라는 점에 있다. 마음이 원하는 것을 모두 실현시킬 수 없기 때문에 인간은 좌절을 겪는다. 그러나 욕구가 실현되지 못한다 하여 없어지는 것은 아니다. 단지 의식에 의해서 인식되지 않을 뿐, 욕구는 무의식의 내용으로 남아 있게 된다.

마음을 알지 못하면, 즉 자신의 마음을 의식하지 못하면 사람은 욕구가 이끄는 대로 자신도 모르게 끌려가 버리게 된다. 그러므로 자신의 마음, 자신의 욕구에 대해서 정직하게 인식하는 일은 아주 중요하다. 욕구에 대한 정직한 인식이 바로 자기 자신에 대한 이해다.

그런데 대부분의 사람들은 자기 마음의 여러 가지 욕구와 그것에 따라 자신의 마음이 어떻게 움직이고 있는지를 인식하지 못한다. 마음에 일어나는 갈등과 그것의 원인이 무엇인지 알지 못하면, 그것들은 외부적 대상에게 투사된다.

투사란 자신의 마음을 세상으로부터 발견하는 것이다. 만일 자신의 부정적인 기질들이 투사되면 모든 잘못은 '나' 자신이 아닌 밖에 있다. 투사가 일어나는 동안은 자신이 깨끗하고 공정하며 아무런 책임질 일도 없으므로 편안해진다.*

2017년 8월 무등일보에 실린 기사에 의하면, 남편의 성기를 잘라버린 주부가 경찰에 체포되었다. 그녀는 경찰에서 남편이 자신을 무시하며 생활비도 주지 않았기 때문이라고 진술했다. 그러나 부인이 남편의 외도를 의심했고 그 문제로 자주 다퉜다는 증언이 나왔다.

사건이 일어난 근본원인은 결국 성문제였지만 그녀는 원인을 다른 것에 돌림으로써 자신의 속마음을 감추고자 했던 것이다. 남편이나 아내의 외도를 의심해서 일어난 사건들은 이미 더 놀라울 것도 없을 만큼 흔하다. 실제로 가정 상담에서 가장 큰 비율을 차지하고 있는 것이 바로 중년 배우자의 외도라고 알려진다.

---

* 『상징과 리비도』, pp.96~8.

"A(40)씨가 곧 쓰러질 것 같은 목소리로 전화를 했다. 40대 초반인 남편이 다른 여자와 만나면서 '아내가 정신병이라 가정생활이 힘들다'고 호소하며 이를 핑계로 매일 만난다고 했다. A씨는 자신이 정신병자가 아님을 남편에게 증명할 수 있는 방법을 알려달라고 부탁했다. 남자들은 흔히 아내의 질병을 하소연해 다른 여자로부터 연민의 사랑을 기대한다."*

30대 중반까지 자기 삶의 목표를 위해서 모든 에너지를 쏟았던 사람이라면 그는 틀림없이 열정적인 사람이다. 삶이 안정권에 접어들면 열정적 에너지는 더 이상 소모할 일이 없게 된다. 그때 열정적인 에너지가 소모를 위한 다른 출구를 찾게 되는 것은 어쩌면 지극히 자연스러운 현상인지도 모른다. 마치 엄청난 몰입과 긴장으로 시험을 잘 치르고 난 후에 느끼는 해방감이 일탈을 꿈꾸게 만드는 것처럼 말이다.

중년에는 호르몬의 변화도 일어난다. 남자의 경우에는 남성호르몬이 줄어들고 대신 여성호르몬이 증가한다. 증가하는 여성호르몬에 의해서 몸의 변화가 일어나는 것과 동시에 심리적 변화도 일어난다. 이성적·객관적·독립적·목표지향적인 남성성의 특성이 감성적·주관적·의존적이 되면서 삶의 방향을 잃고 방황하게 된다.

---

* 「중년의 바람기를 분석한다」, 이계조, 한국일보, 2000. 07. 25.

이때 자신이 느끼는 삶에 대한 공허감과 허무함 그리고 절망감을 스스로 인식하고 수용하지 못하는 경우, 그것은 자신과 가장 가까운 사람인 배우자에게 돌려진다. 위의 기사에 나오는 남편은 자신의 부인을 '정신병'이라고 말한다. 여기서 남편의 표현이 전혀 터무니없는 것이 아니라는 가정을 하면서 한번 살펴보기로 하자. 남편이 느끼는, 정신병이라고 표현되는 아내의 성격이 결코 갑작스러운 것이 아닐 수도 있다.

누구나 독특한 개인적 성격이 있다. 그리고 그것은 좀처럼 변하지 않는다. 왜냐하면 자아는 자신의 변화를 자신의 존재가 없어지는 것으로 받아들이기 때문이다. 지금 남편이 증오하게 된 아내의 성격도 연애할 때는 좋은 것으로 받아들여졌을 가능성이 높다.

미국 터프츠대학교 화이트하우스(Jeane Whitehouse) 박사는 결혼한 부부를 심층 취재했다. 그런데 그 결과가 아주 재미있다. 상대를 사랑하도록 만든 상대의 독특한 성격이 결국 둘 사이에 갈등과 이별을 불러오는 원인이 된다는 점이다. 여기에 대한 구체적인 예들은 미국의 심리학자 파인스(Ayala Malach Pines)의 설문조사에서 증명된다.**

파인스는 수백 명의 커플을 조사했다. 남자의 '과묵한 성격'에 끌린 여자가 결혼 후 그 과묵함 때문에 나무도 고통스러웠다고

** 한겨레 과학웹진 「사이언스온」, 2015. 06. 03.

한다. 또한 강한 성격의 여자가 좋아서 결혼한 남성은 아내의 강한 성격 때문에 힘들어했다. 사랑의 감정이 피어오를 때 느꼈던 상대방의 아름다움이 사랑의 감정이 질 때는 추함이 된다. 그것은 상대의 성격이 바뀐 것이 아니라 본인의 감정이 바뀐 것이다.

일반적으로 사람들은 중년의 성적 충동을 사랑이라고 하지 않고 바람이라고 한다. 사랑과 바람의 차이는 무엇일까? 사랑은 책임이 따라 머무는 것을 말한다. 그러나 바람은 책임이 없이 지나가는 가벼운 것이라는 의미다. 왜 내 여자, 내 남자가 아닌 다른 이성을 찾아야만 하는 것일까?

사랑은 신비다. 인간은 알지 못하는 미지의 것에 호기심을 갖는다. 익숙한 것에는 신비감이 없다. 신비감은 알 수 없는 것, 모호함에 있다. 새로움은 내게 아직은 알려지지 않은, 익숙하지 않은 그 무엇이다. 가까워진다는 것은 익숙해진다는 것이다. 익숙함이란 속속들이 알고 있는 상태다. 그러므로 자연스럽게 신비감도 사라진다.

한 중년의 남자가 젊은 여자에게 첫눈에 반했다. 남자는 젊은 여자가 잃어버린 자신의 정체성을 찾아주고 자신이 아직 젊다는 것을 확인시켜 주며, 존재의 의미를 부여해 준다고 느꼈다. 그러나 그럼에도 불구하고 남자는 결코 가정을 깨고 싶은 마음은 없다고 고백한다.

이것은 중년기의 바람이 배우자의 문제 때문에 일어나는 것이 아니라 바로 자기 내면의 문제라는 것을 말하고 있다. 중년의 사

랑이 여전히 젊음과 로맨스로 귀결되는 것은 오직 감각으로만
자신의 존재를 확인하려는 육체 중심적 가치관의 결과이다.

8. 중년의 갈등은 동물적 삶을 마감하라는 신호다

부부간에 섹스 문제에 있어 서로 불만을 가지지 않을 정도로 좋
은 관계를 가져 왔다고 생각했던 한 중년의 부인이 어느 날 갑자
기 남편으로부터 섹스를 거절당했다. 그 일은 그녀에게 상처가
되었다. 여자로서의 자존심이 상하면서 분노가 올라왔다고 한
다. 남편에게 자신이 먼저 섹스를 요구하는 그 자체에서 분노가
일어났다는 것이다. 자신이 요구하기 전에 남편이 먼저 자신을
안아야만 했던 것이다.

　아내는 자신의 요구를 거부하는 남편이 멀게만 느껴졌다. 아
내는 남편에게 왜 자신의 요구를 거부하는지를 추궁했다. 그러
자 남편은 갑작스러운 성기능 저하가 왔음을 솔직하게 말했다.

　그러나 아내는 쉽게 그 말에 수긍하지 못했다. 오히려 남편에
게 다른 여자가 생긴 것은 아닐까 하는 의심을 키워 나갔다. 아
내는 남편의 상태를 확인하기 위해 몇 번의 요구를 더 하게 되었
고, 남편은 그런 아내가 두려워졌다. 성적 능력을 자존심과 동일
시할 때, 성적 불능은 아내의 자존심을 건드리고, 남편에게는 자

괴감을 느끼게 만든다.

도대체 섹스는 인간에게 있어서 어떤 의미일까? 동물에게 있어 섹스는 종족 보존의 본능이라는 것이 학계의 일반적 해석이다. 그런데 인간은 감각에 집착하는 본능적 세계를 초월할 수 있는 심리적 체계가 보다 더 심오하게 발달한 단계다. 동물에게는 심리학이 없지만 인간에게는 있다.

정신의 통합적 사고를 깊이 다루고 있는 융 심리학에서 본다면, 섹스는 분리된 정신의 교감과 통합에 대한 상징적 의미가 밖으로 투사된 것이기도 하다. 섹스의 본질이 인간의 쾌락본능으로 관념화된 것은 시간적으로 그리 오래된 이론은 아닌 것 같다.

좀 더 세심하게 본다면 쾌락본능 또한 정신에 속한다. 왜냐하면 만족이라는 그 자체가 심리적인 것이기 때문이다. 쾌락은 감각작용이지만 만족은 정신작용이다. 만족을 느끼는 정신작용이 일어나지 않는다면 감각이 주는 쾌락 또한 아무런 소용이 없다.

동물적 본능에 충실했던 것이 초년의 삶이라면, 중년의 삶은 동물적 삶으로부터 인간적 삶으로의 변환의 시기다. 동물적 삶이 보이는 감각적인 것에 충실했다면, 인간적 삶은 보이지 않는 정신적인 것에 충실해야만 한다. 보이는 삶을 주도하는 것은 보이지 않는 삶이다. 초년의 삶은 기본적 패턴에 의존해서 살아갈 수 있지만 중년의 삶은 더 이상 그 방식으로 해결되지 않는다.

중년이 되면 마음을 쉴 곳이 없다고 하소연하는 경우가 많다. 가족이라는 울타리가 있어도 그들의 외로움은 달래지지 않는다.

그래서 찾아오는 것이 우울증이다. 섹스가 외롭고 쓸쓸한 마음을 해결해 줄 수 있다고 하는 주장이 바로 중년을 더욱 혼란 속으로 몰고 간다. 섹스가 사랑을 확인하는 요소가 되면, 자연스러운 성적 감퇴 현상은 비정상이 된다.

비정상을 정상으로 돌리려고 약을 복용하고, 새로운 대상을 찾아 자신의 능력을 시험해보고자 하는 욕망이 생긴다. 그러나 자연은 유한한 것이 법칙이다. 그러므로 그것은 자연의 유한한 법칙을 부정하는 것이다. 너무나 명백하고 자연스러운 생리현상의 변화를 부정하려고 할 때 사람은 변칙적인 행동도 불사하게 된다.

이것은 정신의 영역이 육체적 영역 못지않게 중요하다는 사실을 알려주고 있다. 그러므로 중년의 문제를 육체적 관점에서만 해결하고자 한다면 균형은 깨지고 만다. 중년에 서서히 허물어지는 육체는 그 육체를 넘어서라는 자연의 법칙은 아닐까? 마지막 낙엽을 떨어지지 않게 누군가 실로 묶어준다고 해서 겨울이 오지 않는 것은 아니다. 봄에 찬란한 생명들이 새롭게 피어나는 것은 가을의 단풍이 낙엽으로 떨어졌기 때문이다.

중년에서 노년으로 넘어가는 것을 두려워하는 사람은 자신이 결코 노년이 되지 않을 것이라고 생각한다. 노인의 삶을 받아들이지 않을 때, 중년의 에너지는 오직 자기 삶에 대한 부정으로 가득 차게 된다. 자기 삶에 대한 부정은 곧 자기 자신에 대한 정직한 인식을 거부한다. 그것은 의식이 성장할 수 있는 기회를 통째로 놓쳐버리는 일이다.

9. 중년기는 보이지 않는 삶에 주목할 때다

충동이란 무엇일까? 우리는 여기서 충동이라는 개념에 대해서 생각해 볼 필요가 있다. 왜냐하면 충동은 인간을 예측 불가능한 방향으로 인도하기 때문이다. 충동적 행위는 심사숙고한 결과도 아니고, 목적이나 이유가 있는 것도 아니다. 그것은 그냥 충동이라는 힘에 의해서 휩쓸려 버리는 것을 말한다. 말하자면 그것은 전적으로 무의식적으로 일어나는 것이다. 일반적으로 충동이라고 하면 자살·방화·절도와 같이 자신이나 타인에 대한 부정적인 가해 행위들을 먼저 떠올리게 된다.

그런데 충동에는 육체적인 것만이 아닌 정신적 충동도 존재한다. 육체적 충동은 생리적으로 행동하도록 강조되기 때문에 실제적 체험이 일어나게 하는 힘으로 작용한다. 즉 육체적 충동이 일어날 때 그것을 알아차리고 스스로 제어할 수 있는 강력한 의식적 에너지가 없는 경우 자신과 타인을 불행 속으로 끌고 들어간다.

반면에 정신적 충동은 종교적 경험이라고 말해진다. 왜냐하면 정신적 충동은 정신의 몰입 상태에서 일어나는 신성한 힘의 작용이기 때문이다. 이미 설명에서 드러난 바와 같이 육체적 충동과 정신적 충동은 그 차원이 아주 대립적이다. 그렇기 때문에 경험되는 모습조차도 극명하게 다를 수밖에 없다.

인간의 정신적 삶과 물리적 삶은 모두 이 충동력에 의해서 일어난다. 충동력은 인간의 노력으로 만들어지는 것이 아니라 본능으로 존재하는 힘이다. 그런데 재미있는 것은, 차원이 전혀 다른 이 두 충동력이 근원에 있어서는 하나라는 것이다. 근원이 같다는 말은 육체적 충동이 정신적 충동이 될 수 있고, 정신적 충동이 육체적 충동이 될 수 있다는 의미다. 이것은 실제로 종교적 현상학에서 일어나는 일이기도 하다.*

금욕이 행해지는 종교들이 있다. 금욕은 육체적 충동을 정신적 충동으로 바꾸는 작업이다. 물론 정신적 충동이 물리적 충동으로 가는 경우도 허다하다. 물론 여기서는 종교적 문제를 거론하려는 것은 아니다. 하지만 육체적 충동과 정신적 충동이 하나의 근원이라는 점에서 우리가 숙고해야만 할 문제가 있다.

정신적 충동 영역이 존재한다는 것은 섹스를 단순하게 생물학적 차원으로만 규정지을 수 없다는 것이 드러난 셈이기 때문이다. 이것의 근거는 우리 주변에서 흔히 보게 된다. 어떤 사람은 유난스럽게 섹스에 집착하고, 어떤 사람은 유난스럽게 종교에 집착한다. 섹스에 집착하는 사람과 종교에 집착하는 사람의 에너지는 사실은 같은 에너지이다. 다만 에너지가 어느 방향으로 흐르는가에 따라 달리 드러난 것일 뿐이다.

---

* 『원형과 무의식』, p.77.

동물적 삶의 실현 기간인 초년기는 섹스가 생물학적인 차원에 있는 것이 맞다. 그러나 동물적 삶을 끝내는 중년 이후에도 섹스가 그대로 생물학적 범주에 머물러 있다면, 앞서 부부의 예에서 볼 수 있는 것처럼, 섹스가 삶의 갈등과 혼란의 원인이 될 수 있다. 왜냐하면 동물적 삶이 끝날 즈음에는 몸에 많은 변화가 자연스럽게 일어나기 때문이다.

몸의 변화를 무시하고 동물적 상태를 그대로 유지하려는 것 자체가 이미 자연의 법칙을 위배하는 셈이다. 이것은 중년에 이르면 섹스 행위 그 자체가 아닌, 섹스의 본질에 대해서 생각해야만 한다는 것을 말하고 있는 것이다.

그렇다면 섹스의 본질은 어떻게 알 수 있을까? 그것은 융의 말처럼 '섹스라는 개념을 둘러싸고 있는 온갖 외설과 낮은 수준의 천한 껍질을 벗겨내야만' 비로소 드러나게 된다. 동물의 교미는 밤과 낮이 구분되지 않지만 사람의 섹스 행위는 밤이나 어둠 속에서 이루어진다. 고귀한 것일수록 함부로 드러내지 않는 법이다.

인간의 섹스는 단순한 동물적 행위 그 이상의 의미를 가지고 있다. 그것이 그만큼 은밀해야 하는 이유다. 내밀한 것의 본질은 부끄러움보다는 신성의 의미를 내포하고 있다. 신성은 동물적 성질이 초월되어 있는 영역이다. 생명의 탄생을 우리는 신의 영역이라고 말한다. 인간이 동물과 다른 차원으로 분류되는 것은 신성의 의미를 터득했기 때문이다.

밥은 독식하지 않고 나눌수록 좋은 문화다. 그러나 섹스를 나누는 문화를 정상적으로 보지는 않는다. 그것은 섹스가 그만큼 고유하고 신성한 행위라는 것이다. 물론 특수한 환경적 요소가 예외적인 문화를 형성하는 것까지 간과하는 것은 아니다.

본능적 에너지를 심리학에서는 리비도라고 말한다. 리비도가 섹스 에너지로만 한정되어 버리면, 섹스나 행복에 집착하게 된다. 반면에 리비도가 내적 탐구를 여는 충동 에너지가 되면, 내면의 '신비한 힘의 경험'과 더불어 '나'가 누구인지를 알게 해 준다. 그래서 칼 융은 리비도가 자기 탐구적 에너지로 바뀌면 '정신적 창조로의 변환'이 가능하다고 말하는 것이다.

중년의 충동은 초년의 충동과는 분명하게 달라야 한다는 점이 명백해진다. 중년의 충동이 생물학적 영역에 머물러 있으면 안 되는 이유가 바로 여기에 있다. 우리의 정신 체계 안에는 육체적 충동을 넘어서 정신적 충동으로 나아가는 과정이 존재하는 것이다. 그런데 충동이 생물학적 단계에 머물러 있는 한, 정신적 성숙으로의 변환이 일어날 수 없다. 육체적 충동 자극은 아주 강하기 때문에 정신적 성숙 과정으로의 진입을 방해한다.

예를 한번 들어 보자. 사람이 중년이 되면 삶에 대한 깊은 허무를 느끼게 된다. 그리고 허무는 우울증으로 진행되기도 한다. 그러므로 사람들은 본능적으로 허무를 잊게 해줄 강력한 자극을 찾게 된다. 섹스는 가장 강력한 자극 중의 하나에 속한다. 물론 섹스의 강한 자극은 무서운 허무를 순간적으로 잊게 한다. 그러나 그것은 중년에 왜 허무를 느끼게 될 수밖에 없는가에 대해서는 까맣게 잊는다. 동물적 충동 영역으로의 퇴행은 자기 존재의 근원적 인식에 대한 거부이다.

중년이 지나서도 성적 본능에 집착하거나 행복에 집착하는 사람이라면, 그의 충동력은 생물학 단계에 머물러 있다. 그러므로 성적 충동에 대한 정직한 인식을 갖는 것은 아주 중요하다. 왜냐하면 그것은 존재의 근원에 대한 인식이자 이해이기 때문이다. 이러한 인식과 이해가 있을 때만이 인간은 동물적 차원에서 벗어날 수 있다. 육체적 영역에서 정신적 영역으로의 변환은 중년에 찾아온 '허무'라는 손님을 잘 영접함으로써 일어난다.

허무가 왜 자신을 찾아왔는지. 허무가 자신에게 무엇을 말하고자 하는지를 심사숙고해야 한다. 그것을 융은 육체적 충동이 정신적 충동으로 변환되는 일이라고 말한다. 허무는 중년에 주어지는 존재의 숙명이다. 그 숙명을 잘 받아들인다면 정신적 성장의 길로 인도되겠지만, 거부한다면 정신적 퇴행으로의 문으로 들어가게 된다.

제3장 중년의 가족 그리고 나

1. 우리는 일심동체야

한 모임에서 어떤 주부가 자신이 경험한 재미있는 이야기를 들려주었다. 여행에서 돌아오는 비행기 뒷좌석에 신혼부부로 보이는 한 쌍이 앉아 있었다고 한다. 둘은 탑승했을 때부터 시작하여 내리는 순간까지 싸우더라는 것이다. 뒷좌석의 다툼이라 자연스럽게 싸우는 이유도 알게 되었다. 공항 면세점에서 쇼핑을 원했던 여자는, 자신의 남자가 당연히 그 쇼핑에 함께해 줄 것이라고 믿었는데 뜻밖에도 이를 거절당한 것이다.

남편도 아내도 각자 자기감정의 중심에 서 있는 것이 문제였다. 쇼핑을 즐기지 않는 남편은 자신이 싫어하는 일을 강요하는 아내에 대한 불쾌감이 우선되었고, 아내는 자신을 사랑하면 그런 사소한 희생도 할 수 없느냐는 것이었다. 중년 이상을 살고 있는 사람들은 이 이야기를 듣고 허탈하게 웃었다.

서로 원하는 것을 한다면 그렇게 다툴 필요가 없다는 것이다. 남자가 쇼핑을 싫어하면 남자가 좋아하는 곳에서 기다리게 하고, 여자는 자신이 좋아하는 쇼핑을 다 하고 나서 다시 만나면

될 일이라는 것이다. 가족이라는 울타리 속에서 겪어온 복잡다단한 심리적 갈등과 포기를 통한 경험적 지혜로부터 나온 결론일 것이다. 물론 다툼의 주인공들인 신혼부부 역시 선배들이 경험한 삶의 과정들을 밟아갈 것임이 틀림없지만 말이다.

가만히 들여다보면 부부 싸움의 근원은 바로 부부일심동체에 있다. 일심동체란 마음도 몸도 하나라는 의미다. 아내는 어디를 가든 당연히 남편이 자신과 함께해 줄 것이라고 믿었고, 또한 그렇게 하는 것이 도리라고 생각했기 때문에 화가 났을 것이다. 아내에게 남편의 행위는 쇼핑에 대한 거부가 아니라 사랑에 대한 거부로 받아들여졌다. 하지만 자신에게 주어진 시간을 자기 자신을 위해 보다 효과적으로 사용하고자 하는 남편에게 그녀의 요구는 부당하게 여겨질 수 있다.

일심동체는 집단정신이다. 집단정신 안에서 개체는 인정되지 않는다. 그러므로 개체를 주장하는 것은 집단정신을 훼손하는 것이기 때문에 나쁜 것이다. 일심동체를 생각한 부인의 입장에서 본다면 개인적 자유를 주장하는 남편을 도무지 이해할 수 없다.

가정은 집단의 가장 기초 체계다. 집단이 원활하게 돌아가려면 개인이 희생되어져야 한다. 그렇지 않고 개인을 주장하게 될 때 가정이라는 집단은 위험에 처하게 된다. 부인에게는 남편이 우주에 존재하는 단 하나의 남자여야 하고, 남편은 부인이 우주에서 단 한 사람의 여자여야 한다.

그러나 그것을 지켜내기에는 어려움이 있으니, 인간에게는 본능이라는 문제가 있기 때문이다. 그것이 결혼 초기에 결심한 한결같은 마음을 어렵게 하고, 세상의 많은 자극들은 그러한 어려움을 더욱 부추긴다. 흔들리는 마음을 붙잡아 두기 위해 일에 열중하게 된다. 자신의 감정을 억압하고 부정하는 것이 바로 가정을 위한 길이 된다.

혼란한 자기 마음을 의식적으로 인식하지 못하는 사람은 그것을 상대에게 투사한다. 즉 자기 안에 있는 불안감을 상대에게서 발견하는 것이다. 자신을 믿지 못하는 사람이 상대를 믿지 못하는 것은 당연하다. 상대를 믿지 못하는 마음이 심화되면 의처증이나 의부증이 된다. 병적인 의심은 상대의 생각이나 감정까지 점검하거나 확인 받으려 한다. 상대의 감정과 사고가 확인되지 않을 때 불안해진다. 혹시 저 사람이 가정이라는 집단을 깨는 것은 아닐까 하는 두려움이 엄습하기 때문이다.

중년의 위기는 집단체제에 대한 회의에서 오는 경우가 허다하다. 대개 여성들의 경우 단단하게 밀착되어 왔던 가족 구성체의 해체 움직임이 일어나면서 그러한 경험을 하게 된다. 성장한 아이들이 자신만의 세계를 만들어 부모를 떠나갈 때 느끼는 허탈감이다. 남자들의 경우, 가족이라는 울타리를 보호하고 유지하기 위하여 내려놓았던 자신의 참모습을 발견하면서 일어난다. 물론 이것이 반드시 여성의 경우와 남성의 경우라고 단정 지을 수는 없다. 가정적 역할 혹은 성격적 특성에 따라 차이가 나타날 수 있기 때문이다.

가족이라는 공동체 속에 억압시켜 놓았던 개체로서의 인간이 중년의 어느 날 문득 자기 자신의 삶에 강한 의문을 품는다. 그것이 내면으로부터 자유와 해방감에 대한 동경이 일어나게 만들고, 갈등과 혼란은 그들을 지배하고 만다. 자유는 억압·속박·제약으로부터 해방되는 것이다. 해방은 심리적으로 개인성을 획득할 수 있을 때 가능하다. 공동체는 규율이다. 말하자면 자유와 공동체는 전혀 다른 성질이다.

그러므로 공동체라는 규율을 어기지 않으면서 자유로울 수 있기는 참으로 어려운 과제다. 이 어려운 과제를 해내는 일은 의식적 성숙에 의해서만 가능하다. 의식적 성숙이란 곧 자기 내면에서 일어나는 일에 대해 정직한 인식을 할 수 있는 능력이다. 자기 자신을 정직하게 볼 수 있는 사람만이 가족구성원들 또한 고유한 개체로서의 인간임을 인식하게 된다. 그러한 인식이 서로의 특성을 이해하고 수용하게 만드는 것이다.

2. 너는 내 운명

행위 예술가로 알려진 N은 결혼한 지 10개월 만에 이혼을 발표했다. 대중의 인기를 먹고 사는 연예인들의 결혼은 그들의 인기만큼이나 환상과 부러움과 시기를 동시에 갖기 마련이어서 당연히 화제가 된다. 그런데 N의 결혼은 조금 달랐다. 그녀의 남편은 성범죄 전력과 사기 혐의 피소 사실이 있을 뿐만 아니라 이름조차도 진짜가 아니라고 알려졌다. 남편감의 불미스러운 전력에 대한 대중들의 논란이 적지 않았지만 그녀는 그러한 소문들을 모두 부정했다. 그러던 N은 결국 이혼을 결심하게 되면서 고백했다. 자신은 결혼 당시 남편의 과거와 의심스러운 신상문제들을 알고 있었음에도 불구하고 그가 순박하고 따뜻한 사람이라고 생각했다는 것이다.

물론 N이 일반적인 경우라고 말할 수는 없다. 하지만 '콩깍지에 쐬었다'는 말에서 알 수 있듯이 사랑의 감정은 이성을 마비시키기에 충분할 만큼 강하기에 누구나 쉽게 바보가 될 수 있다. 콩깍지를 쓰면 보이지 않는다. 본다는 것은 의식하는 것이고, 의식한다는 것은 분별하고 바른 판단을 한다는 것이다. 그러므로 보지 못하게 막는 콩깍지는 무의식 상태임을 말한다.

무의식 상태라는 말은 자신이 무슨 생각과 행동을 하는지 알지 못한다는 것이다. 자신의 생각과 행동을 모른다면 자기 자신이 누구인지 알지 못하는 것은 당연하다.

사실 우리는 자아의식으로 인식히지 못하는 엄청난 정신적 내용들을 가지고 있다. 칼 융의 이론으로 말하면 그것은 집단무의식이다. 이 집단무의식을 우리는 유전으로 상속받는다. 이것은 우리가 백지 상태로 태어나는 것이 아니라는 것을 전제로 한다.

즉 집단무의식은 자기 존재를 성립시키는 근원이라고도 말할 수 있을 것이다. 그러므로 무의식 상태로 살아간다는 것은 자신 자신이 누구인지 모른다는 말이다.

이처럼 자기 자신에 대해서 알지 못할 때, 우리는 자기 존재에 대한 확인이 어렵다. 자기 자신이 누구인지 모른다는 것은 근원적으로 불안하다. 자기 존재에 대한 불안은 다른 존재(혹은 실질적인 정신적, 물질적 대상들)를 통해서 자기 자신의 존재를 확인하고 싶어 한다. 그래서 사람들은 자신의 존재를 확인시켜 줄 존재를 만나고 싶어 하고, 그것을 운명적 만남이라고 말한다. 운명적 만남, 혹은 운명적 사랑에 목을 매는 이유도 바로 이러한 심리적 원인에서 나오게 되는 것이다.

콩깍지 현상은 심리학에서 동일시(identification)라는 이름을 갖는다. 동일시란 너는 나의 운명이고, 내가 곧 너고 네가 곧 나다. 나와 네가 하나가 되면 독립적인 존재가 아닌 상호 의존적인 관계가 된다. 상호의존적이란 무엇인가? 나의 삶, 나의 행복과 불행은 곧 너에게 달려 있다는 말이다. 그러므로 의존적 관계에서는 서로가 서로를 행복하게 만들어야 한다는 의무와 책임이 따른다. 그렇게 서로에게 부여된 심리적·물리적인 의무와 책임이 충족되면 우리 사랑은 계속된다고 믿어진다. 하지만 기대가 실행되지 않으면 사랑은 증오로 바뀐다고 『융, 중년을 말하다』의 저자 대릴 샤프는 말한다.

동일시는 상대에게 자신의 마음을 솔직하게 말하지 못하게 만든다. 또한 남편과 아내의 일에 지나친 참견이나 충고를 하게 되는 것도 바로 동일시 현상 때문이다. 동일시가 강하게 일어나는 부부는 마치 부모와 자식과의 관계처럼 되어 버린다.

동일시는 무의식이다. 무의식이기 때문에 자신이 어떤 마음으로 상대를 대하고 어떤 생각으로 상대에게 행동하고 상대를 조종하는지 전혀 의식하지 못한다는 것에 문제가 있다.

3. 너는 내 새끼

자식과 자신을 동일시한 어느 갑부 할머니가 있었다. 그녀가 자식들을 키우면서 가장 강조한 부분은 돈과 가족이었다. 할머니가 말하는 가족은 직계만 해당되었기에 법적으로 가족이 된 며느리나 사위는 결코 가족이 될 수 없었다. 가족에 대한 강조는 타인에 대한 불신을 전제로 한다.

가족이 아닌 며느리와 살아가야 하는 아들은 아내를 의심했고, 사위와 살아가야 하는 딸은 자신의 남편을 믿지 않았다. 불신은 그들로 하여금 상대방을 자신의 재산을 빼앗으려는 잠재적 도둑으로 보게 만들었다. 심리적으로 조화될 수 없는 가족이 행복한 관계를 맺을 수 없는 것은 지극히 당연하다. 내 피붙이만 소중하다고 교육되어진 자식들의 결혼생활은 당연히 불행했다.

그런데 불행한 결혼생활의 탓 또한 자신들에 의해서 배척될 수밖에 없었던 배우자에게 돌려졌다.

할머니의 돈에 대한 집착은 병적이어서 스크루지가 고개를 저을 정도의 구두쇠였다. 할머니의 지독한 돈 사랑에서 연유한 금욕은 자식들에게 자신들을 위한 희생이라고 믿게 만들었다. 실제로 상속할 재산을 쥐고 있었기에 아들은 자신의 아내를, 딸은 자신의 남편을 떠나보내면서까지 어머니 곁에 남았다. 하지만 자식들의 억압된 생각들은 무의식적인 저항으로 나왔다. 그들은 어머니와 눈도 제대로 마주치지 않았고, 한 끼의 식사조차도 함께하고 싶지 않을 만큼 강한 증오심을 갖고 있었다.

그럼에도 불구하고 어머니는 자식들이 배우자를 버리고 자신을 선택했다는 자부심 때문에 자신을 향한 자식들의 증오를 개의치 않았다. 그녀에게 어머니와 자식은 분리될 수 없는 하나였을 것이다. 부모가 자식을 동일시하면 자식들의 독립적인 삶은 희생될 수밖에 없다. 할머니는 자신이 오직 자식들을 위해 살고 있다고 자식들에게 세뇌시켰지만 그것은 결국 할머니의 지독한 에고이즘이고 독선이었다. 독선의 결과는 본인에게도 자식들에게도 큰 불행으로 이어질 뿐이다.

융은 이러한 문제들에 대해서 너무도 잘 알고 있었다. 그러므로 가족의 영원한 구성원으로 남는다는 것은 정신적으로 매우 바람직하지 않다는 점을 강조한다. 왜냐하면 모든 도덕적이고 영적인 성장은 결국 개인성에서 나온다고 보기 때문이다. 가족은 집단이다. 집단은 개인을 속박한다. 부모로부터 독립하지 못하고 지나치게 끈끈한 연대를 가진 경험은 자신의 자식들에게도 그대로 계승된다. 위의 사례에서 보았듯이 내 가족만을 중시하는 교육은 결국 새로운 가족의 해체를 불러오는 불행을 막을 길이 없다.

부모와 자식은 인위적으로 만들어진 관계가 아니라 그야말로 자연적으로 만들어진 관계다. 그렇기 때문에 너는 내 자식, 내 새끼다. 내 새끼는 나의 소유물이고, 소유물은 곧 나 자신과 다르지 않다. 이러한 조건적 관계는 그 자체로 무의식이기 때문에 그러한 생각에서 벗어나는 것은 누구에게나 결코 쉽지 않다. 왜냐하면 그것은 이미 우리에게 습관화되어 있기 때문이다.

무의식으로 산다는 것은 습관적으로 산다는 말이다. 습관적으로 살아가는 한 자기 자신에 대한 자각은 일어날 수 없다. 습관에 길들여지면 새로운 사실을 받아들이는 일은 귀찮아진다. 언제나 그러하듯이 새로운 사실을 받아들이는 일은 곧 기존의 자기 생각을 부정하는 일이다. 생각이 곧 자기 자신이라고 동일시하는 사람에게 있어서 생각을 바꾼다는 것은 두려움과 마주하는 일이다. 우리의 사고 전환이 쉽지 않은 이유가 바로 여기에 있다. 그런데 융은 그러한 태도가 정신발달에 강력한 저항을 만든다고 말한다. 사람이 삶을 통해서 정신적 발달을 하지 못한다면 동물과 무엇이 다르냐는 것이다.

4. 내게 어떻게 이럴 수 있어?

"정말 이혼이란 건 생각도 안 해 봤어요. 낼 모레면 60이고 조금 있으면 70인데, 이혼하게 될 줄은 꿈에도 몰랐어요."(박승호, 가명) 2016년 「SBS 스페셜」에 소개된 한 중년 남자의 한 맺힌 푸념이다. 죽음이 자신들을 갈라놓을 때까지 함께할 것이라고 믿었던 가족으로부터 분리되어 달라는 법적 통고를 받았다. 예고도 없이 날아든 이별 통고를 당해야 하는 사람으로서는 하늘이 무너지는 일이다.

그러나 기사는 박승호 씨가 겪는 일들은 우리 사회에 비일비재하다고 전한다. 대한민국 중년 남성 10명 중 아홉 명이 꿈에도 생각해 보지 않았던 이혼 요구를 아내로부터 받는다는 것이다. 중년 이혼은 젊은 층의 이혼을 뛰어 넘었고, 1995년 8.2%였던 중년의 이혼이 2015년에는 29.9%로 늘었다는 것이다. 그것도 대다수가 아내가 요구하는 이혼이다.

"자기가 잘못해서 전과가 있거나 이래서 당하는 거야 어디다가 하소연도 못하지. 그런데 나름대로 열심히 했는데도 바라보는 시선은 적으로 바라보고 이러니까 정말 이거는 아니지 진짜." 이혼을 하게 된 배정효(가명)는 억울함을 털어놓는다. 이혼을 마주하게 된 남자들의 항변은 한결같다. 그들은 평생을 가족들을

위해 일해 왔는데, 이제 경제적으로 무능해졌다고 아내뿐만 아니라 가족 전체가 자신을 버렸다고 한다.[*]

사연 없는 무덤은 없다는 말이 있다. 누구나 다 피치 못할 사정이라는 것이 있다. 사람마다 사정은 조금씩 다르지만, 사람의 일인데 이해 못할 일 또한 없다. 현실적인 측면들은 기사의 내용에서 모두 드러났다. 그러므로 여기에서 다루고자 하는 것은 심리적 측면이다.

심리학을 하는 필자에게는 저 인터뷰 중에 유독 눈에 들어오는 것들이 있었다. 박승호(가명)는 정말 이혼이라는 것은 생각도 안 해 봤다고 했고, 배정효(가명)는 나름대로 열심히 했는데도 불구하고 자신을 적으로 보는 가족들의 외면을 억울해 했다. 이들의 이야기는 '가족은 영원하다'라는 일반적 관점에서 보면 전혀 어긋남이 없다. 그런데 사람은 가족이라는 집단성에 앞서 개인성이라는 관점에서 보면 빈틈이 나타난다.

박승호와 배정효 씨는 가족을 위해서 헌신하느라 자신의 삶을 살지 않았다는 것을 스스로 고백하고 있다. 왜냐하면 진짜 자신을 위한 삶이 아니라 가족을 위한 삶이었다고 한다면 가족이 원하는 이혼 또한 수용해야 하기 때문이다. 그런데 이혼 요구를 당하는 것은 한 맺히게 억울해한다.

어찌 이럴 수가 있다는 말인가? 가족이 곧 나 자신이 아니었던

---

[*]   SBS 스페셜, 쫓겨나는 중년 남편들… 해법은 있다. 2016. 04. 18.

가? 그래서 가족은 나 없이는 살 수 없어야 한다. 그런데 가족은 나 없이 살겠다고 선언한 것이다. 이것은 자신의 팔다리가 저 혼자 살겠다고 달아나는 환상만큼이나 당사자를 혼란 속으로 몰아넣었을 것이다.

여기서 우리가 생각할 수 있는 것은, 우리는 스스로 삶의 주체로 살아가지 못하고 있다는 사실을 인정해야만 한다. 주체로 산다는 것은 어떤 의미일까? 의존하지 않는 삶, 나의 삶은 내가 책임질 수 있어야 한다는 말이다. 그렇다면 혼자 살아야 하는 것이냐고 반문할 것이다.

강남의 한 주택에서 살인사건이 일어났다. 살인을 당한 사람은 팔십이 넘은 집주인 할머니였고, 살인자는 그 집에 세 들어 살던 중년 남성이었다. 물질이 흘러넘치는 시대에도 할머니는 양말을 기워 신을 만큼 근검절약했다. 그런 습관이 할머니를 강남의 집주인으로 만들었다.

할머니는 슬하에 재산을 물려줄 자식도 없었지만 돈에 대한 집착은 대단했다. 할머니는 혼자 살았지만 결코 독립적이라고 말할 수 없다. 왜냐하면 돈이 곧 할머니였을 만큼 돈에 의존되어 있었기 때문이다. 할머니의 비극 또한 돈과 연관되어 일어나고 말았던 것이다.

우리는 자신을 삶의 주체로서 생각하지 못하기에 외로움을 만회하게 해 줄 다른 가치들을 가져다 놓는다. 그 가치들 중의 하나가 바로 가족이다. 가족 만들기는 동물적 본성이 가지는 가장 근본적인 것이다. 가족을 통해서 자기 삶의 가치를 갖는다고 생각하는 것이다. 그런데 자기 삶의 중심이 가족이 되면, 가족이라는 집단 속에 '나'라는 개인적 삶은 거의 인식하지 못하게 된다.

왜냐하면 집단은 무의식이기 때문이다. 무의식에는 의식이 없다. 의식 없이 어떻게 사느냐고? 그러나 사실 우리는 거의 습관적으로 살아간다. 습관적으로 살면 삶이 그리 불편하지 않다. 하지만 습관적 삶 속에서는 자기 자신에 대한 개별적 인식은 전무할 수밖에 없다. 그러니 이혼이라는 사건은 청명한 하늘에서 날벼락이 친 것으로 보이는 것이다. 하지만 이혼을 요구한 아내나 자신을 외면한 가족의 입장에서 본다면 그저 하루아침에 이루어진 일은 결코 아니었을 것이다. 긴 세월 동안 차곡하게 쌓여진 수많은 이유와 묵혀진 감정들이 한꺼번에 터져 나온 것일 테니 말이다.

5. 더 이상은 싫어

기사에 나타난 이혼 사유를 보면 남자와 여자가 얼마나 다른 생각을 하고 있는지를 알 수 있다. 남편들은 자신이 돈을 많이 벌어 오지 못해서 아내가 이혼을 요구한다고 생각한다. 그런데 아내들은 돈보다는 남편의 성격을 더 이상 참고 견디기 어려워서 이혼을 요구했다는 것이다.* 여성들의 의식은 시대변화에 따라 크게 고양되었지만 남성들이 시대변화를 읽지 못하거나 적응하지 못한 것이라는 평을 기사는 내놓고 있다.

그런데 이러한 현상을 심리적으로 풀어본다면, 남편은 아내에게 일심동체라고 생각했는데 아내는 일심도 동체도 될 수 없었다는 것이다. 일심동체는 네 마음이 내 마음이고, 내 마음이 네 마음이고, 내 몸이 네 몸이고, 네 몸이 내 몸이다. 그런데 인간은 지극히 '나(자신)'를 중심으로 생각한다는 사실을 우리는 잘 자각하지 못한다. 자아 중심의 인간에게는 내 마음은 그냥 내 마음대로인 것이다.

자기중심적 사고에는 상대의 마음을 이해해 줄 인식능력도, 배려를 위한 심리적 공감도 없다. 그러다 보니 일심동체라는 미명 아래 상대를 자신의 소유물로 해석해 버리기 쉽다. 나의 것이란 내 마음대로 할 수 있다는 의미가 된다. 이러한 생각에 의해 상대방을 무심하게 대하거나 자기 마음대로 조정하려고 한다.

경제적 주도권을 가진 측에서 이 경향은 더욱 강하게 일어날 것이다. 이기심은 자아의 중요한 기능이다. 그러므로 그것은 비난하기보다 이해되어야만 하는 측면이다. 여기서는 다만 이혼이라는 사건을 중심으로 이야기하고 있다는 것을 상기할 필요가 있다.

---

* 앞, SBS 스페셜.

108

문제는 인간의 감정이다. 우주만물이 음양의 이치를 갖는 것처럼, 인간의 마음 또한 선과 악, 좋고 나쁨과 같은 상반된 것으로 이루어져 있다. 요리연구가 이혜정 씨의 맛깔스런 말솜씨는 이미 정평이 나 있다. 그녀가 어느 프로그램에서 말한 자신의 부모님 이야기는 이 주제를 잘 설명해 준다.

이혜정 씨의 부친은 대기업에서 높은 직책에 오른 사람이라고 알려졌고, 모친은 아마도 그런 남편을 잘 보필한 분이었던 것 같다. 일반적으로 그렇듯이, 직장에서 받는 스트레스는 자연스럽게 가장 가까운 사람에게 직접적인 영향을 주었을 것이고, 모친 역시 많이 힘들었을 것이다. 부인이 보내야만 했던 인고의 세월을 잘 알고 있던 부친이 늙은 아내에게 말했다. "나는 다시 태어나도 당신을 만날 거야." 이 말을 들은 아내는 화들짝 놀라는 시늉을 하며 "내가 왜 다음 생애까지 당신을 만나야 해요? 난 다른 사람 만날 거야."라고 했다는 것이다. 예상하지 못한 대답은 많은 사람들에게 큰 웃음을 주었다. 그 웃음은 어쩌면 많은 이들이 느낄 수밖에 없는 공감대 때문이었을 것이다.

사실 그렇다. 상대방을 편하게 해주기 위해서는 나의 편안함이 희생되어져야 한다. 자신의 많은 것들을 희생할수록 다른 사람들에게는 좋은 인상을 주게 된다. 희생 속에는 자기 자신을 내세울 수 없다. 순종 혹은 복종의 관계에서 그 반대적 감정인 저항은 억압되어 있기 마련이다. 억압된 감정은 없어지는 것이 아니라 축적되어 있다. 축적의 에너지가 강할수록 터져 나오는 순간의 폭발력은 크다.

앞에 예시된 이혼의 경우로 돌아가 보자. 성격적 문제가 아니라 오직 경제적 문제만이 이유였다면 자식들까지 외면하는 일은 일어나지 않았을 것이다. 왜냐하면 인간의 마음은 결코 단순하지 않기 때문이다. 동일시는 남편이나 아내만이 아니라 자식들에게도 똑같이 일어난다. 물론 경제를 책임지는 일은 무엇보다 힘들다. 하지만 조금만 자신을 들여다볼 수 있다면, 가족을 만드는 일은 누구의 강요에 의한 일이 아니다. 오직 스스로의 결정으로 이루어진 일이다. 자신이 결정한 일이 어렵다고, 그 원인을 가족에게 화풀이한다는 것은 어린 사람의 행위다.

유난히 가부장적인 한 남자가 있었다. 그는 작은 가게를 하고 있었지만 생각보다 잘 되지는 않았다. 남자는 남들에게는 아주 예의 바른 신사였지만 가족들에게는 아주 권위적이었다. 정신의 모든 내용들은 같은 양의 에너지를 가진다. 즉 부정적인 성향과 긍정적인 성향의 에너지는 같은 비중을 차지하고 있다. 예의 바름이란 불량한 성질을 잘 숨기는 일이다. 그런데 희생이 강요된 불량 성질은 어느 순간 다른 방식으로 그 본질을 드러내고야 만다. 그것이 바로 인간이 고민해야만 하는 정신의 모순이다.

앞의 가부장적인 남성은 사회생활에서는 그 누구에게나 신뢰를 받는 사람이었지만, 집안에서는 예측할 수 없을 만큼 변덕스러웠다. 아이들에 대한 교육도 자신의 기분에 따라 달라졌다. 아이가 분명하게 잘못을 했음에도 자신의 기분이 좋을 때는 전혀 개의치 않았다. 그러나 기분이 좋지 않은 날에는 일상으로 일어나는 일들을 가지고 아이들을 학대했다.

어느 날 친구들의 모임에서 이 남자는 자기 삶의 가장 귀중한 것을 꼽으라면 가족이라고 말했다. 사정을 잘 알고 지내던 한 친구는 참으로 놀랐다. 왜냐하면 친구는 그 남자가 가족을 사랑하지 않는다는 느낌을 받아왔기 때문이다.

이것은 가정에서 폭력적인 성향을 보이는 사람도 가족을 사랑하지 않는 것은 아니라는 것을 말해준다. 그에게 잘못이 있다면 사랑하는 방법을 알지 못했을 뿐이다. 무의식으로 사는 한 자기 자신이 누구인지 알 수 없다. 자기 마음도 모르는 사람이 어찌 상대의 마음을 알겠는가? 무의식이란 것이 이처럼 무서운 것이다.

6. 콩깍지를 벗겨라

콩깍지 현상을 말하는 동일시(identification)는 상대도 나와 같은 생각을 할 것이라고 착각하는 것에서 일어난다. 그리고 이것이 비단 사랑하는 관계에서만 일어나는 것은 아니다. 만일 내가 남의 일에 참견하고 충고하고 있다면 그것 자체가 바로 내 자신이 상대와 동일시를 하고 있다는 것이다. 『융, 중년을 말하다』의 저

자 대닐 샤프는 동일시를 감정이입과 혼동하지 말라고 말한다.

감정이입이란 상대의 경험이나 마음을 그대로 받아들임으로써 상대를 이해하고 파악하는 것이다. 하지만 감정이입에는 주체와 대상이 분리되어 있다. 반면에 동일시는 주체와 대상이 분리되어 있지 않다. 무슨 말인가 하면, 감정이입은 의식이 작용하지만 동일시는 무의식이라는 것이다. 동일시에서는 자신이 하는 행동에 대해 알지 못한다. 그러므로 분리되지 않은 상태에서는 집착이 일어난다.

모든 존재의 본질은 고유성을 갖는다. 고유성이란 제각기 그릇이 다르다는 것이다. 단 하나도 같은 것이 없다는 말이다. 제각각 다른 그릇에서 같은 모양을 만든다는 것은 불가능하다. 그것은 자기를 낳은 부모, 자신이 낳은 자식조차도 본인과 다른 것이다. 사랑하는 사람이라도 누군가의 고유성을 없앨 수 없다. 인간관계의 모든 갈등은 바로 여기에서 온다.

자신이 사회적으로 성공했다고 자부하는 부모나 상사일수록 자신의 방식, 생각, 태도를 자식이나 부하직원, 주변인들에게 강요한다. 요즘 사람들은 그런 사람을 '답정너'라고 부른다. 답은 이미 정해져 있다는 것이다. 질문은 상대를 위한 것이 아니라 이미 자신이 정해 놓은 답을 듣기 위함이다.

우리나라 최고의 학부를 나온 대학교수를 아버지로 둔 젊은이가 있었다. 젊은이는 부모가 정한 강력한 룰에 따라 열심히 공부했고, 부모가 원하는 대학의 학과에 입학했다. 하지만 대학에 다니는 동안 그의 관심은 전혀 다른 쪽으로 흘러갔다. 이차 전공은 부모님의 엄청난 반대에 맞서야 했으며, 그는 자신의 의지를 꺾지 않고 그 분야에서 독보적인 존재가 된다.

여기까지는 부모 또한 자신들의 의지를 꺾을 수밖에 없는 상황이라고 받아들였다. 그런데 그들의 마지막 자존심까지 건드리는 일이 일어나고 말았다. 아들의 결혼이었다. 며느리감은 사실 미모와 품성, 재치를 두루 갖춘 여성이었지만 부모가 원하는 스펙에는 다가갈 수 없었다.

손녀가 태어나자 강력하게 반대를 하던 어머니가 먼저 화를 풀고 자식을 만나 주었다. 결혼생활을 하면서 아버지와의 문제를 어떻게 풀어야 하는지 고민이 깊어졌다. 상담을 받으면서 부모님의 입장을 전보다 더 이해하게 된 아들은 자식된 도리로서 무엇을 해야 할 것인지를 알게 되었다. 그럼에도 불구하고 그의 고민은 쉽게 해결될 수 없었다. 왜냐하면 어머니와의 만남도 결코 원만하지 않았기 때문이다.

어머니 역시 가부장적인 남편의 태도 때문에 늘 갈등을 겪어야만 했다. 아들의 저항적 삶으로 인해 부부간의 갈등과 다툼이 더 심해졌다고 어머니는 생각했다. 한 달에 한 번 꼴로 아들부부를 만났지만 만남의 시간 대부분은 어머니의 아버지에 대한 불만으로 채워졌다. 나머지 시간은 아들에 대한 훈계뿐이었다. 아들이 무슨 생각을 하는지, 무엇을 느끼는지에 관해서는 관심조차 없는 지극히 에고이즘적인 사람이었던 것이다.

아들이 부모님과 살면서 가장 힘들었던 부분은 바로 한번 시작되면 거의 세 시간 가량의 빡빡한 강의와 같은 아버지의 훈계와 질타였다. 아버지에게 사죄를 하고 관계회복을 한다고 하여도 아버지의 그와 같은 성정을 다시 받아들여야 한다는 것에 아들은 자신이 없었다.

그의 부모님들은 물론 아들을 사랑했을 것이다. 사랑했기에 아들에게 가장 좋은 것만 보게 하고 가장 좋은 길만 걷게 하고 싶었을 것이다. 그러나 그 길은 아들의 많은 것들을 빼앗는 길이기도 했다. 예를 들어 어린 아들은 자전거가 몹시 타고 싶었지만 위험하다고 판단한 부모님에 의해 거절되었다. 이런 일들은 아들의 성장기에 참으로 많이 일어났다.

또 다른 한 남자가 있다. 그 또한 최고의 학부에, 최고의 직업을 가진 사람이라고 할 수 있었다. 그런 그에게도 위의 젊은이와 마찬가지로 엄격한 교수 아버지가 있었다. 엘리트 코스만을 밟은 아버지의 소망은 아들 역시 아버지를 뛰어 넘는 사회인이 되는 것이었다. 초등학교 때부터 시험문제 하나만 틀려도 옷을 다 벗기고 대문 밖에 세워 놓았다. 아들은 그런 창피와 모욕감을 당하지 않기 위해 그야말로 전심전력을 다해 공부를 해야 했었다고 털어 놓았다. 그는 결국 아버지의 기대에 부응했으나 아버지에 대한 증오는 사라지지 않았다.

결과물에만 관심을 갖는 사람들은 이렇게 말할 것이다. 그래도 그런 아버지가 있어 누구나 부러워하는 사회인이 된 것 아니냐고 말이다. 하지만 그의 마음은 아버지에 대한 적개심으로 가득 차 있었다. 그의 말은 이랬다. "비록 지금까지는 아버지가 원하는 삶을 살아 왔지만 마지막 기회인 결혼만은 아버지를 실망시킬 것"이라고. 그는 실제로 아버지가 원하는 조건과는 거리가먼 여자를 만나고 있었고, 그녀와 결혼할 것이라고 했다.

7. 사랑은 적개심을 등에 업는다

부모와 자식이 동일시되어 일어나는 불행은 참으로 많다. 상담을 원하는 많은 사람들이 어린 시절 부모와의 문제를 들고 온다. 성공한 두 젊은이는 왜 부모에게 적개심을 갖게 되었을까? 강요된 삶 안에는 그 자신이 없었기 때문이다. 강한 부모일수록 아이들의 의견은 억압된다. 그런 부모들의 마음에는 자신들의 방식이 답으로 정해져 있어서 아이들의 생각 따위는 중요하지 않다. 그러므로 아이의 존재감이 있을 리가 없다. 자기 존재감을 잃어버린 삶을 우리는 노예라고 부른다.

　잘 풀리지 않는 현실로부터 오는 짜증을 아이에게 풀어내는 부모도, 자식을 위해 최고의 물질적·환경적 지원을 하는 부모도 모두 자신이 얼마나 아이들을 사랑하는지를 말한다. 그러기에 아이들의 저항은 참을 수 없는 배신으로 다가온다. 더구나 아이들의 억압된 적개심을 마주하는 어느 순간 부모는 감당할 수 없는 혼란 속에 빠질 것이다.

인간의 가장 큰 상처는 존재에 대한 거부다. 동일시는 상대를 자신의 소유물로 착각하게 만든다. 소유물은 나와 다른 생각이나 감정을 가지면 안 된다. 동일시는 자신과 생각이 다른 것을 용납하지 못한다.

하지만 동일시는, 예를 통해서 보다시피 상대나 혹은 자기 자신을 위한 길이 결코 아니다. 사랑이라는 이름으로 시작하지만 결국은 증오만이 남는다. 빽빽하게 채워진 모판에서는 쌀이 생산될 수 없다. 좋은 쌀은 모가 모판에서 적절하게 옮겨 심겨졌을 때의 결과물이다. 모를 옮겨 심는 것은 모의 특성이 가장 잘 드러나게 하는 작업이다.

사람의 고유성도 이와 같다. 부모로부터 분리되지 못하여 고유성을 침범 당할 때 자녀는 영혼의 상처를 받을 수밖에 없다. 그렇다면 아이를 방목하라는 말이냐고 물을 수 있을 것이다. 물론 무조건적인 방목은 아이를 또 다른 방법으로 버리는 일이다. 다만 아이가 자신의 길을 스스로 선택할 수 있도록 이끌어 주는 일이 가장 바람직할 것이다.

물론 아이의 선택이 부모가 원하는 길이 아닐 수 있다. 그러나 아이의 삶은 부모의 삶이 아니라는 사실을 먼저 자각해야 한다. 동일시에서 가장 큰 문제는 '아이는 모른다'라는 전제다. 물론 아이는 어른보다 여러 가지 면에서 많이 알지 못한다. 그런데 문제는 어른의 앎도 사실 그다지 선명한 앎이라고 할 수 없는 경우가 너무도 많다는 사실이다. 왜냐하면 삶은 고정되어 있는 무생물이 아니라 엄청난 변수로 작용하는 생물이기 때문이다.

끊임없이 변화되는 삶은 우리에게 겸허를 요구한다. 어른의 계획이 제아무리 훌륭해도 아이에게 맞지 않다면 계획이 없는 것보다 못할 수도 있다. 부모의 판단에 따라서 미술을 전공한 사람이 결국 다시 음악을 공부해서 음대 교수가 된 사람도 있고, 부모의 바람으로 법학을 공부한 사람이 나중에 미술가로 다시 태어난 경우도 있다.

부모는 아이의 미성숙한 판단으로 겪어야 할 불필요한 혼란과 고통을 효율적으로 줄이는 방법을 다각도로 제안할 수 있다. 그러나 그것이 제안을 넘어 강요가 될 때 아이의 존재는 잠식당한다. 강요가 아닌, 아이가 스스로 자신의 길을 선택해야 한다는 사실을 인식하는 것이 옳다. 부모들이 흔히 갖는 강박감은 아이의 실패다. 동일시에서 아이의 실패는 곧 부모의 실패가 되기 때문에 아이의 성향이나 능력을 고려하지 않고 밀어붙이게 된다. 이러한 환경이 아이에게 얼마나 심각한 심리적 압박을 주게 되는지 동일시 상태에 있는 부모는 전혀 느끼지 못하고 있는 것이 문제다.

실패는 아이에게 자신과 세상을 돌아보는 계기를 만든다는 점에서 성공 못지않게 중요할 수 있다. 그러나 우리는 그것을 쉽게 간과한다. 실패를 통하지 않는 성공이 얼마나 위험한지는 어린 나이에 세상을 평정한 연예인들의 빗나간 방황에서 충분히 드러난다. 쉽게 얻어진 성공은 자아팽창의 원인이 된다. 자아가 팽창되면 현실적 인식이 어렵기 때문에 삶을 정상적으로 유지하기 어렵다.

8. 동일시를 어떻게 벗어날 것인가?

동일시는 서로에게 심리적 고통과 상처를 주고, 의식의 성장을 저해시킨다. 이것을 해결할 수 있는 방법은 오직 하나다. 동일시하는 자기 자신의 콤플렉스에 대한 기본적인 이해다. 그렇다면 우리는 먼저 콤플렉스가 무엇인지를 이해해야 한다. 정신이 백지 상태로 태어난다고 믿는 사람에게는 콤플렉스 이론은 무용지물이다. 만일 그렇지 않고 물리적 진화과정을 믿는다면, 정신의 진화과정을 상정해 보는 것은 너무도 당연하다. 이런 의미에서 콤플렉스 이론은 우리가 자신을 이해하는 데 엄청난 기여를 할 것이다.

융은 『정신요법의 기본문제』에서 "거의 콤플렉스의 생물학을 탐구한다고 말하고 싶을 정도의 연구를 했다"라고 밝히고 있다. 그만큼 콤플렉스는 정신에 있어서 중요한 작용을 하고 있다. 일반적으로 알려진 콤플렉스의 기원은 흔히 외상, 정서적 충격, 도덕적 갈등이다. 그런데 융의 콤플렉스 이론은 한 걸음 더 들어가 정신적 유산으로 물려받은 정신의 원시적 내용들을 거론한다. 그런 관점으로 본다면, 첨단문명 속에 살고 있는 현대인이라도 근원적 정신에 대해서 알지 못한다면 진화심리학자 행크 데이비스의 책 제목처럼 '양복 입은 원시인'일 뿐이다.

우리의 내면에 잠재되어 있는 원시적 정신의 잔재들은 현실적 삶과 전혀 어울릴 수 없다. 왜냐하면 그러한 정신이 외부로 나온다면 그는 사회에서 격리되어야 하기 때문이다. 그러므로 사회적 인격으로 발전하기 위해서 의식적 정신은 자연스럽게 그것들을 억압시켜야 한다. 이것이 바로 우리가 내면에 있는 원시적 내용들을 쉽게 알아차리지 못하는 이유이기도 하다.

융에 의하면 콤플렉스는 정신적 체질과 같아서 미리 정해져 있다. 각 개인의 성격적 특성은 미리 정해진 콤플렉스에 의해서 결정된다. 우리가 개인마다 고유한 견해를 갖는 것도 이런 정신적 구조에 기인한다. 콤플렉스는 우리에게 심적인 동요를 일으키는 본질적인 근원이기도 하다. 우리는 콤플렉스를 강한 의지로 억압할 수는 있지만 콤플렉스를 없애버릴 수는 없다. 뿐만 아니라 콤플렉스는 자율적 정신이다. 자율적 정신이란 의식의 지배를 받지 않고 단독으로 움직일 수 있다. 그렇기 때문에 의식적 억압이 느슨해지면 언제든지 다시 등장한다.

그래서 융은 개인의 삶이 안락할지 아니면 고통 속에 있을지는 콤플렉스에 의해서 결정된다고 말하는 것이다.

사람은 무엇을 가장 두려워할까? 대부분의 사람은 자신의 심리적 상태를 정확하고 면밀하게 의식하지는 못하지만, 원치 않는 미묘한 마음들이 제멋대로 움직이고 있다는 사실을 막연하게나마 느낀다. 그것이 바로 우리의 마음이 언제나 불안과 두려움으로 혼돈스러운 이유다. 우리는 그러한 마음으로부터 벗어나고자 온갖 노력을 기울인다. 그러나 자신의 콤플렉스가 무엇인지 알지 못하는 것이 콤플렉스가 마음대로 활동하게 만든다.

의식의 컨트롤을 받지 않아 자유로워진 콤플렉스는 자아를 동화시켜 버린다. 자아가 콤플렉스에 동화된다는 것은 자아의식의 통제기능이 없어져 버리기 때문에 자아는 콤플렉스에 사로잡혀 버린다. 우리가 살아가면서 전혀 의도하지 않았던 엄청난 실수들은 모두 스스로 움직이는 콤플렉스가 만들어 낸 것이다.

어떻게 해야만 콤플렉스에 사로잡히지 않을 수 있을까? 우리는 먼저 자율적 콤플렉스는 지극히 정상적인 삶의 현상에 속한다는 사실부터 인정해야만 한다. 콤플렉스는 무의식적 정신의 구조를 결정하는 고유한 정신적인 삶의 현상이다. 콤플렉스는 무섭고 창피해서 피해야 하는 것이 아니라 우리가 내적으로 반드시 경험해야만 하는 대상이다. 콤플렉스가 두려움과 공포로 고통이 되는 이유는 그것이 정상적인 삶의 현상으로 받아들여지지 못하기 때문이다.[*]

---

[*] 『원형과 무의식』, pp.234~40.

콤플렉스에 대한 공포는 강한 선입견을 의미한다. 선입견을 가지고 있으면 상대를 제대로 파악할 수 없다. 상대를 제대로 파악하지 못할 때 문제는 일어나기 마련이다. 동일시를 하게 되면 상대의 감정과 나의 감정은 밀접하게 연결된다. 말하자면 그것은 감정적으로 집착하는 것이다. 감정적으로 집착하면 나의 행복과 불행이 상대의 행동에 의해 결정된다. 자신의 행복이 타인에 의해 좌우된다면 그것은 불행한 일이다.

9. 부부 사이에도 외교적 관계가 중요하다

융은 관계란 심리적 거리를 둘 때만 가능하다고 말한다.[**] 부부 일심동체는 심리적 거리가 허락되지 않는다. 즉 아내의 마음과 남편이 마음이 다르지 않아야 한다. 부부 다툼은 주로 부부의 마음이 서로 같지 않은 것을 견디지 못해서 일어난다. 아내는 남편이 자신의 마음과 다르다는 것에 외로워하고, 남편은 자신의 뜻을 따라주지 않는 아내 때문에 고통스럽다.

부부 사이에도 외교적 관계가 필요하다고 말한다면 많은 이들이 부부 사이에 '무슨 외교야?'라고 반문할 것이다. 물론 부부라

[**] 『인간과 문화』, p.57.

는 한마음 한뜻의 개념으로 무장되어 있는 사람들이 본다면 이 말이 이치에 닿지 않는다. 그런데 부부 사이를 말하면서 굳이 부부 관계라고 하지 않고 '외교적'이라는 말을 관계 앞에 놓았다. 외교란 밖의 사람과의 교제다. 즉 '나'와 상대가 구분되어 있다.

부부 사이에 '외교적'이라는 말을 사용하지 않는 것은 그만큼 내밀한 사이임을 의미한다. 내밀함이란 보이지 않는 마음에 관한 것, 또는 남에게 보여주지 않는 둘만의 은밀한 행위들에 관한 것을 나타낸다. 일반적으로 부부 사이에서 '관계'라는 말을 쓸 때, 섹스를 에둘러서 표현하는 뜻으로 쓰이는 이유도 바로 여기에서 기인한다. 그래서인지 '부부 관계'라는 말을 찾아보면 거의 섹스와 관련해서 다루어진다는 것을 알 수 있다.

흔히 부부싸움은 칼로 물을 베는 것과 같다는 말의 이면에도 섹스에 대한 강조가 있다. 부부가 싸워도 섹스를 하고 나면 금방 해소된다는 것이다. 부부만의 내밀한 행위를 통해서 두 사람이 하나라는 사실을 확인했다고 생각했을 것이다. 그런데 부부 관계에 대한 이러한 통상적 개념은, 역으로 섹스가 없으면 부부 사이에 당연히 문제가 있는 것으로 해석하게 만든다.

모든 일이 다 그러하듯이, 어떤 부분이 중요한 위치를 차지하면 다른 것들은 부수적인 것들로 밀려난다. 부부 관계도 섹스가 중심이 되면 다른 것들은 주변적인 것이 되어 소홀하게 되거나 잘 다루지 못하게 된다. 특히나 외부적인 것으로 모든 것을 확인하고 싶어 하는 남자들이 앞에 진술된 방식을 사용하려는 경향이 강하다. 그러나 보이지 않는 마음을 도외시하면 상황의 개선 역시 일어나지 않는다. 왜냐하면 모든 관계의 개선은 문제에 대한 정확한 인식에 의해서만 가능하기 때문이다.

가족 간에도, 부부 사이에도 관계를 잘 알면 건강해진다. 결혼식에서 주례가 의례적으로 하는 말이 '부부는 일심동체'라는 것이다. 마음을 하나로 뭉치고 뜻을 같이 하여 조화롭게 살아가라는 격려의 말일 것이다. 그런데 이 말을 잘못 오해하는 사람들이 많다. 부부가 일심동체라고 주장하는 사람일수록 무의식적이고 독선적인 경우에 속한다. 일심동체라는 말의 이면에는 부부는 서로 다른 존재이기 때문에 마음도 뜻도 다 다를 수 있다는 것을 기본으로 깔고 있다.

관계란 서로 관련을 맺거나 관련이 있는 것이다. 즉 관계는 그 대상이 사람이든 사물이든 현상이든 하나가 아니라 둘이라는 말이다. 그리고 둘 사이에는 거리가 존재한다. 그러나 일심동체는 관계가 성립되지 않는다. 그러므로 부부는 일심동체가 아니라는 것을 깨닫는 것이 아주 중요하다. 왜냐하면 부부가 서로 각각의 존재로 인정될 때 서로에 대한 예의와 배려가 개입될 수 있기 때문이다.

심리적 관계는 의식을 전제했을 때 가능하다. 왜냐히면 무의식 상태에서는 관계가 존재하지 않기 때문이다. 무슨 말인가 하면, 부부가 서로 다른 존재라는 것을 의식했을 때만이 관계가 성립될 수 있다는 것이다. 섹스는 생물학적 관계를 맺는 것이지 그것이 심리적 관계는 될 수 없다. 물론 육체적 관계를 맺을 때 마음의 작용이 일어난다. 그런데 섹스와 함께 일어나는 마음은 본능이기 때문에 무의식에 가깝다고 볼 수 있다. 그러므로 의식을 전제로 하는 심리적 관계에는 그만큼 제한적이 될 수밖에 없는 것이다.*

오랫동안 부부로 살아온 사람들일수록 부부 사이의 관계가 무엇인지 전혀 모르는 경우가 허다하다. 부부 사이의 문제에서 관계가 제대로 성립되지 않아서 일어나는 비율이 상당히 높다. 그런데 부부 문제의 원인과 해결을 찾을 때 성의 중요성으로 결론짓는 경우들이 많다. 하지만 성이 부부 관계의 핵심이 될 때 마음은 그만큼 소외될 수 있다는 것을 간과하게 된다. 물론 부부의 갈등이 섹스를 통해서 해소될 수도 있다. 그러나 그것은 무의식적인 통합이지 의식적 통합이 아니다.

의식적 통합이 왜 중요한가? 의식은 문제의 본질에 직접적으로 다가가서 해결을 시도한다. 문제에 대한 정확한 인식만이 근본적인 치유를 할 수 있다. 반면에 무의식적인 통합은 근본적인 문제를 에둘러 감으로써 핵심을 놓친다. 핵심을 알지 못하면 언제든 문제는 재발할 위험성에 그대로 노출되어 있다.

관계는 심리적인 거리를 둘 때에만 가능하다고 융은 말한다. 너는 내 것이고 나는 네 것으로 동일시되어 있으면 객관적으로

---

* 『인간과 문화』, p.59.

볼 수 있는 거리가 존재하지 않는다. 물건을 눈앞에 너무 바싹 갖다 대면 정확하게 볼 수 없다. 본다는 것은 대상과 나 사이에 볼 수 있는 거리가 있기 때문에 가능하다. 그러므로 너와 나 사이에 거리가 없으면 진정한 심리적 관계가 일어나지 않는다.

10. 관계는 성숙한 인간 삶의 기술이다

아이가 태어나서 바로 사람구실을 하지 못하는 것처럼 아이의 의식 또한 거의 무의식 상태다. 육체의 발달과 더불어 정신의 발달이 진행되면서 '나'라고 인식하는 통일된 자아의식을 형성한다. '나'라는 주체는 '나'를 중심으로 하여 대상을 구분하기 때문에 심리적 관계가 가능하게 된다.

결혼할 정도의 나이에 이르면 '나'로 표현되는 자아의식은 어느 정도 제 모습을 갖춘다. 하지만 자아의식은 무의식의 껍질을 깨고 나온 새싹인 상태여서 여전히 의식보다는 무의식에 강한 영향을 받는다. 심리적 관계가 일어나는 것은 '나'의 상태를 의식하는 기능에 의해서 가능하다. '나'에 대해 정확하게 알아야 상대에 대해서도 정확하게 알 수 있다.

관계는 그러한 인식에 의해서 성립된다. 무의식은 인식체계가 없다. 무의식 상태로서는 정상적인 관계를 가능하게 하는 능력이 없다는 말이다.* 인식할 능력이 없으면 건강한 관계를 만들지 못하는 것은 너무도 당연하다.

무의식성은 자기 자신에 대한 인식이 불완전하다. 자기가 누구인지를 정확하게 인식하지 못한다는 것은 자신의 생각과 행동의 동기를 제대로 알지 못한다는 것이다. 예를 들어 자신은 결혼을 원하고 결혼을 하고자 하지만 정확하게 왜 결혼을 하고 싶어 하는지에 대한 근원적인 이유는 모른다. 그러니 상대방의 동기에 대한 인식은 더더욱 안 된다.

왜 결혼을 하게 되었느냐고 물으면, 사랑에 빠져서, 운명적으로, 외로움 때문에, 자신을 지켜줄 것만 같아서, 본능이 시키는 대로, 관습에 따라서, 부모의 권유에 의해서 등등 다양한 대답을 듣는다. 이러한 대답들은 사람이 얼마나 무의식으로 살아가고 있는지를 확인하게 해 준다. 이처럼 우리 대부분은 현재 나 자신이 하고 있는 생각이나 행동을 의식하지 못한다.

무의식이라는 말은 의식되지 않는다는 것이다. 자아의식은 '나'가 주인으로 있는 의식이다. 그러므로 '나'에게 가해지는 위험에 대해서는 아주 작은 자극에도 민감하게 반응하는 특성이 있다. 그런데 '나'를 중심으로 생각하는 자아의식에는 주관성만 있을 뿐 객관성이 없다. 이러한 자아의식으로는 부분적인 것들은 의식하게 되지만 전체적인 것들은 보지 못한다는 한계점을

---

*   앞의 책, p.60.

갖는다.

즉 자기의 문제를 객관적 시각으로 보기 어렵다는 것이다. 물론 상대에 대해서는 아주 잘 아는 것처럼 생각된다. 그러나 그것은 어디까지나 '나'의 관점에서 보기 때문에 그만큼 왜곡될 소지를 가진다. 부부들이 상대를 원망하는 가장 큰 것 중의 하나가 '나는 이렇게 잘 하고 있는데, 너는 왜 그렇게 못하느냐'이다.

이러한 생각들의 기저에는 부부이기 이전에 각각이 다른 존재라는 사실이 전제되어 있지 않다. 의식의 힘이 아주 희미하게 존재하여 거의 무의식적 상태에 있던 원시인들은 '나'와 '타인'을 구분하지 못했다. '양복 입은 원시인'이라는 책 제목처럼, 첨단문명 속에 살고 있는 현대인이라고 하더라도 그가 무의식 상태에 있다면 그의 정신은 여전히 원시인인 것이다. 원시적 마음상태로는 생물학적 관계는 있지만 심리학적 관계는 없는 것이다.

11. 남편이 내편을 들지 않아 속상하다

심리학적 구조로 본다면 남성과 여성은 서로 상반된 정신적 기능에 익숙하다. 남성의 성향은 의식적이다. 의식은 눈으로 확인되고 귀로 듣고 촉감으로 확인할 수 있는 표면적인 것과 외형적 형식으로 모든 것을 파악한다. 모든 것을 외부적으로 체험한다는 것은 보이지 않고 여실하게 드러나는 것이 아닌 마음과 같은 것들에 대해서는 인정하지 않거나 잘 알지 못하거나 거의 신경을 쓰지 않는다는 말이다.*

남성은 자신이 원하는 것이 있으면 직접적인 방법을 택한다. 예를 들어 한 여자가 마음에 들면 그녀의 마음을 얻기 위해 직접적으로 대시한다. 남성은 주로 사고기능을 사용한다. 그러므로 남자의 특성을 로고스로 본다. 로고스는 구별하고 해명한다. 정신에는 사고·감정·직관·감각이 있다. 남편들이 아내와 문제가 발생하면 섹스로 해결하려고 드는 이유가 바로 여기에 있다. 그들은 아내와 육체적 관계를 통하여 한마음임을 상대방에게 확인시켜 주려고 하거나 스스로 확인하고 싶어 한다. 반면에 아내들은 마음이 해결되지 않은 상태에서의 섹스와 같은 물리적 방법은 무의미하다고 본다.

가장 건강한 정신은 어느 한 기능에 치우치지 않고 고르게 사용하는 것이다. 그런데 사고기능을 주로 사용하는 남성의 경우 감정기능이 거의 개발되지 못한다. 그렇기 때문에 남성은 감정에 더 큰 영향을 받는 여성들의 마음이나 행동을 이해하지 못하는 것이다.

융은 여성의 성향을 무의식적이라고 말한다. 이 말에 페미니스트들이 반감을 보이기도 한다. 그러나 여성이 드러난 명료한

----

* 『원형과 무의식』, p.126.

사실보다 드러나지 않는 마음의 상처에 더 예민하다는 것만 보아도 융의 이론이 전혀 엉뚱하지 않다는 사실을 인정하지 않을 수 없다. 물론 교육과 사회진출에 있어서 여성이 남성과 같은 역할을 하고 있다고 하더라도 여성적 특성과 남성적 특성을 전혀 무시할 수는 없다. 왜냐하면 그것은 본성이기 때문이다.

인간의 본성에는 여성성과 남성성이 똑같이 공존한다. 다만 여성은 여성적 성질이 주기능이 되고, 남성은 남성적 성질이 주기능이 된다. 남성으로 태어났지만 주기능이 여성성이라면 그는 자신을 여성이라고 생각할 수 있다. 동성을 좋아하거나 성전환을 하고 싶은 사람들의 경우가 이에 해당할 것이다.

물론 여성의 경우에도 남성성이 더 강조되는 경우가 있다. 여성은 자신이 원하는 것이 있으면 간접적인 방법을 선택한다. 그래서 마음에 드는 남자가 있어도 남성처럼 쉽게 그것을 겉으로 드러내지 않는 경우가 훨씬 더 많다.

여성은 기분·격정·의견과 행동으로 반응한다. 이러한 성향들은 무의식의 영역이다. 무의식의 영역에 크게 영향을 받는 여성은 의식의 영역에 속하는 사고기능을 원만하게 발달시키지 못하는 경향이 있다. 이러한 특성 때문에 명확하게 분리하는 일에는 약하다. 그러다 보니 의미 있는 것과 목표를 분명하게 정하기를 어려워한다. 이러한 경향이 본질적인 것보다는 비본질적인 것에서 의미와 목표를 찾게 한다.

기분이나 격정에서 나오는 여성들의 의견과 행동은 에로스를 모르는 남성에게 아주 모호하여 의미가 없어 보인다. 그저 자기 감정에 치우쳐 남을 배려하지 않는 냉혈적이고 병적으로 독기가 서려 있다는 생각이 들 뿐이다.[*]

에로스는 결합이다. 여성이 남편과 하나되기를 바라는 이유가 바로 여기에 있다. 그러나 구별하고 해명하는 것을 통한 분명한 인식이 없는 결합은 무의식의 정신이다. 의식이 없는 정신은 발전이 없다. 반면에 구별과 해명만 있고 결합이 없는 정신 또한 불완전한 정신이다.

한 주부가 이웃여자와 다툼이 일어났다. 분함을 참지 못한 그녀는 남편에게 사건을 이야기했다. 이야기를 듣고 난 남편은 이웃여자를 나무라는 것이 아니라 부인의 잘못을 지적했다. 그녀는 이웃과의 다툼보다 자신의 편을 들지 않고 오히려 옆집 여자편을 드는 남편의 말에 더 분개하고 말았다.

아내의 심정은, 비록 자신이 잘못했더라도 자신의 편이 되어주는 것이 바로 남편의 도리가 아니냐는 것이다. 그런데 남편은 아무리 아내이지만 잘못한 것을 어찌 잘했다고 하느냐고 반문한다. 아내는 모든 판단이 주관적 관점의 내향형인 반면 남편은 객관적 사건을 바탕으로 하는 외향성이었던 것이다.

남편이 내 편을 들지 않아서 섭섭한 것은 사람이기에 너무도 당연하다. 그러나 우리는 상처받지 않고 성장할 수는 없다. 상처

---

[*] 『인간과 문화』, p.57.

를 받는다는 것은 그만큼 모든 것을 '나'를 중심으로 생각하고 있다는 뜻이다. 상처는 남편이 '나'와 다른 존재라는 사실에 눈 뜨게 만들어 주었다. 아프지만 어떤 상황에서도 배울 수 있다면 그것은 그만큼 가치 있는 것이다. 배움은 언제나 정신적 성숙이 되고, 성숙함은 관계를 보다 건강하게 발전시킨다.

제4장 **나는 누구인가?**

1. '나'는 정신이 살고 있는 성이다

건강한 육체를 가지고 있는 사람이라고 할지라도 무수한 정신적 장애나 심리적 어려움을 겪는다. 그것은 육체만 건강하다고 해서 잘 살 수 있는 것이 아니라는 것을 증명하고 있다. 우리는 흔히 말한다. 몸의 장애보다 마음의 장애가 더 문제라고. 즉 마음의 장애로 인한 문제가 더 크고 고치기도 더 힘들다는 말이다. '나'를 끊임없이 괴롭히는 갈등·혼란·불안·공허감·채워지지 않는 수많은 욕구들은 다 어디에서 오는 것일까?

　모든 것을 '나'를 중심으로 인식하는 것이 심리학적 용어로 '자아'다. 자아가 인식하는 모든 것은 '나'라는 관념을 통해서 일어난다. 관념은 틀이다. 틀은 형태가 고정되어 있다. 사람마다 '나'라는 틀은 조금씩 다르다. 똑같은 사물이나 사건을 보거나 접해도 생각이 다 다른 것은 바로 여기에 원인이 있다. '나'는 심리적 내용들을 '나'의 것이라고 생각한다. 이것이 바로 나의 마음, 나의 생각, 나의 느낌을 만들어 낸다. 즉 '나'라는 주체를 중심으로 자신의 마음을 인식하고 지각하게 된다는 것이다.*

정신에 있어서 자아의 역할은 아주 중요하다. 자아가 있기 때문에 어제의 '나'와 똑같이 오늘의 '나'가 있고 내일의 '나' 또한 존재할 수 있다. 상대와 내가 구분되는 것은 자아의 '나'라는 인식이 있기 때문에 가능하다. 자아의 기능에 의해서 인간은 현실적 존재로 살아갈 수 있다. 자아는 몸으로 비유해 본다면 피부에 해당한다. 자아는 자신을 보호하는 기능이다.

자아는 일관되게 자신을 유지하는 기능을 한다. 자아는 '나'가 없어지는 것에 극도의 불안을 느끼기 때문에 '나'를 무너뜨리려는 어떤 시도도 배척한다. 이것이 자아로 하여금 '있는 그대로의 사실'을 보지 못하게 만든다. 오직 자아가 보고, 듣고, 인식하고 이해하는 것은 '나'를 지키는 선 안에서만 가능해진다. 즉 보고 듣고 수용하고 배척하는 것도 자아가 유지되는 쪽으로만 기능한다.

혹시 '나는 그렇지 않은데?'라고 하면서 의문을 품는 사람도 있을 것이다. 왜냐하면 자신은 남을 위해 헌신하고 남을 배려하며 남을 이해하는 사람이기 때문이다. 물론 맞다. 그러나 자기 자신을 절대적 객관성으로 인식하는 기능이 자아의식에게는 없다.

즉 자아가 행하는 악의 행위뿐만 아니라 선의 행위 역시 자기 자신을 위한 것이라는 사실을 아는 사람은 그리 흔하지 않다는

---

* 『인간의 상과 신의 상』, p.66.

말이다. 가족을 위한 자아의 희생도 결국은 자아와 가족이 동일시되어 있기 때문에 가능한 것이다. 타인을 위한 선한 행위 역시 자아의 신념에 의해서 가능한 것이다. 그것이 바로 자아의 성격이다. 자아의 성질을 절대적·객관적으로 보는 사람만이 그것으로부터 자유로워질 수 있다. 그러므로 주관적 성질의 자아에게는 '있는 그대로의 진실'이 드러날 수 없는 것이다.

그런데 문제는 우리의 정신은 '나'라는 자아만이 아니라는 것이다. 자아는 개인 인격의 전체가 아니라 일부다. 정신은 우리에게 알려진 것과 전혀 알려지지 않은 것들이 있다. 사실 우리는 정신에 대해서 거의 알지 못한다고 보아도 무방할 정도다. 자아의식만으로는 정신의 전체성을 구성하지 못하기 때문이다. 알려지지 않은 정신은 없는 것이 아니라 단지 자아의식이 알지 못할 뿐이다. 그렇게 때문에 우리는 내 마음을 나도 모를 만큼 혼란과 갈등 속으로 내몰리는 것이다.

자아는 본래 무의식이지만 의식의 중심으로 있기 때문에 자아의식이 된 것이다. 자아는 의식의 기능을 사용함으로써 무의식과 분리된다. 무의식과의 분리는 자아의식의 힘을 강화시킨다. 그러나 자아는 본질적으로 무의식이기 때문에 쉽게 무의식에 의해서 붕괴될 수 있다. 자아의 불안은 바로 이러한 정신의 구조에서 비롯된다. 그러므로 우선적으로 자아의식이 강해야만 한다. 그래야만 자아는 정신분열증이나 강박적인 충동에서 벗어날 수 있으며 동시에 마음의 갈등과 긴장을 견뎌낼 수 있다.*

갈등을 잘 견뎌낼 수 있을 때 갈등을 피하지 않고 정확하게 인식할 수 있다. 갈등에 대한 정확한 인식은 아주 중요하다. 원인이 무엇인지 아는 사람만이 변화할 수 있기 때문이다. 갈등의 원인을 알지 못하면 제대로 된 해결을 할 수 없다. 해결되지 않은 문제는 다 낫지 않은 질환과 같아서 언제든 다시 문제를 일으키게 된다.

그러므로 여기서 중요한 점은, 심리적 고통을 피하기 위해서는 무의식의 내용들을 알아야 한다는 사실이다. 그렇다면 무의식을 알지 못하게 막는 것은 무엇인가? 그 방해의 주체는 바로 '나'이다. 왜냐하면 무의식은 '나'가 좋아하는 것들이 아니기 때문이다.

'나'라는 자아의 중요한 기능 중의 하나가 바로 '나'에 의해서 자신과 타인이 구별된다는 점이다. 이 구별능력은 아주 중요하다. 인간정신은 집단정신으로 시작해서 개별정신으로 발달해 간다. 집단정신은 의식이 아니라 무의식이다. 인습과 이념과 사상들은 집단정신을 길러낸다. 집단 종교적 신앙 혹은 사상·이념의 신봉자는 특정 교리나 이념에 의해서 지배되어 있는 사람이다.

이념에 지배되어 있는 사람은 자신의 고유한 생각이 배제되어 있다. 모든 사고와 판단도 그것들을 중심으로 이루어진다. 그렇게 되면 정신은 개별정신이 아니라 집단정신이다. 집단정신으로

---

* 『원형과 무의식』, p.63.

살고 있는 사람은 무의식으로 살아간다. 물론 가족도 집단이다. 그러므로 이 이론은 그대로 가족이라는 집단정신에도 적용된다.

자기 자신을 믿지 못하는 사람일수록 사상·이념·인습에 복종한다. 불안한 자신을 그것들에 맡김으로써 지키려 하기 때문이다. 그러나 그것들은 단순한 일상만을 이해하게 만든다. 일상만을 아는 사람은 자신의 무의식에 대하여 생각해 보지 않은 사람이다. 무의식은 정신의 근원이고 에너지의 창고이다.

모든 창조성은 무의식으로부터 온다. 그러므로 진정한 전체성을 이루기 위해서는 무의식적인 부분을 통합해야만 하는 것이다.[**] 그것이 바로 중년이 변환의 시기가 되는 이유이고, 변환은 '나'가 누구인지를 알아내도록 주어진 숙명이다.

2. 나를 아는 것이 왜 중요한가?

자아의 핵심기능 중 하나가 방어다. 자아의 발달단계에서는 본능적 분투와 도덕적 요구의 기준 사이의 갈등을 적정한 수준에서 해결해야 한다. 그러기 위해서 내부적·외부적 자극을 감소시키기 위한 보호장치인 방어기제를 사용한다. 방어기제는 자아발

[**] 『인격은 어떻게 발달하는가』, p.193.

달단계에서 반드시 요구되고 필요한 것들이다. 그리고 그러한 자아가 성숙한 단계에 이르면 방어기제가 무엇인지를 알 수 있어야만 한다.

하지만 대부분의 사람들이 자아발달단계에서 필요했던 것들을 죽을 때까지 쓰고 있다. 아기도 크면 기저귀를 떼고 스스로 화장실에 가서 배설물을 처리한다. 그런데 어른이 되었음에도 불구하고 여전히 마음의 기저귀들을 차고 다니는 슬픈 현실을 스스로 알지 못하는 것이 문제다.

어른이란 구분 능력이 생겼다는 말이다. 인간의 육체는 배가 고프면 음식을 먹어서 허기를 달래고, 성장하고 활동할 수 있는 에너지를 만든다. 인간의 정신 또한 이와 전혀 다르지 않다. 인간의 마음 또한 허기지고 고프기 때문에 정신의 에너지가 요구된다. 마음이 음식을 먹지 않으면 정신 또한 성장하지 않는다. 성장하기 위해서는 음식을 먹어야만 한다. 하지만 음식을 먹는다고 다 해결되는 것은 아니다. 먹은 음식은 소화를 잘 시켜야만 좋은 에너지로 만들어지고 그것은 피와 살이 될 수 있다. 또한 거칠어 더 이상 소화가 불가능한 것들은 배출시켜야만 한다.

그런데 사람들은 마음의 음식이 무엇인지조차 잘 알지 못한다. 그러다 보니 그것에 대한 소화작용에도 문제가 생기는 것이다. 또한 배변의 통로가 어디에 있는지를 알지 못하여 마음의 똥을 그대로 끌어안고 다닌다. 똥을 두려워하면 똥을 눌 수 없다.

똥을 안 누려고 할수록, 억압할수록 똥은 변비가 되어 더 굵고

딱딱해져서 누기가 어려워진다. 더 이상 견딜 수 없는 상황이 되면 똥은 밀려서 찔끔찔끔 나온다. 자신은 남들이 눈치 못 챌 것이라고 생각하고 마음의 똥을 여기저기 흘리고 다닌다. 하지만 몸의 것이든 마음의 것이든 똥냄새는 지독해서 들키지 않을 수가 없다. 그 피해는 고스란히 가족이나 주변사람들에게로 간다. 방어기제에 대한 이해가 없으면 그는 방어기제 속에 갇혀 버리게 된다. 우리가 방어기제가 무엇인지를 인식하는 것이 중요한 이유가 바로 여기에 있다.

멕시코의 천재 감독이 만든 영화 「Incident」는 자기감정에 갇혀 버린 인간의 심리를 너무도 잘 묘사하고 있다. 영화 속에서 『Time out of joint』라는 책이 계속 화면에 잡힌다. 즉 시간의 흐름 속으로 들어가지 못하는 사람들의 이야기다. 갇혀 버린 사람들은 마치 집안에 들어온 파리가 밖으로 나가려고 창문에 붙어 있지만 출구를 몰라 끝내 탈출하지 못하고 갇혀서 죽고 마는 것을 연상케 한다.

무의식적인 삶이 얼마나 무서운지 이 영화는 적나라하게 보여준다. 감정에 갇혀 있는 사람의 주변에는 자신의 감정 쓰레기들로 가득 채워진다. 그 쓰레기에 의해서 위협받는 것은 바로 그 자신이다. 감정의 쓰레기더미 속에서 자신들이 살아 있다고 여겨지게 만드는 것은 오직 섹스라는 몸짓이다.

맨 첫 장면부터 충격적이다. 관 속에서나 볼 얼굴을 한 해골의 할머니가 하얀 드레스를 입고 몽환적 눈빛으로 입을 벌리고 계단에 누워 있다. 그녀는 신혼 첫날 호텔방으로 올라가는 에스컬레이터 위에서 남편이 강도에 의해서 목숨을 잃는다. 그녀의 몸은 이미 관으로 들어가야 할 시체처럼 늙어 버렸지만 그녀의 마음은 젊은 시절 하얀 드레스를 입고 신랑을 기다리는 그 시간 속에 살고 있는 것이다.

마음의 그물에 갇혀 살다가 삶을 마감하는 또 한 사람인 남자 노인은 같은 상처에 갇혀 있던 젊은이에게 간절하게 마지막 당부를 한다. '네 이름을 잊지 마라.' 이 말을 다르게 바꾼다면 '네 자신이 누구인지 잊지 마라. 즉 네 자신이 누구인지를 언제나 기억해야만 한다.'가 될 것이다.

나를 잊지 않는 것이 왜 중요한가? 나를 잊어버리면 자기 존재의 의미도 잊기 때문이다. 그러므로 나를 아는 일은 참으로 중요하다. '나'가 누구인지를 모르면 '나'가 어떤 생각을 하고 어떤 행동을 하며 무슨 말을 하고 하는지에 대한 의식이 없다. 말하자면 무의식적인 삶이다. 의식하지 않는 삶은 죽은 삶이다. 죽은 삶에는 특별한 일들이 일어나지 않는다.

가족이라는 이름으로 수십 년을 살아왔지만 날이 갈수록 할 말이 없어진다고 하소연하는 사람들이 많다. 자기 자신에게 깨어 있는 사람은 자기 앞에 놓인 모든 것이 새로운 길이다. 그러므로 자기가 삶에서 느끼고 생각하고 경험하는 모든 것이 이야깃거리가 된다. 이런 사람의 이야기는 단순한 잡담이 아니라 누구나 들어도 흥미롭고 자신을 일깨우는 이야기들이다. 이런 상대를 만나는 사람은 더불어 생기를 얻게 된다.

그러므로 무엇이 자신을 사랑하지 않는 일이고, 어떻게 하는 것이 자신을 사랑하는 방법인지를 먼저 알아야만 한다. 자기 사랑에 대한 핵심 이론을 모른다면 그러한 처방은 일시적인 것에 지나지 않을 것이다. 자기를 사랑하려면 우선 자기가 누구인지를 알아야만 한다. 즉 자기 자신에 대한 진정한 인식과 이해가 중요하다. 자기 인식의 바탕이 없다면 자신의 마음이 허기진 것인지, 목이 마른 것인지, 피를 흘리고 있는 것인지 도무지 알 길이 없기 때문이다.

3. '나'를 알지 못하면 모두가 고통스럽다

중년의 주제가 '나'여야 하는 것은, '나'가 곧 존재의 이유이기 때문이다. '나'가 없다면 세상도, 그 무엇도 존재하지 않는다. 그럼에도 불구하고, 우리는 많은 것들을 배우고 탐구하지만 정작 그 주체에 대해서는 알려고 하지도 않거니와 알지도 못한다.

대부분의 사람들은 그냥 살 뿐, 자기 자신이 누구인지에 대해 관심을 갖지 않는다. 갖지 않는 것이 아니라 갖지 못하는 것이 더 정확한 말일 것이다. 우리는 태어나서 단 한 번도 '나'가 누구인지 알아야만 한다든지 '나'가 누구인지 알기 위한 교육을 받은 적이 없다.

사실 삶을 살기 위해서는 외부적 사실들을 익히는 것은 중요하다. 그러므로 삶의 초기인 젊음의 시기에는 외부적 일에 관심을 가지는 것이다. 젊음은 자기 자신보다 자신의 밖에 있는 사실들을 인식하는 것으로 자기 자신을 확인해 간다. 그러므로 외부적 사실, 오감으로 확인될 수 있는 것들에 관심을 갖는다. 반면에 이러한 특성은 보이지 않는 것, 증명되지 않는 것들에 대해서는 알지 못하게 한다.

그러나 외부적 사실들은 모두 '나' 자신이 아닌, '나' 이외의 것들이다. '나'가 아닌 것들에서 '나'를 발견할 수는 없다. 그럼에도 불구하고 '나'에 대해서 알지 못하는 사람들은 사랑·성공·권력·부·명예·소속감 등을 통해서 존재를 확인하고 싶어 한다. 결혼을 하고 가족을 만드는 일은 나를 확인하기 위한 가장 기본적인 하나의 방법이기도 하다.

문제는 원하는 것을 가졌다고 할지라도 그것들이 곧 '나'가 될 수는 없다는 사실이다. 그 어디에서도 '나'가 발견되지 않을 때 혼란의 소용돌이 속으로 빨려 들어가는 것은 너무도 당연하다. 이것이 바로 사람이 자신을 안다는 일이 얼마나 어려운 것인가를 말해 주고 있다. '당신은 누구입니까?'라는 질문을 받는다면 그것에 대해 답할 수 있는 사람이 과연 얼마나 되겠는가? 이 질문을 스스로에게 던진다고 해도 우리들 중 대부분은 참으로 난처한 기분에 빠지게 될 것이다.

중년에 일어나는 심리적 문제, 심리적 현상들은 모두 자기 자신이 누구인지를 알지 못하는 것에 그 원인이 있다. 사랑하는 사람과의 결혼 그리고 사랑의 결실로서 자식을 얻는다. 가족이라는 이름은 다름 아닌 '나' 자신이었다. 그들이 '나'와 분리된 객체라는 사실을 인정하는 일에 오히려 죄의식을 느꼈다. 그러나 그들이 '나'가 될 수 없다는 사실과 마주할 때 누구나 공포를 느낀다. 결코 흔들리지 않으리라 믿었던 견고한 믿음의 대지에 예고 없는 지진이 일어난 것이다.

그 과정은 중년에게 엄청난 충격이다. 물론 대부분의 사람들은 그것을 의식적으로 정밀하게 경험하지 않는다. 왜냐하면 자아는 어떤 경우에라도 자신이 무너지는 일을 원하지 않기 때문이다. 그러므로 자아는 결코 있는 그대로의 사실을 보지 않으려 한다. 나쁜 일, 위험한 일 조차도 합리화함으로써 스스로를 안심시키려 든다.

이러한 자아의 특성은 원망·분노·실의·허무와 같은 부정적 생각들을 모두 무의식으로 가라앉혀 버린다. 무의식이란 자아의식이 그 내용을 알아차리지 못할 뿐 없어지는 것은 아니다. 무의식성은 자율적이다. 자율적이기 때문에 자아의식의 의지와 상관없이 의식을 뚫고 나올 수 있다. 그래서 사람은 자신이 정말 원치 않음에도 불구하고 수습 불가능한 실수들을 자신도 모르게 하게 된다.

그것은 우리가 거의 무의식으로 살아가고 있다는 것을 증명하는 셈이다. 문제는 무의식적 행동을 하는 사람은 스스로가 자신의 마음이나 행위들을 인식하지 못한다는 점이다. 그러므로 무의식적으로 행동하는 사람에게 왜 그렇게 행동하느냐고 지적해봐야 소용이 없는 경우가 많다. 자신이 인정할 수 없는 점이 지적되면 또 다른 분란으로 발전된다.

자기 자신에 대한 인식이 없는 사람은 모든 잘못이 상대방에게 있다고 여긴다. 이것이 부부 혹은 가족과의 관계 형성을 방해하는 근본 원인으로 작용한다. 상대를 너무도 잘 안다고 생각하기 때문에 상대에 대한 지적은 더 날카롭고 집요해진다. 결국에는 가족의 불화와 더불어 점점 더 당사자를 고립되게 만든다.

무엇보다도 중년이 느끼는 가장 큰 고민 중의 하나는 소외감이다. 중년에 마주해야 하는 현실적 삶은 뚫을 수 없는 거대한 장벽처럼 그를 가로막고 있다. 죽음의 절벽 앞에서 숨이 멎을 것 같지만 주변을 둘러보아도 구원의 손길은 보이지 않는다. 자기 감정을 정확하게 인지하지 못하는 중년이 할 수 있는 해결책은 혼란한 자기 자신을 잊는 것밖에 없다고 생각하게 된다.

아주 성실하기만 하던 남편이 어느 날 갑자기 전혀 다른 사람으로 변해 버렸다는 하소연을 많이 듣는다. 드라마나 영화의 가장 뜨거운 주제 중의 하나인 중년의 사랑도 바로 중년의 심리적 혼란에 기인하고 있다. 사랑은 복잡하고 혼란한 자신을 잊게 해줄 가장 강력한 중독 현상이다. 그것은 이성을 온전하게 마비시킬 수 있는 본능적 에너지이기 때문이다.

사람은 괴로운 현실을 잊고 싶어 술에 취한다.(물론 술 이외에도 수많은 중독현상들이 있다.) 그러나 술은 그리 오래 그 자신을 잊게 해 주지 못한다. 술의 힘으로 잠시 현실을 잊을 수는 있지만 현실을 해결할 수는 없다. 해결도 해 주지 못할 뿐만 아니라 그 후유증 또한 작지 않다. 문제해결에 대한 회피는 고통을 이중 삼중으로 가중시킨다.

술보다 사랑은 보다 더 자극적이고, 보다 더 강력한 마취 효과를 갖는다. 그러므로 사랑이 술보다는 좀 더 길게 자신을 잊게 해 줄 수 있다. 문제는 그조차도 영원히 마취될 수 없다는 것이다. 언젠가는 깨어나기 마련이다. 대부분의 중년들은 가족이 있다. 그러므로 중년의 사랑이 남긴 상처는 본인은 물론 가족에게까지 연결된다.

언제나 그렇지만 이상이 현실을 해결해 줄 수 없다. 이상이 실현되기 위해서는 현실을 있는 그대로 직시해야만 한다. 그렇게 했을 때만이 진정한 해결 방법이 나온다. 중년의 허무와 공허함이 왜 자신에게 오는지에 대하여 성찰해야만 한다.

인간의 마음에서 일어나는 것 중 그냥 일어나는 것은 단 하나도 없다. 만일 어떤 것이 이유도 모른 채 자기 삶 안에서 자꾸만 반복되어 일어난다면, 그것은 자신이 반드시 의식해야만 하는 내면세계의 메시지다. 그러므로 중년은 '나'를 떠나 방황하는 시기가 아니라, 외면했던 '나' 자신으로 돌아오는 사색하는 시기여야 한다.

4. '나'는 나를 볼 수 없다

'나'는 누구일까? '나'는 세상을 바라보는 관념이라는 틀이다. 그래서 융은 사물은 어떻게 보느냐에 달려 있다[*]고 말하기도 한다. 사물을 보는 것은 '나'다. 즉 드러나는 세상은 '나'를 만들고 있는 틀에 의해서 보여지는 결과물이다. 똑같은 사물이나 사건을 보아도 그 결론이 여러 가지로 나타나는 것은 바로 세상을 바라보는 '나'라는 틀이 다르게 구성되어 있기 때문이다. 그러므로 '나'의 틀을 안다는 것은 내가 세상을 어떻게 바라보고 있는지를 이해한다는 뜻이다.

'나'를 '나'라고 느끼도록 하는 것을 심리학에서는 자아라고 부른다. 자아는 의식을 통해서 '나'와 대상을 구분한다. '나'는 행복하다 혹은 '나'는 불행하다고 생각한다. 행복은 물질일까, 마음일까? 물질이 없어서 불행하다고 느끼는 사람도 있지만. 풍부한 물질적 조건을 다 갖추고 있어도 불행하다고 느끼는 사람도 있다. 그것은 행복이 결코 물질로서만 만들어지는 것이 아님을 의미한다. 그렇다면 행복하다든가 행복하지 않다든가 하는 것은 결국 마음의 작용이다.

---

[*]　『정신의 기본문제』, p.76.

마음은 인간의 정신활동이다. 그런데 그 정신활동이라는 마음은 바로 '나'라는 것에 의해서 일어난다. '나'라는 자아가 의식을 통해서 인식하지 못하면 불행도 행복도 없다. 그러므로 행복과 불행을 분별하고 집착하는 그 주체인 '나'가 무엇인지를 안다면 문제의 핵심을 알게 되는 것이다.

불행하다는 생각 때문에 괴롭고, 불행을 밀어내기 위해서 행복을 갈구한다. 그러나 정작 행복과 불행을 분별하는 주체인 '나'에 대해서는 이야기하는 사람이 없다. 왜 그럴까? 그것은 우리가 그만큼 '나' 자신에 대해서 잘 알지 못하기 때문이다. 그렇다면 우리는 행복과 불행을 말하기 전에 그것에 대해 집착하는 '나'에 대해서 아는 것이 중요하다.

안다는 것은 의식의 기능이다. 의식이 있음으로써 인식하고, 분별한다. 그래서 의식은 빛으로 비유된다. 빛이 어둠을 밝히듯이 의식은 우리가 알지 못하는 정신의 영역을 밝혀준다. 그런데 의식의 중심에 '나'라는 자아가 있다. 말하자면 자아는 의식의 주체다. 이것을 다시 정확하게 강조해야만 하는 중요한 문제가 있다. 의식에 주체가 있으면 의식은 주체에 의해서 사용된다. 말하자면 의식이라는 빛은 주체가 원하는 대로만 비추게 된다.

그런데 자아의 가장 큰 특징은 '나'를 보호하는 기능이다. 자아는 '나'를 지속되게 만들어야만 한다. 그러므로 의식을 사용할 때에도 자아가 싱싱하게 힘을 받는 쪽으로 향하게 된다. 자신에게 좋고 유리한 쪽으로만 사용한다는 것은 자신에게 나쁘고 불리한 것들에 대해서는 당연히 배척한다는 말이다.

그것은 지금 이 순간에 시험해 볼 수 있다. 만일 누군가가 나를 비난한다면 자아는 참을 수 없다. 좌절·분노·우울과 같은 감정들에 한동안 시달릴 것이다. 물론 그와 반대로 그것은 나와 상관없는 네 생각일 뿐이라고 자신은 아무렇지도 않은 듯 자기 방어를 하는 경우도 있을 것이다.

자아는 '나'에게 자긍심을 주지 않고 의욕을 잃게 만드는 것들은 거절하거나 망각해 버린다. 자아는 '나'를 지켜내기 위해 수많은 방어기제들을 사용한다. 그러므로 자아가 사용하는 의식은 마치 사람이 손전등을 들고 자신이 원하는 곳을 선별해서 보는 것과 같다. 이처럼 자기 자신을 중심으로 인식하고 분별하는 자아의식은 언제나 매우 편협하고 제한적일 수밖에 없는 의식인 것이다.

사람이 높은 지식을 가졌다고 하더라도 자기 자신에 대해서는 무지하기 이를 데 없는 근거가 여기에 있다. 왜냐하면 자아의식은 자기 자신을 비추는 빛이 아니라 외부를 비추는 빛이기 때문이다. 타인과 세상에 대해 날카롭게 비판하는 사람이 상식적으로 납득하기 어려운 이기심과 어리석음을 자행하는 경우를 흔하게 볼 수 있다. 아니 어쩌면 밝혀지지 않았을 뿐 일상적인 일일 수도 있다.

물론 자아도 의식이라는 빛의 성질을 가지고 있기 때문에 자기 자신의 행동이나 자기 마음의 현상들에 대해서 거칠기는 하지만 알아차리기는 한다. 그러나 그것은 아주 희미한 불빛과 같다. 희미한 불빛 아래서는 모든 것이 모호하다. 모호함은 모든 두려움과 공포의 근원이다. 낮에 보면 밧줄인데 밤의 어슴푸레한 빛 속에서는 뱀으로 착각할 수 있다.

희미한 자아의식으로는 깊은 어둠 속에 놓인 마음이라는 대지에 무엇이 있는지 알아내기란 참으로 어려운 일이다. 뿐만 아니라 희미한 자아의식에게 보이는 마음이라는 광활한 대지는 공포 그 자체다. 공포가 집어삼키는 것은 의식이다. 희미한 자아의식은 쉽게 무의식에 점령당한다. 그러므로 '나'가 가장 두려워하는 것은 다름 아닌 자기 자신이다. '나'는 자기 자신을 잊고 싶어 한다. 세상에는 자신을 잊는 갖가지 방법들이 존재한다. 그 모두가 자아의식으로서는 '나'를 볼 수 없다는 사실을 증명하고 있다.

5. '나'는 오해의 창시자다

"오해는 인간이 '이해력'이라고 부르는 영역 안에서만 발견된다."*는 융의 말은 '나'라는 기능의 특성을 아주 잘 표현하고 있다. 사람이 산다는 것은 어쩌면 오해의 연속인지도 모른다. 우리

---

* 『영혼을 찾는 현대인』, p.17.

가 날마다 시시각각으로 얼마나 많은 오해를 하고 살고 있는지를 아는 사람은 드물다. 자아는 끊임없이 오해를 생산한다. 오해는 '나'를 중심으로 생각하고 판단하는 자아의식이 만들어 내는 결과물이다.

자아의 주관적인 정신작용에 의해서 오해라는 엄청난 괴물이 생성된다. 상대방이 자신을 사랑한다고 행복해하는 것도, 상대방이 자신을 배신했다고 괴로워하는 것도 모두 '나'가 만들어 낸다. 그러한 사실들은 참일 수도 있겠지만 사실 오해일 가능성이 더 클 수도 있다. 왜냐하면 많은 사람들이 내가 상대를 사랑한다고 믿기보다는 상대가 나를 사랑한다고 믿는 확률이 더 높기 때문이다.

예를 들어, 어떤 남성이 아주 오랫동안 여성에게 공을 들였고, 그 결과 사랑을 성취했다. 그런 경우 여자는 자신을 사랑하는 남자의 열정에 감동을 받았기 때문에 그의 사랑을 받아들인 것으로 생각한다. 그러나 사랑을 쟁취했다고 생각하는 남자는 여자가 자신을 사랑한다고 믿는다. 자신의 사랑을 받아들였다는 것은 여자가 자신을 사랑한 것이라고 생각하기 때문이다. 이처럼 자아는 자기 자신에게 도취되어 있다.

사랑은 슬픔, 기쁨, 괴로움과 같은 감정이다. 감정은 기분이다. 기분은 늘 변한다. 고정되어 있는 기분은 없다. 고정되어 있지 않다는 것은 불안정이다. 안정감을 추구하는 자아로서는 안전장치가 필요하다. 결혼이 법적 계약이 되는 이유가 바로 여기에 있을 것이다. 사랑이라는 불안정한 것에 의무라는 법적 계약을 함으로써 자아는 비로소 안심을 한다.

그러나 감정은 안전장치 안에 고스란히 담기지 않는다는 것에 문제가 있다. 그러므로 남편이 혹은 아내가 계약을 위반하지 않을까 노심초사하게 된다. 남편이나 아내의 핸드폰을 검색하고, 전화로 위치를 확인하면서 불안을 달랜다. 심지어 심부름센터를 고용해서 의심을 확인하려 한다. 그러한 심리적 불안을 대변하는 수많은 드라마들이 오해를 창시하는 자아로부터 집중 조명을 받으며 성공의 날개를 펼쳐 나간다.

자아는 이해에는 인색하지만 오해에게는 그 지평이 한없이 넓다. 그것은 오해의 에너지가 '나'를 더 강하게 존재하도록 만들기 때문이다. 이해란 '나'를 객관적으로 바라볼 수 있는 의식의 높은 수준이 요구된다. 그만큼 어려운 작업이다. '나'라는 영역 안에만 존재하는 한 진정한 이해는 일어나지 않는다. '나'는 오해의 연속으로 이루어진다. 그 오해가 좋은 것이든 나쁜 것이든 간에 말이다. 즉 '나'는 착각의 지존인 셈이다.

결국 '나'가 누구인지 알지 못하는 한 오해는 나와 상대를 고통으로 몰아넣을 수 있는 범위를 넓혀간다. 아는 사람만이 잘못된 것을 고칠 수 있다. 나를 안다는 것은 결국 자신의 감정을 아는 것이다. '남이 하면 불륜이고 내가 하면 로맨스'가 세상을 평정하는 이유도 자신의 감정에 무지한 사람들에 의해서 비롯된다.

인간이 경험하는 정신적 곤경은 결국 자기 자신이 누구인지를 인식하게 만든다. 곤경에 처할 때 '나'의 역할은 아주 중요한다. 자아는 곤경을 싫어한다. 즉 그것들과 멀어지고 외면하는 것에 익숙해져 있기 때문에 쉽게 수용하지 못한다. 고통은 자아가 자신의 문제를 수용하지 않으면 안 되는 조건을 만드는 것과 같다. 고통은 자아의 오만과 팽창을 막고 스스로를 객관적으로 볼 수 있는 길을 제공하는 것이다.[*]

자신이 무엇을 오해하고 있는지를 아는 것은 잠시는 고통이 되겠지만, 자신을 아는 것만큼 의미 있는 일은 없을 것이다. 왜냐하면 오해가 무엇인지를 발견할 때 자신의 삶을 보다 더 긍정적이고 바람직한 방향으로 인도할 수 있기 때문이다. 오해가 어떻게 만들어지는지를 아는 것은 곧 자기 자신에 대해 정직하게 인식하는 일이다. 자신을 아는 일에 소홀하여 자신의 무지에 관대하다면 그것은 자기 자신에 대한 기만이다. 자신을 속임으로써 마음의 고통을 순간적으로는 피할 수 있을지 모른다. 그러나 소화되지 못한 음식물은 몸속에서 결국 독이 된다. 자기 자신에 대한 건강한 인식작용은 정신의 소화작용이고, 그것은 곧 마음의 독을 제거하는 일이다.[**]

---

[*]　『꿈에 나타난 개성화 과정의 상징』, pp.279~80.

[**]　『인격은 어떻게 발달하는가』, p.96.

6. '나'를 보여주는 마음의 거울을 꺼내라

정신은 의식과 무의식으로 크게 구분할 수 있다. 의식이 밝음이라면 무의식은 어둠이다. 쉽게 말하자면 의식은 알려져 있는 정신이고, 무의식은 알려져 있지 않은 정신이다. 자아는 의식의 정신이 아니라 무의식의 정신이다. 이것이 바로 자아의식으로 사는 우리가 '나'에 대해서 알지 못하는 이유다. 무의식의 정신인 자아에는 인식기능이 없다. 다만 자아가 의식을 취함으로써 자아의식이 된다. 자아의식은 주관적인 의식이다. 주관적인 의식으로는 자기 자신을 객관적으로 볼 수 없다.

인간이 만물의 영장으로 불릴 수 있는 것도 또렷하게 인식하고 분별하는 의식의 기능 때문이다. 무의식은 무분별이다. 어린 아이들이 분별력이 떨어지는 것은 의식이 충분하게 발달되지 않았기 때문이다. 그렇다면 어른은 과연 의식적일까? 그렇지 않다는 데 문제가 있다. 우리는 모두 의식으로 살고 있다고 생각한다. 하지만 융의 말처럼, 사실 우리는 거의 무의식적으로 살아가고 있다. 왜냐하면 의식적 정신보다 무의식적 정신이 훨씬 더 크고 그 힘이 강하기 때문이다.

명상을 한다는 어떤 사람이 감동스러운 표정으로 자신의 신기한 경험을 전했다. 자신이 냉장고로 가고 있고, 냉장고에서 무엇을 꺼내는지 또렷하게 인지했다는 것이다. 그녀의 경험담이 그녀가 생각한 만큼 새로운 것이었다면, 그것은 사람들이 그만큼 일상생활을 의식하지 않고 습관적으로 살고 있다는 것을 말해준다.

초보운전자 때는 긴장을 하지만 운전에 익숙해지면 거의 습관적으로 하게 된다. 그럴 경우, 자신이 어떻게 운전을 하고 집에 왔는지 잘 생각나지 않을 때가 있다고 말한다. 위험과 직결되는 운전에서도 습관적이라면 일상의 무의식적 측면이 얼마나 깊고 넓은 것인지를 알 수 있다.

사람들 사이에 시비가 일어나는 원인도 사람의 무의식적인 말과 행동 때문이다. 물론 '나'가 이 말을 함으로써 상대가 불쾌하게 느낄 수 있다는 사실을 알고 하는 경우라면 그것은 의도적이다. 의도적인 말과 행동은 어떤 목적을 가진다. 그런데 자신의 말과 행동을 인식하지 못하고서 하게 되는 경우도 많다.

기분이 상한 당사자가 반박을 하면 자신이 언제 그렇게 했느냐고 오히려 화를 내기도 한다. 그가 시치미를 뗀다고 말할 수도 있겠지만, 무의식적인 말과 행동들이라면 정말 모를 수도 있다. 특히나 사랑하는 가족 간의 갈등, 분란, 그리고 상처도 모두 이러한 무의식적 상태에 있을 때 일어난다.

사실 자기 자신에 대해서 의식으로 사는 사람은 참으로 흔하지 않다. 거의 대부분이 무의식적으로 살아간다. 의식으로 산다는 것은 엄청난 에너지가 요구되는 일이기 때문이다. 외부적 분별능력이 뛰어난 사람이라고 해서 그가 내부적 분별능력이 뛰어난 것은 결코 아니다. 왜냐하면 외부 인식과 내부 인식을 하는 정신적 기능이 전적으로 다르기 때문이다. 외적 능력은 외부적 지식을 많이 익히고 연마함으로써 키울 수 있지만 내적 능력은 그것들과는 상관이 없다. 내부 지식은 글자 그대로 자기 자신을 잘 아는 것으로부터 발현되기 때문이다.

'나'가 누구인지를 알기 위해서는 '나'를 객관적으로 보여주는 거울이 필요하다. 그 거울은 '가장 위대한 정신의 기능'이라고 불린다. 이 같이 어려운 문제를 여기서 다루려고 하는 것은 결코 아니다. 다만 '나'라는 존재를 이해하는 일이 그 무엇보다 중요하다는 사실을 말하고자 함이다.

'나'가 누구인지를 안다는 것은 무엇을 말하는가? 자신의 마음과 행동에 대해 또렷하게 인식해서 그것에 대한 전체적인 의미를 파악하고 이해하는 일이다. 사람이 자신의 겉모습을 알고자 할 때는 자신을 비춰주는 거울을 본다. 거울을 보는 사람과 거울을 보지 않는 사람의 차이는 엄청나게 크다. 누구나 지저분한 사람보다는 깔끔한 사람을 좋아한다. 그래서 우리는 외모에 많은 관심을 갖는다. 외모는 남이 나를 평가하는 기준 중에서 가장 잘 드러나 보이는 것이기 때문이다.

거울은 자신의 모습이 어떤지를 알려줄 뿐만 아니라 잘못된 것들을 인식하게 해준다. 우리는 나 자신의 건강을 위해서도, 타인에게 불쾌감이라는 피해를 주지 않기 위해서도 청결을 유지해야 한다.

우리 자신의 외적인 모습을 가장 잘 알 수 있는 길은 카메라에 찍혔을 때다. 카메라가 돌아가지만 내가 카메라를 막고 있다면 나의 전체적이고 다양한 모습들을 볼 수 없다. 자아가 의식을 사용하지만 자기 자신을 볼 수 없는 것은, 자아가 의식이라는 카메라를 자신의 긍정적인 부분은 확대 해석하면서 보려 하지만 자신의 부정적인 모습들은 거부하기 때문이다.

정신의 기능에는 자신을 아주 리얼하게 보여주는 거울 혹은 카메라가 있다. 그것을 융은 '절대적 의식'이라고 부른다. 자아가 사용하는 의식에는 '나'라는 중심이 있어서 모든 것을 대상으로 바라보기 때문에 그것을 '상대적 의식'이라고 한다. 반면에 융이 말하는 절대적 의식은 '나'에 의해서 전혀 조종되거나 좌우되지 않는 순수한 의식 자체다.

순수의식은 마치 카메라가 연기자의 모습을 고스란히 담아내는 것과 같다. 연기자는 카메라를 속일 수 없다. 순수의식 속에서 '나' 자신은 있는 그대로 드러난다. 그것을 통해서 사람은 자기 자신이 누구인지를 정확하게 알 수 있다.

여기에 그대로 어울리는 말이라고는 할 수 없지만, 한자성어 중에 "상대를 알고 나를 알면 백 번을 싸워도 모두 이길 수 있다 (知彼知己百戰百勝)"라는 말이 있다. 이 말에서 가장 중요하게 봐야 하는 것은 자기 자신을 아는 일(知己)이다. 그러므로 글자는 상대(彼)보다 '나(己)'가 앞에 나와야 한다.

하지만 글자가 말하고 있는 것처럼, 우리는 상대에게 먼저 신경을 쓴다. 상대에 대해 집착하다보니 자신을 잃어버린 것일까? 정작 자신에 대해서 아는 일에는 매우 인색한 것이 우리네 현실이다. 하지만 상대를 아무리 많이 알아도 '나'를 알지 못하면 그 지식은 온전하지 못하게 된다.

7. '나'를 이해하는 사람만이 상대를 이해할 수 있다

상대에 대한 불만이 크다는 것은 상대에 대한 기대가 크다는 말도 된다. 기대하지 않는다면 불만도 없다. '나' 자신에 대해 알지 못할수록 외부에 대한 불만은 커진다. 상대의 문제점에 대해서는 훤히 알고 있는 사람도 자기 자신의 문제에 대해서는 전혀 알지 못한다.

부부 간의 문제로 상담의 도움을 받고자 하는 사람들에게서 흔하게 듣는 말이 있다. 자신의 아내나 남편을 변화시킬 수 있는 묘안을 찾고 싶다는 것이다. 물론 가정불화에 심각한 문제를 제공하는 파탄적인 성격의 소유자들도 있다. 그런 사람들은 삶의 전반에 걸쳐 문제가 되기 때문에 진문적인 치료를 받지 않는다면 가족에게 심각한 해를 주게 된다.

그런 반면에 사회생활을 원만하게 하고 가정을 이끌어나가는 능력에는 별 문제가 없는데 유독 부부 관계를 원만하게 해내지 못하는 경우가 있다. 상담은 불만을 품는 쪽에서 신청을 하기 마련이다. 상대에게 문제가 있다고 느끼는 사람들은 대개 상담자에게 상대를 고칠 수 있는 방법을 문의한다. 말하자면, 자신의 마음에 들지 않는 배우자의 행위를 당장 바꿀 묘책을 구하고자 하는 것이다.

그런데 누가 누구를 바꾼다는 일이 과연 얼마나 가능한 일인지를 먼저 물어야 한다. 물론 자아가 형성되지 않은 아이들의 경우에는 기본적인 방침이 있을 수 있고, 그것이 아이를 바른 쪽으로 인도할 때 많은 도움을 줄 수 있다. 그런데 자아의 틀, 즉 자기 세계관이 완전하게 형성된 성인의 경우에는 문제가 달라진다. 그 세계가 부정적이든 긍정적이든 간에 말이다.

자아는 아동기, 청년기를 거쳐 형성된 관념이다. 이 자아관념에 의해서 사람은 자신을 주장하고 유지하며 지켜 나간다. 그렇기 때문에 자아라는 관념의 틀은 쉽게 바뀌어질 수 있는 성질의 것이 아니다. 변화는 오직 자아가 스스로를 객관적으로 볼 수 있는 능력을 갖출 때에만 가능하다. 물론 앞에서 언급되었듯이 인간의 정신에는 마치 영화를 보는 것처럼, 자기 자신을 볼 수 있는 절대적·객관적 시각이 실제로 존재한다. 다만 자아가 그것에 의해서 자신이 사라지는 것에 대한 공포를 느끼기 때문에 방해하고 있을 뿐이다.

한 사람의 경험담이 여기에 적절한 예가 될지도 모르겠다. 어떤 사람이 영적 능력이 높다고 소문난 스님을 만나러 갔을 때의 이야기다. 스님이 법상에 올라 앉아 자세를 가다듬은 후, 자신의 법문을 들으러 온 사람들을 쭉 둘러보는 순간, 그 사람은 스님의 눈을 피해 고개를 숙이고 말았다고 한다.

자신이 그 스님의 눈과 마주하면 마치 자신이 없어져 버릴 것만 같았다는 것이다. 자신이라고 해봐야 고작 자신이 알고 있는 몇 가지 사실에 불과하지만 그것마저 사라진다면 자신은 존재하지 않을지도 모른다는 생각이 들었다는 것이다. 이 사람의 말에서 자아의 특성이 너무도 잘 드러나고 있다.

그렇다면 자아가 무엇인지 조금 알아볼 필요가 있을 것 같다. 우선 '나'라는 생각을 하는 그 놈이 바로 자아다. '나'라는 것에 의해서 우리는 기분이 나쁘기도 하고 좋기도 하며, 행복하기도 하고 불행하기도 하다. '나'는 살고 싶어 하고 죽음을 두려워하며 공포를 느낀다.

'나'라는 자아는 '나는 어떤 사람이 될 것이다', 또는 '어떤 것을 할 것이다'라고 목표를 정하고 그것을 향한 의지를 갖는다. 이처럼 '나'라는 고정된 생각이 있기 때문에 오늘의 '나'가 어제의 '나'와 다르지 않은 존재로서 가능하게 된다. 뿐만 아니라 나만의 생각과 행동을 할 수 있다. 그것이 바로 주체성의 형성이다.

자아의 이러한 기능이 없다면 개체는 주체직 사고를 형성하지 못한다. 주체성은 곧 개인성이다. 개인성이 형성되고 개인성이 완성되는 일은 아주 중요하다. 왜냐하면 개인성을 획득하지 못한다면 인간은 집단의 일부에 지나지 않기 때문이다. 집단성은 존재의 참된 가치가 발현되지 못한 원시성 그대로이다. 집단에서 개인으로의 성숙이 불가능한 것은, 집단은 정신의 무의식 상태이기 때문이다.

개인성이 확립되지 못한 사람은 자기 생각, 자기 의견, 독자적 사고가 형성되지 않았다는 말이다. 독자적 사고가 형성되지 않으면 외부적 존재나 사상, 주입된 교육에 의해서 살아갈 뿐이다. 진정한 자기 사고, 진정한 자기 감정, 진정한 자기 의도를 확인할 수 없는 곳에서 정신적 성장은 더 이상 일어나지 않는다. 정신적 성숙은 오직 '나'가 어떤 생각을 하고 있고, 어떤 행동을 하는지를 알 때 가능하다.

자아는 의식의 중심으로 들어가 의식의 에너지를 모은다. 그러므로 자아의 기능은 아주 중요하다. '나'라는 자아구조가 제대로 형성되어야만 건강한 인격체가 만들어진다. 아동기와 청소년기에 적절한 칭찬 그리고 사랑과 배려가 필요한 이유이기도 하다. 자아가 스스로 긍지를 가질 수 있고, 스스로 사랑할 수 있어야만 자아 강화가 일어난다.

이것이 한창 자아 구축이 생성되는 사춘기에 자신의 모습에 반해서 우물 속으로 뛰어드는 나르시스의 이야기를 단순한 신화로만 치부할 수 없는 이유다. 물론 나르시시즘은 자아 강화의 부정적 측면을 나타내지만 그럼에도 불구하고 자아 구조를 형성하는 과정에서 볼 때 긍정적 측면이 부각된다. 자아 구조의 형성이 그만큼 중요하다는 것이다. 자아의 구조가 약하면 무의식의 정신이 의식을 점령해 버릴 수 있기 때문이다. 의식이 무의식에 점령당하는 것이 바로 정신분열증과 같은 정신적 질환이다.

그런데 나르시시즘 증상은 사춘기를 지났다고 해서 없어지는 것이 아니다. 왜냐하면 그것이 자아의 특성이기 때문이다. 다만 사회적 인격인 페르소나를 잘 구축시킨 사람들은 나르시시즘을 페르소나 뒤로 잘 감추었을 뿐이다. '나'를 중심으로 하는 자아는 나르시시즘 그 자체다. 드러나는 현상이 어떻든 간에 누구나 다 자신이 잘났다고 생각한다.

요즘 유행하는 말 중에 '근자감'이라는 은어가 있다. '근거 없는 자신감'이라는 뜻이다. 다른 사람이 보기에는 그렇게 자신감을 가질 만한 어떤 것이 보이지 않음에도 불구하고, 스스로 필요 이상의 자신감에 취해 있는 사람을 일컫는다.

사실 우리는 자신을 부각시키는 일에 능숙하다. 자기 존재에 대한 가치를 인정받지 못할 때 사람은 우울을 경험한다. 자아의 역할은 자기 방어와 보호에 있다. 스스로 자신의 가치를 높이 잡아야만 자아는 존재를 유지시킬 수 있다.

이처럼 '나'라는 자아의 특성은 '나'를 살리는 것이기 때문에 '나'의 생각이나 판단은 '나'를 중심으로 이루어진다. '나'를 중심에 두고 있는 생각이나 판단은 이미 상대에 대한 이해가 결여되어 있다는 의미다. 그러므로 '나'를 이해하는 사람만이 상대를 이해할 수 있다. 만일 자신과 가장 가까운 사람을 이해할 수 없다면, 먼저 자신을 이해해야만 한다.

8. '나'는 극단적 이기주의자다

자기 존재의 가치를 심하게 높여, 생각과 판단을 자기 본위로 하는 사람을 우리는 '이기주의자'라고 부른다. 자아의 특성은 '이기주의'라는 이 단어에 아주 잘 함축되어 있다. 그렇다면 사랑과 헌신, 자비를 베푸는 사람은 자아가 없는, 혹은 전문적인 용어로 초월한 것일까? 글쎄다. 선한 일, 이타적인 행위를 할 때 느끼는 행복·뿌듯함·안도감·남들과 다른 우월의 감정을 느끼는 것이 바로 자아다.

'나'라는 주체는 자신의 행위에 대한 결과를 바라게 된다. 우리는 흔히 사랑의 감정을 순수하다고 찬양한다. 물론 사랑을 실행하는 '나'가 없고, 사랑 그 자체만 있다면 그것은 순수하다. 그러나 배반·증오·분노와 같은 감정들이 사랑과 연결되어 일어난다는 사실에 대해서는 별로 인식하지 않는 것 같다. 내가 사랑을 주었던 대상이 변했을 때, '내가 너를 얼마나 사랑했는데, 네가 어찌 배반할 수 있느냐?'고 분노하며 증오한다.

즉 '나'라는 주체가 있는 사랑은 결코 순수할 수 없다. 내가 주었으니 너도 받은 만큼 나에게 주어야 한다. 이것은 비즈니스다. 사랑하지 않았더라면 배신도 분노도 증오도 없었을 것이다. 불교에서 '나'라는 생각이 중심이 되어 하는 행위는 진정한 사랑과 헌신 그리고 자비가 될 수 없다고 하는 이유도 바로 여기에 있다.

사람이 존재하는 데 있어서 '나'라는 자아의 역할은 물론 중요하다. 하지만 자아는 전체 정신의 일부일 뿐이다. 자아는 의식을 사용하지만 본질적으로 무의식이다. 무의식이란 의식에 의해서 인식되지 않는 정신을 말한다. 말하자면 자아는 의식의 중심에 들어가 있기 때문에 다른 것은 볼 수 있어도 자아 자체를 인식하지는 못한다. 그렇기 때문에 자아의 의식으로서는 결코 '나'를 볼 수 없는 것이다.

무의식은 인간 진화의 역사적 기록이다. 그것은 시작과 크기를 가늠할 수 없을 정도의 정신적 내용물이다. 이처럼 정신발달 과정의 엄청난 진화기록들을 자아의식이라는 희미한 의식의 빛으로 알아내는 것은 불가능할 수밖에 없다. 원시인의 정신은 거의 무의식 상태였다. 마치 영아기의 의식이 거의 무의식 상태인 것처럼 말이다. 유아기와 아동기, 청소년기를 거치면서 자아 구조의 확립과 더불어 의식의 힘은 강화된다. 인류의 진화도 의식의 발전과 더불어 일어났을 것이다.

인지발달 연구의 선구자이자 심리학자인 피아제는 '자기중심적 언어(egocentric speech)'라는 말을 만들었다. 즉 자기 자신의 생각만을 전달한다는 말이다. 다른 사람이 그 말을 이해했는지는 관심이 없다. 타인의 의도나 태도, 감정이나 욕구에 대한 인식이 없는 상태에 있다는 것이다. 아동기를 거치는 동안 조망하고 수용할 수 있는 능력이 발달하는 것으로 알려진다. 그런데 성인이 되어서도 조망수용능력(眺望收容能力, perspective taking ability)이 제대로 발달되었는지 의심스러울 때가 참으로 많다. 왜냐하면 부부 문제를 상담하는 많은 이들이 바로 대화불능의 고통을 말하고 있기 때문이다. 자기중심적 생각의 극단에 서 있을 때 우리는 상대에 대해서 아주 냉정해진다. 부부 문제의 가장 큰 핵심은 바로 서로에 대해 인정하지 않는다는 점이다.

어디 부부 문제에만 해당하겠는가? 모든 갈등과 다툼은 결국 '나'가 중심이 되는 사고에는 상대에 대한 입장을 생각할 여지가 없기 때문에 발생하게 되는 것이다. 그것은 결국 나와 상대를 모두 고통스럽게 만드는 일이다.

한 남자가 퇴직을 하고 아내와 많은 시간을 함께 지내야만 했다. 그의 직업은 다른 사람의 인생문제를 풀어주고 도와주는 일이었다. 그는 그 분야에서 실력을 인정받은 사람이었기에 많은 이들을 도울 수 있었다. 그는 자신에 대한 자부심이 강했다.

그런데 남의 문제는 잘 해결해 주던 그에게 뜻하지 않은 문제가 생겼다. 아내와 함께 지내는 시간이 많아질수록 아내에 대한 분노가 올라왔던 것이다. 아내가 별것 아닌 일로 자녀와 심하게 다툴 때, 부부동반 모임에서 아내가 음식선택에 고집을 부릴 때 등등, 이런 문제에 부딪힐 때마다 그는 화가 치밀어 올랐다.

그런데 그가 가장 절망한 대상은 자기 자신이었다. 아내를 수용하기도 이해하기도 싫었다. 그는 자신이 극단적으로 자기중심적 사고 안에 살고 있다는 사실을 발견하고서 그토록 한심할 수 없었다고 고백했다. 그는 스스로 인격자로서 조금도 부끄러움이 없는 삶을 살았다고 생각했으나 현실에서 자기 문제에 부딪혀 보니 전혀 아니었다는 것을 인정하지 않을 수 없었던 것이다. 그는 괴롭다고 했다. 산속에 들어가 도를 닦고 싶다고 했다.

'나'가 극단적 이기주의라는 사실을 인식하고 이해한 그는 이미 그 문제에서 벗어날 가능성을 가지고 있다. 그러나 불행히도 우리 대부분은 자기 자신에 대한 그러한 성찰에 이르지 못하고 있다. 문제를 인식하면 할수록 문제는 점점 줄어든다. 나를 안다는 것은 나의 문제를 안다는 것이고, 그것은 적어도 나로 인하여 발생하는 문제는 줄일 수 있다는 말이다. 이 복잡한 세상을 살면서 나로 인한 문제만 줄여도 우리는 좀 더 수월하게 살 수 있지 않을까?

9. '나'는 죽지 않는다

많은 사람들이 '나는 죽는다'는 생각을 하지 않는다. 비록 개념적으로 죽는다는 것을 알고 있다고 하더라도 아주 먼 미래의 일이라고 생각한다. 그만큼 삶에 밀착되어 있다는 뜻이다. 삶에 대한 밀착도가 높을수록 죽음과는 아주 동떨어져 살게 된다. 이것이 바로 정신적 기능 중의 하나인 '나'라는 자아가 갖는 특성이다. 자아는 삶을 지향하는 성질 때문에 죽음을 두려워한다. 자아가 늘 영원한 사랑, 영원한 행복을 꿈꾸는 이유도 바로 여기에 기인한다. 왜냐하면 죽음은 자아가 사라지는 일이기 때문이다.

그런데 기존의 세포가 죽으면 그 자리를 대신할 새로운 세포가 태어난다. 말하자면 생명을 유지한다는 것은 죽음과 태어남의 끝없는 연속이다. 암은 죽어야 할 세포가 죽지 않는 것이다. '나는 누구이다'라고 생각하는 자아의식은 정신의 일부분이다. 정신은 자아의식이 알지 못하는 엄청난 영역이 존재한다.

다만 '나'라고 생각하는 자아의식이 스스로 정신의 주체라고 착각하고 있을 뿐이다. 전체 정신에서 본다면 영원히 살고자 하는 자아의식이 바로 정신적 '암'이라고 말할 수 있을 것이다. 판타지 속에 살고 있는 자아는 현실을 있는 그대로 보려고 하지 않는다. 이러한 자아의식의 자기중심적 사고가 '나는 늙지 않을 것이고, 노년의 쓸쓸함이 나에게는 결코 오지 않을 것'이라고 생각하게 만든다. 삶에 집착하는 자아의 망상에 사로잡힌 경우는 실제로 주변에서 쉽게 찾을 수 있다.

재벌에 준하는 부를 가진 노부부가 살았다. 엄청난 재산은 할아버지의 능력 때문이기도 했지만 할머니의 돈에 대한 집착도 큰 기여를 했다고 한다. 그런데 할아버지가 갑작스럽게 돌아가셨다. 자신이 죽을 것이라는 생각을 전혀 하지 못했기에 재산을 자식들에게 증여하지 않았던 할머니 가족은 목숨과도 바꾸기 쉽지 않았던 거액의 유산상속세를 내야 했다.

할머니는 죽음의 두려움으로부터 벗어나기 위해 더욱 더 돈을 모으는 일에 집착했다. 남편의 죽음을 직접 목격했지만 그것이 미래의 자신의 죽음으로 연결되지는 않았다. 아니 연결시키지 않으려고 스스로 방어했던 것이다.

비록 무의식적이긴 하지만 할머니도 허무의 다리를 건너지 않을 수 없다. 두려움과 공포는 어슴푸레한 기억이나 모호한 생각들에 의해서 더욱 극대화된다. 그녀가 정직하게 자신의 허무와 마주할 수 있는 용기가 있는 사람이었다면 그녀가 돈으로 할 수 있는 일과 돈으로도 할 수 없는 일이 무엇인지를 알게 되었을지도 모른다. 그렇게 되었더라면 할머니의 삶에 질적인 변화가 일어났을 것이다.

사실 허무의 바다에 직접적으로 다이빙을 할 수 있는 사람은 그렇게 많지 않다. 다이빙은 물에 빠져 죽기 위해서 하는 것이 아니라, 정확하게 물 위에 다시 떠오르기 위해서 하는 것이다. 그러기에 남다른 정신력과 고도의 훈련을 필요로 한다.

작지만 알찬 수익을 내는 공장을 경영하는 80대 후반의 노인이 있었다. 아들에게 공장운영을 넘겼으나 정작 중요한 비법은 전수하지 않았다. 그는 자신이 그 공장의 주인임을 놓고 싶지 않았던 것이다. 그러한 사정을 잘 알고 있던, 같이 늙어가던 처제가 염려하는 마음에서 물었다. 형부가 갑작스럽게 돌아가시면 자식들이 사업을 어떻게 대처할 수 있겠느냐고. 노인은 어떻게 그런 질문을 할 수 있느냐는 것처럼 놀란 표정으로 "내가 왜 죽어?"라면서 되묻는 바람에 오히려 처제가 당황하고 말았다.

죽음을 부정한다는 사실 자체가 죽음에 대한 공포에 사로잡혀 있다는 것을 의미한다. 자아가 심각하게 팽창되어 그 사람의 사전에는 죽음이 없다. 죽음의 그림자가 자신을 비켜갈 수 있다고 믿는 것이다. 왜냐하면 그에게는 '돈'이 자기 존재감을 끊임없이 확인시켜 주는 수단이 되고 있기 때문이다.

죽음을 받아들이지 않으려는 가장 극단적인 사례를 대한민국은 2014년에 경험한 적이 있다. '방배동 미라 미스터리'라고 제목이 붙은, 한 가족(사망자의 아내, 자식들, 누이동생)이 죽은 시신을 거실에 둔 채 무려 7년을 산 사건이다. 그들은 모두 그가 죽지 않았다고 굳게 믿었다. 너무나 사랑하는 남편이고 아빠이고 오빠였기에 그를 죽음의 세계로 보낼 수 없었는지도 모른다. 자신은 영원히 산다고 생각하는 자아에게 죽음은 곧 악의 세계였을 것이다. 악의 세계로 사랑하는 사람을 보낼 수 없다는 극단적인 생각이 그러한 엽기적인 삶을 살도록 한 것은 아니었을까?

자아는 끊임없이 '나는 죽지 않는다', '나는 좋은 사람이다', '나는 정의로운 사람이다', '나는 특별한 사람이다'라고 최면을 건다. 그렇게 하지 않으면 존재가 사라져버릴 것 같은 불안감에 휩싸인다. 그것은 자아가 그만큼 나약하다는 의미다. 나약한 자아의 합리화는 끝이 없다. 자신을 있는 그대로 볼 수 없는 자아는 온갖 망상과 착각으로 자신을 덧칠한다.

그러나 덧칠 속에서는 진실한 '나'는 묻혀 버린다. 진실은 끊임없이 자기 자신을 합리화하는 '나'라는 자아의 작용을 마치 영화를 보는 시선으로 볼 수 있을 때 드러난다. 그것이 바로 존재의 실재다. 사기를 당하는 사람들은 사기 친 사람을 평생 증오하면서 산다. 그러나 사실은 남이 나를 속이는 것이 아니라 내가 나를 속인다는 사실을 아는 사람은 많지 않다. 다른 사람의 말을 해석하고 판단하는 것은 곧 '나'다. 사기는 '나'가 가진 것보다 더 큰 이익을 탐할 때 일어난다. 이러한 마음의 구조를 정확하게 이해하지 않으면 '나'는 이웃과 세상을 탓하면서 살게 된다.

그것은 '나'를 알 수 있는 기회를 버리는 일과 같다. '나'를 성찰하는 사람만이 '나'가 누구인지를 안다. '나'를 아는 사람만이 상대를 안다. 상대를 모르면 지극한 사랑을 한다고 해도 그것이 상대에게 고통으로 다가가는 일이 되는 경우가 허다하다.

아들을 사랑하는 한 어머니가 있었다. 아들 또한 어머니가 자신을 얼마나 사랑하는지를 알고 있다. 그런데 어머니는 지나치게 주관적이고 드센 성격을 가진 분이었다. 아들이 자신의 마음에 들지 않는 행동을 하면 같은 잔소리를 되풀이하여 아들에게 고통을 주었다. 예를 들어 어머니가 느끼는 날씨 체감과 아들이 느끼는 날씨 체감이 다를 수 있다는 심을 어머니는 인정하지 않았다.

자신이 춥다고 느끼면 아들은 춥지 않았지만 두꺼운 옷을 반드시 입어야만 했다. 아들은 열이 많은 자신의 몸 상태를 설명하지만 어머니의 기준으로는 아들이 옷을 입기 싫어서 핑계를 댄다고 생각해 버리는 것이었다. 심각한 의견충돌이 일어나 감정이 격해지면 서로 언성이 높아지게 된다. 그러면 엄마는 독기 서린 말들을 아들의 마음에 거침없이 쏟아부었다.

어머니의 독단이 아들의 생활 전반을 장악하면서 아들은 급속도로 의욕을 잃어갔다. 그런데 어머니를 닮았는지 아들의 강력한 반발로 인해 어머니의 간섭은 줄어들었고 모자 관계는 개선되었다. 그런데 어머니의 지배적이고 공격적 성향은 아들을 포기하는 대신 남편에게로 향하고 말았다. 부부 사이는 당연히 다툼이 많아지고 가정은 또 다시 편한 날이 없어졌다.

내가 누구인지를 알지 못하면 내가 하는 생각과 행위가 상대에게 어떤 영향을 미치는지 알지 못한다. 왜냐하면 세상은 나를 중심으로 돌아가기 때문이다. 사랑하는 대상과 자신을 동일시해 버리면 이러한 현상이 발생한다. 위대한 성인들이 하나같이 '나'를 아는 일이 곧 존재가 가질 수 있는 최고의 지혜라고 말하는 이유가 바로 여기에 있다.

제5장

가장 가치 있는 배움은 중년에 시작된다

1. 나는 내 삶의 주인으로 살고 있는가?

인간은 태교에서 시작하여 유치원에서 대학까지 20년을 넘게 가정교육과 제도교육을 받는다. 교육의 주된 목적은 사회인으로서 갖추어야 할 덕목과 개인과 가족 공동체를 영위해 나갈 수 있는 직업을 위한 교육이다. 이렇듯 제도교육을 통해 세상에 대한 다양한 지식과 정보를 습득하게 된다.

그런데 정작 세상을 살아가는 주체인 '나' 자신에 대한 교육은 받은 적이 없다. 세상에서 '나'만큼 중요한 것도 없다. '나'가 없으면 세상도 없기 때문이다. 따라서 '나'를 모른다는 것은 내가 삶을 어떻게 살고 있는지를 모른다는 말과 같다. 왜냐하면 그 삶에는 주인이 없기 때문이다.

삶의 주인이 되는 일이 뭐 그리 중요하냐고 물을 수 있다. 나를 알면 내가 내 삶의 주인이 되지만, 나를 모르면 삶의 노예가 된다. 주인은 자신이 해야 할 것과 하지 말아야 할 것을 분명하게 안다. 그러므로 그는 삶에 끌려 가지 않고 삶을 이끌어 가는 사람이다. 반면에 노예는 삶의 무게에 짓눌리고 얽매여서 삶에 대한 자유가 없다. 그것은 삶을 어떻게 살아야 할지 모른다는 말과 다르지 않다. 즉 습관적으로 타성에 젖어서 살아갈 뿐이다.

융은 심리학을 자기 자신을 말하는 것이라고 규정했다. 필자는 그것에서 한 걸음 더 나아가 심리학은 '나'가 누구인지를 아는 것이고 말한다. 우리는 드러난 세상의 모습들에 대해서는 많은 과학적 정보들이 있기 때문에 아주 잘 알고, 아주 잘 말할 수 있게 되었다. 그러나 정작 세상을 잘 아는 그 주체인 '나'에 대해서는 거의 말하지 못한다.

말하지 못한다는 것은 알지 못한다는 것이다. 나를 알기 위해서는 나를 비춰주는 마음의 거울이 필요하다. 마음의 거울은 물론 외부에 있는 것이 아니라 자기 내부에 있다. 훌륭한 상담자는 내담자가 그 거울을 꺼낼 수 있도록 도와준다.

물질적 풍요와 편의시설 그리고 첨단의료의 발전은 사람의 수명을 크게 늘려 놓았다. 몸의 건강에 대해서 그 어느 때보다 신경을 많이 쓰고 있다. 몸에 대한 지식 또한 아주 높다. 그런데 정작 그 몸의 주체인 정신에 대해서는 아는 것이 별로 없을 뿐만 아니라 생각보다 무관심하다.

물론 이러한 현실은 심리학의 연구경향에서 기인되고 있기도 하다. 의식적 정신에 대한 연구는 현대의 많은 심리학파들이 심혈을 기울여왔다. 그러나 정신의 본질이라고 알려진 무의식의 정신에 대한 연구는 거의 진행되지 않았고 여전히 의문투성이로 남아 있다. 물론 인간의 마음은 너무도 복잡하고 미묘하여 인간이 인간 자신을 이해한다는 것은 참으로 어렵다.* 엄청난 지식과 전문성을 가진 사람들조차도 자기 자신이 누구인지에 대해서는 일반사람들과 전혀 다르지 않다.

사실 자기 자신이 누구인지를 모른다는 것만큼 위험천만한 것은 없다. 가정과 사회, 세상의 모든 불행이 바로 자기 자신을 모르는 것에서 시작된다. 자기 자신을 모르는 사람일수록 다른 사람의 잘못을 잘 지적한다. 자기 이해가 깊은 사람은 타인에 대한 이해 또한 깊다. 타인의 잘못에 대한 지적들은 날마다 쏟아진다. 축구장에서 뛰는 선수들의 잘못을 우리는 쉽게 지적하고 흥분하지만 정작 우리는 그들 선수만큼 뛸 수 없다는 사실에 대해서는 인식하지 않는다.

60년대와 70년대 한국 최고의 배우로 성공적인 삶을 살았던 한 유명 배우는 철저한 자기 관리를 하는 사람이라고 그 부인이 방송에서 밝혔다. 그는 누구보다도 자상한 사람이었지만 다른 면에서는 칼같이 냉정했다. 자식들의 잘못이 눈에 보이면 30분씩 잔소리를 했기 때문에 결국 자식들이 아버지와 식사도 같이 하기를 거부할 정도였다고 한다. 자식이 자신과는 다른 존재라는 사실을 인정하지 않음으로써 발생하는 일이다.

가끔 들르는 커피전문점에서 아르바이트를 하는 50대 중반의 멋쟁이 아주머니가 있었다. 사업가를 남편으로 둔 그녀는 50

---

* 『인간과 상징』, p.112.

살이 되도록 집과 자신을 꾸미는 일만 하고 살았다고 한다. 그런데 어느 날 갑자기 남편 사업이 부도가 나고 모든 상황은 그야말로 180도로 변했다. 그때 그녀는 단 한 번도 자신의 삶을 살아보지도 못한 채 50살이 되어 있다는 것이 너무도 억울했다고 한다. 그녀의 마음은 불행한 사태를 만든 남편에 대한 원망이 너무도 커서 남편에게 의존하고 살아온 자신의 정신적 게으름에 대한 인식은 전혀 일어나지 않았다.

남의 잘못을 지적하고 남을 원망하는 마음의 한편에는 자신은 완벽하고 깨끗하다는 신념으로 차 있다. 그것은 오히려 자기 허약함을 인정하기 두려워서 만들어 내는 방어작용으로 볼 수 있다. 타인의 잘못을 지적하거나 원망하는 것은 쉽지만 자기 자신에 대한 정직한 인식은 참으로 어렵다. 자기 이해는 인격교육의 가장 기본적인 일이다.

참다운 인격교육은 인간에게 저항능력을 길러주고 활기를 넘치게 만들며, 정신적 통일체를 가져오게 한다.* 제도교육 안에서 그것을 기대할 수 없었다면, 이제 스스로 하는 중년의 교육에서 시작해야만 할 것이다. 중년의 교육은 밖에서 주입되는 지식이 아니라 내면에서 탐구되는 지혜다.

---

* 『인격은 어떻게 발달하는가』, p.225.

2. '나'의 둥지에는 '나'를 담아라

빈 둥지 증후군이라는 말이 있다. 둥지가 비었다는 것은 담겨 있던 알이 사라진 것을 말한다. 인간은 자기 둥지에 자신이 가장 소중하게 여기는 것을 담는다. 너무나 소중한 것들이기에 자신과 동일시되어 있다. 그것은 자식이 될 수도 있고, 직장이 될 수도 있고, 배우자를 담을 수도 있고, 자신의 젊음을 담을 수도 있다. 아무튼 빈 둥지 증후군은 둥지에 담긴 것이 없어짐으로써 느끼는 상실감과 슬픔이다.

빈 둥지 증후군을 크게 느끼는 사람일수록 오직 둥지만을 자신의 세계로 알고 살았을 가능성이 크다. 그것이 언젠가는 없어지는 것이라는 사실을 애써 인정하지 않으려고 했던 것이다.

남편이나 아내 그리고 자식의 빈자리 때문에 고통을 느낀다면 그 자신의 존재가 아내나 남편, 엄마로서 정의되어 있었다는 것을 의미한다. 아내와 남편, 엄마의 자리에는 자신의 존재는 없다. 자신의 존재는 오직 그들을 통해서만 확인된다. 그 사람은 가족과 자신이 하나라고 생각하고 살아왔던 것이다.

그러나 남편도 아내도 자식도 '나'일 수는 없다. 오직 '나'는 '나'일 뿐이고 '나'여야만 한다. 이 말은 남편이나 아내, 자식도 각각 개별적인 존재라는 뜻이다. 그들과 내가 하나가 된다면 개별적 존재는 심각한 훼손을 입는다. 그들 역시 개별적 존재로서 살지 못하게 되기 때문이다.

융은 자신의 부를 가난한 사람에게 나누어주는 사람일수록 내적으로 인간적인 것으로부터 소외된다고 말한다. 선한 행위를 통해서 도덕적이고 윤리적인 아름다움을 마음껏 누린다. 자신은 절대 그런 생각을 하지 않는다고 누군가가 말한다면 아직 자신의 마음에 대하여 깨어 있지 못하다고 보면 된다.

왜냐하면 정신은 아름다움과 추함을 동시에 가지고 있기 때문이다. 아름다움에 취해 갈수록 추함에 대하여 잊어버린다. 추함을 잊는다면 추함의 진실이 무엇인지를 알지 못하게 된다. 정신은 아름다움과 추함을 구별하지 않고 볼 수 있어야 한다. 그것은 정신적 균형을 잡는 일이다. 융이 인간적인 것으로 소외된다고 하는 이유도 바로 여기에 있다.

남을 위해 봉사하는 사람, 그 상대가 가족이든 타인이든 스스로 대견하다고 생각하게 된다. 대견하다는 것은 이미 남들과 다르다는 것이다. 남들과 똑같다고 생각하면 대견할 것도 없다. 나는 헌신하고 있다는 생각을 하면 그것에 대한 요구가 생기기 마련이다. 그러므로 준만큼 돌려받지 못하면 그만큼 아프다.

나를 위한 삶이 아닌 것은 타인을 위한 삶도 되지 못한다. 자신을 지키지 못한 사람이 타인을 지킬 수 없는 것은 당연하다. 헌신이 커질수록 상대에 대한 바람도 커진다. 우리는 모두 가족을 위해 산다고 말한다. 그러나 사실 조금만 자기 자신을 정직하게 보는 사람이라면 가족을 위한 삶이 아니라는 것을 알 수 있다. 가족과 자신을 동일시한 것일 뿐이다.

가족과 내가 하나라고 생각하고 살았는데 어느 날 각자 자신의 삶으로 돌아갈 때 느끼는 허망함과 배신감은 참으로 클 수밖에 없다. 부부로 살다가 어느 한 쪽이 일방적으로 마음이 변했을 때 배신감을 느끼면서 나오는 말은 어김없이 '네가 나한테 어찌 이럴 수 있어?'이다.

가족을 위해 헌신적으로 살았던 한 주부가 있었다. 그녀는 남편과 시댁 그리고 자식들을 위해 최선을 다했다. 그러던 어느 날 강한 성격으로 며느리를 힘들게 하는 시어머니가 아무런 상의도 없이 옆 아파트로 이사를 왔다. 고부 사이의 갈등에서 아무런 도움도 되지 못한 남편이었기에 도움을 청하지도 못하고 큰 결심을 하였다. 아이들 유학을 핑계로 외국으로 도망하다시피 떠나버린 것이다. 3년 반 정도를 떨어져 살던 남편이 그녀에게 이혼을 요구했다. 당신과는 도저히 살 수 없다는 것이었다.

그녀는 도무지 남편을 이해할 수 없었다. 왜냐하면 그 자신이 가족들에게 너무도 헌신적인 사람이라고 믿었기 때문이다. 헌신적인 사람일수록 내적으로는 인간적인 것으로부터 소외된다고 한다. 왜냐하면 헌신하는 동안은 자신을 잊기 때문이다.

그녀는 이혼을 요구하는 남편에게 자신이 무엇을 잘못했는지 물었다. 무릎을 꿇고 알려달라고 했지만 그는 입을 열지 않았다. 물론 남편 또한 자신의 감정에 대해 너무도 무딘 사람이었기에 자신의 분노에 대한 정확한 인식이 없었다. 누구나 외부의 자극에 의해서 감정은 늘 일어난다.

그런데 남성들은 '남자다움이란 자신의 감정을 함부로 드러내지 않는 것'처럼 교육받는다. 물론 남성들은 사고 부분이 발달하는 반면 감정은 무의식 상태로 있다. 이것이 바로 남자들이 자신의 감정과 느낌에 둔감한 이유다.

반면 감정 영역을 주로 사용하는 여성은 사고 기능이 무의식으로 있다. 여성들이 오해하는 것은 내 남편도 자신과 같은 것을 보고 들었기 때문에 자신과 똑같이 느꼈을 것이라고 생각하는 것이다. 그러므로 남편이 어떻게 느끼고 있는가에 대해서 부인은 매우 민감하다. 스스로 가족에 헌신적이었다고 생각하는 부인의 입장에서 보면 자기 자신의 희생이 너무 크다. 희생에 대한 억울함이 숨겨진 자기 이기심에 대한 것은 도무지 인식조차 할수 없게 만들었다.

이혼신고를 마치고 남편은 큰 소리로 흐느껴 울었다. 그리고 남편을 용서할 수 없었던 그녀는 딸을 데리고 낯선 도시로 떠나버렸다. 그러나 남편에 대한 분노와 억울한 감정의 노예로 살았던 그녀는 한순간도 혼자일 수 없었다.

몇 년 후에 남편의 간곡한 요청이 있었고 둘은 다시 합쳤다. 그러나 둘의 생활은 이전과 조금도 달라지지 않았다. 분노와 억울함은 상대의 잘못에 대해서는 실제보다 더 확대해서 드러내지만 정작 자기 자신에 대한 성찰은 막아 버리기 때문이다. 성찰이 없는 변화는 화합을 위한 노력에 불과하다. 성찰을 통해서만 진정한 변화는 일어난다. 내가 변하지 않는 한 상대도 변하지 않는다.

다시 합친 아내는 남편의 변하지 않는 태도에 대한 원망이 크다. 남편 역시 별로 달라지지 않는 아내에 대한 부담을 느낄 것이다. 다시 돌아온 부인은 여전히 남편에 의존적인 사람이었고, 다시 만난 남편 역시 아내에게 자신의 감정을 도무지 드러내지 않는 사람이었다.

인간적인 너무도 인간적이라는 말은, 인간은 너무도 불완전한 존재라는 말이다. 불완전한 존재이기에 더 아름답다. 융은 '완전한 인간'이 아닌 '온전한 인간'을 추구해야 한다고 했다. 정신의 아름다움뿐만 아니라 정신의 추함까지 인식해야만 온전한 정신 본연을 회복한다.

즉 자신이 얼마나 추하고 비도덕적이고 비지성적인 사람인지를 처절하게 알아차리는 사람만이 균형적 삶을 살 수 있다. 자신이 완벽하다고 생각하는 사람은 타인의 완벽하지 못함을 참지 못한다. 헌신하는 사람은 자신의 헌신에 대한 자부심 또한 크다. 자부심이 커질 때 헌신적이지 못한 상대의 태도에 더 분개하게 되는 것이다.

3. 희생적 삶은 위험하다

오직 자식만을 바라보고 힘겹게 살아온 어머니가 있었다. 그러나 안타깝게도 그녀의 아들은 사회적 적응장애를 겪어서 바깥세상으로 나가지 못했다. 사연을 들은 사람들은 그녀의 사정에 안타까워했다. 그런데 그 말을 들은 한 젊은이는 그 어머니의 삶을 냉철하게 분석했다.

그 어머니가 자기 삶을 살 능력이 없으니까 자식의 성공적인 삶을 통해 보상받으려 했을 것이라고 말이다. 뿐만 아니라, 비록 어머니의 바람대로 자식이 성공적인 삶을 산다고 할지라도, 홀로 설 수 없는 어머니는 아들의 짐으로 여겨질 가능성이 높다는 평까지 내놓았다. 젊은이의 말을 순화시켜 본다면, 자식들의 삶이 어머니의 삶이 될 수는 없다는 의미일 것이다.

한 택시 운전사의 고백이 생각난다. 그의 어머니는 자식을 자기 삶의 전부로 삼고 살아온 분이었다. 평생 동안 이어진 힘겨운 노동으로 허리가 굽어서 더 이상 펼 수조차 없었다. 성장해서 분가한 자식들을 위한 먹을거리를 준비하는 일로 굽은 허리의 아픔도 잊었다.

어느 날 어머니가 쓰러져 입원을 하게 된다. 죽음을 앞둔 어머니의 소원은 자신의 몸보다 더 사랑하는 자식들과 함께하는 것이었다. 자식들은 각자 자신들이 삶을 살아야 했기에 온전하게 어머니를 모시고 간호할 상황이 되지 않았다. 어머니는 자식들의 집을 몇 달씩 옮겨 사시다 결국 그토록 거부했던 요양원으로 모셔진 몇 달 뒤에 돌아가셨다. 운전기사님은 돌아가신 어머니가 자신들을 얼마나 사랑했는지에 대해서는 깊이 알고 있었지만 어머니의 마지막 소원에 대해서는 깊이 생각지 않는 듯했다.

아내만을 사랑했던 중년의 남자가 아이들을 데리고 떠나가 버린 아내에 대한 원망을 토로했다. 배신감은 시간이 지나면서 분노로 바뀌었다. 삶에 있어서 사랑을 최고의 가치로 여겼던 그는 자기 삶에서 그 사랑을 몸소 실천했다. 그러나 사랑만으로 생존이 불가능했던 아내는 생존을 위해 그를 떠나야만 했다. 그는 그런 아내를 도무지 이해할 수 없었다. 그의 마음과 아내의 마음은 같은 것이어야만 했기 때문이다. 사랑과 집착을 혼동했던 그는 사랑에는 반드시 책임이 따른다는 사실을 알지 못했던 것이다.

자기 자신을 객관적으로 인식한다는 것이 얼마나 중요한지를 여기서 알 수 있다. 자기 자신을 객관적으로 인식한다는 것은 곧 자기 자신이 누구인지를 안다는 것이다. 자기 자신을 안다는 것은 자기 자신에 대한 이해다. 이해는 곧 사랑이다. 자신을 이해하지 못하는 사람이 다른 사람을 이해할 수 없다. 자기 이해는 곧 자기 인식이고, 그것은 의식적 정신의 능력이다.

영화는 사람의 행동을 카메라에 담는다. 만일 우리가 자신의 행동이 담긴 비디오를 본다면 확인할 수 없었던 자기 자신의 모습을 온전하게 볼 수 있게 된다. 자신이 미처 알지 못했던 나쁜 습관적 행동들을 보게 되면 수정하게 된다. 말하자면 그것은 바로 자기 자신의 행동에 대한 실질적인 인식이다. 우리 자신의 내면도 이와 마찬가지다. 자기 자신에 대한 인식이 있어야만 자기 자신이 누구인지를 알게 된다.

자기 자신에 대해서 알지 못하는 사람은 자기 존재를 밖으로 투사한다. 인간의 정신에는 근원적으로 자기 자신이 누구인지를 알고 싶어 하는 강력한 욕구가 있다. 그러므로 자기 자신이 누구인지 알지 못하는 사람은 자신에 대한 마음의 상을 밖에서 찾는다. 투사란 외부적 존재를 자신과 동일시하는 것이다. 투사된 대상이 자신의 마음을 알아주고 자신의 생각과 같을 것이라고 착각하게 된다.

자신을 알지 못하면 누군가를 사랑함으로써 자신의 존재를 확인하고 싶어 한다. 그리고 그 사랑이 반드시 사람에게만 제한되는 것은 아니다. 돈이나 물건을 소유하거나 사회적 성취를 통해서도 일어난다. 투사된 사람이나 물건은 특별해진다. 개를 키우는 사람은 다른 개보다 자신이 키우는 개가 훨씬 더 특별하다. 왜냐하면 자신의 개에게는 자신의 생각이나 경험에 의해서 의미가 부여되기 때문이다.

투사가 문제가 되는 것은 투사된 대상을 고유한 존재로 인식하지 못하고, 자신이 원하는 사람이 되어 주기를 바라기 때문이다. 그러한 바람이 어긋나면 실망과 좌절, 분노가 일어나고, 투사는 거두어진다(withdrawing projection).

물론 투사의 긍정적인 측면도 있다. 내가 저 사람과 마음이 통한다고 생각하면 서로 터놓고 이야기를 하게 되거나, 상대편의 입장에 서서 이해하려는 측면이 강해져서 관계를 돈독하게 만들어 간다.

결혼은 투사를 가장 극명하게 드러내는 가장 좋은 예다. 상대방과 나의 마음이 하나라는 신뢰를 바탕으로 하여 가정이 이루어진다. 가정은 자신을 보호하는 조직이 된다. 이러한 생각이 강한 사람은 가정 밖에 있을 때면 자신이 산산이 조각나는 느낌을 받는다고 한다.*

하지만 사랑과 집착이 혼동되는 경우는 허다하다. '홀로 설 수 있는 사람만이 진정한 사랑을 할 수 있다'라는 말은 거짓말이 아닌 것 같다. 가족 없이 혼자 살 수 없다는 것은 사랑보다 의존이다. 미성숙과 무력한 상태에서 의존은 필수적이다. 그러나 의존은 홀로 설 수 있을 때까지만 유효한 것이다. 의존은 사랑이 아니다. 의존적 사랑은 자기 내면의 불안과 두려움을 인식하지도 극복할 수도 없기 때문이다.

책임감과 집착은 엄연히 다르다. 책임감은 자기 자신의 행위에 대한 책임이다. 그것이 결혼이든 가정이든 개인적 일이든 자신이 고심하여 선택하고 결정한 것들을 감당하여 성의를 다 하

---

* 『융, 중년을 말하다』, p.180.

는 일이다. 그것은 결코 쉬운 일이 아니기 때문에 오직 정신적 독립이 가능한 사람만이 해 낼 수 있다. 집착에 의한 보살핌은 결국 병적인 결과로 귀결될 뿐이다. 그러므로 신경증을 자기 자신과의 불화라고 말하는 것이다.

4. 갈등은 살아 있다는 증거다

기독교 간증시간에 가장 많이 듣는 말 중 하나가 자신의 집에는 평화가 찾아왔다는 것이다. 갈등은 인간의 불완전한 삶의 중심에 있기 마련이다. 그럴 경우 신앙이라는 하나의 테두리 안으로 들어가 자신들의 욕구를 조금씩 내려놓다 보면 갈등의 폭도 자연스럽게 줄여 나갈 수 있을 것이다. 갈등만큼 인간을 힘들게 하는 것도 없기 때문에 당연히 갈등을 피하고 싶은 마음 또한 강렬해질 수밖에 없다. 그런데 아이러니하게도 그리스도는 이러한 인간의 마음과는 반대로 말씀하신다.

"내가 너희에게 평화를 주러 왔다고 생각하지 마라. 나는 평화를 주러 온 사람이 아니라, 칼을 쥐어주려고 왔다. 내가 온 이유는 한 사람이 자신의 아버지와 화합하지 못하게 함이며, 또한 딸이 어미와, 며느리가 시어머니와 화합하지 못하게 하려고 함이다. 그래서 '원수가 바로 자기 집안 식구가 되니라.' 나보다 아비와 어미를 더 사랑하는 자는 내 사람이 될 자격이 없다."(「마태복음」 10 : 34 이하)

그렇다면 가족의 갈등과 다툼은 신이 주신 선물이 된다. 그리스도는 왜 이런 말을 했을까? 인류의 구원을 목표로 하는 그리스도의 말씀에 어느 것 하나 불필요한 말은 없을 것이다. 그렇다면 분명하게 신이 평화가 아닌 갈등을 주시는 이유가 있다고 봐야 한다. 그 이유를 제대로 알아차려야만 신의 참 뜻이 무엇인지를 알게 될 것이다.

그리스도는 평화보다 더 중요하고 더 본질적인 것이 바로 갈등이고 싸움이라고 보고 있다. 왜 평화보다 갈등과 싸움이 더 본질적인 것인가? 그것은 융의 이론에서 그 해답을 찾을 수 있다. 즉 갈등이란 의식과 무의식 간의 대립이다. 마음에서 어떤 욕구가 일어나지만 그것은 현실에서 실행될 수 없는 것들이다. 그런데 이러한 심리적 갈등이 일어나지 않는다면 우리는 숨겨진 마음, 즉 무의식의 정신에 대해서 알 수 있는 방법이 없다는 것이다.

그래서 융은 우리가 현실적으로 모든 일이 잘 해결될 때, 우리는 마음에 대해서 생각하지 않는다고 말한다. 현실적으로 문제에 직면하면 비로소 우리는 자기 내부의 문제를 숙고하게 된다. 내부적 문제를 해결하는 일이 왜 중요한가? 내부적 문제는 언제나 외부적 문제와 연결되기 때문이다.

그리스도는 평화 속에서 자신이 누구인지 모르는 바보보다, 고통을 통해서 자신이 누구인지를 아는 것이 종교의 본질이라는 것을 외치고 있다. 융은 또한 그리스도의 이러한 가르침에 대해서 다음과 같이 언급한다. 그리스도의 가르침은 가족의 결속으로부터 독자성을 회복하는 것을 목표로 하였다는 것이다. 집단의식이 아닌 개별의식이 왜 중요한가? 집단의식은 곧 무의식이기 때문이다. 무의식 상태에서 인간은 통찰로 나아가지 못한다.

성년이 되면, 부모의 보호에서 벗어나 결혼이라는 새로운 보호막을 만든다. 힘이 없는 자들이 무리를 만들어 힘을 모으는 심리적 작용과 크게 다르지 않다. 고독은 보이지 않는 심리적 공포다. 실체가 없기에 더 위협적으로 느껴진다. 강한 육체적 힘을 자랑하는 사람도 고독만큼은 홀로 맞설 용기를 갖지 못한다.

왜냐하면 고독은 죽음을 연상시키기 때문이다. 그래서 어린 아이들이 혼자 있지 못한다. 비록 육체적으로 어른이라고 할지라도 심리적으로 유약하여 의존적이고 절제할 수 있는 힘을 갖지 못하였다면 심리적으로는 여전히 유아라는 융의 말을 되새겨 볼 필요가 있다. 심리적 유아는 결혼이라는 사회 문화적 제도를 통해 엄마의 자리를 아내로 대체하고, 아빠의 자리는 남편으로 대체한다. 어린 자녀들에게 엄마와 아빠는 최대의 보호자다. 결혼으로 보호자의 대상이 바뀌었을 뿐이다. 보호를 하든, 보호를 받든 고독이라는 마음의 공포에 저항하기 위해서 서로는 서로에게 의존되어 있다. 의존되어 있다는 것은 곧 자유를 잃은 것이다.

완전히 의존적인 삶에는 갈등도 다툼도 없다. 애완견들은 욕망과 갈등을 희생하는 대가로 주인이 주는 안락한 삶을 선택한다. 하지만 그의 삶에는 그 스스로 무엇을 선택할 수 있는 자유가 없다. 오직 주인의 의지대로 움직여야만 한다. 죽은 영혼의 삶에는 갈등도 싸움도 없다. 죽은 영혼에 정신의 성장이 없는 것은 당연하다.

그러므로 갈등한다는 것은 살아 있다는 증거다. 중년에 느끼는 마음의 갈등은 가족이라는 집단의식 속에서 실종되어 버린 '나'를 찾으려는 영혼의 깨어남이다. 우리는 갈등과 혼란을 피하려고 애를 쓸 것이 아니라, 그 혼란이 자신에게 무엇을 의미하는지를 물어야 한다. 왜냐하면 그것이 바로 내가 누구인지를 아는 최선의 방법이기 때문이다.

그런 의미에서 데릴 샤프는 극심한 갈등과 재난을 극복해낸 사람은 어디에도 쉽게 흔들리지 않는 침착하고 굳건한 심성을 갖게 된다고 말한다. 극심한 갈등을 극복해 내지 못한 사람은 마음의 치명상을 입게 될 수 있다는 것이다. 이것이 바로 그리스도가 가족에게 평화를 선물하지 않고 갈등과 칼을 선물하는 이유다.

5. 고통이라는 짐을 내려놓지 마세요

개그맨 이경규 씨가 '남자의 자격'이라는 예능프로그램에서 '화를 내지 마라'라는 주제로 강연을 한 적이 있다. 그는 평소에 화를 잘 내서 '버럭'이라는 별명을 가졌다. 그러한 그의 성격과 강연의 주제가 반전이었으니 청중들은 모두 과연 어떤 강연이 될지 기대를 했다. 그 기대에 부응하는 강연이었기에 유쾌한 웃음들은 강연 내내 봇물처럼 터졌다.

강연의 내용은 다음과 같다. 그는 제작진이 준비한 배낭 20킬로그램을 지고 지리산을 올라야 했다. 배낭 안의 내용물에 대해서는 전혀 알 수 없었다. 가파른 산을 오르는 그 자체로도 힘든데, 20킬로그램의 배낭은 그를 더욱 고통스럽게 했다. 그의 직설적인 성격상 당장이라도 배낭을 던지고 싶었지만 자신을 따라 산을 오르는 후배들에게 모범이 되어야 했기에 묵묵히 견뎌 내야만 했다고 고백했다.

드디어 목적지에 이르러 짐을 풀어보니 그 속에는 그의 목마름과 배고픔을 해결해 줄 귀중한 음식들이 들어 있었다. 산행 이야기를 끝낸 그는 청중들을 향해 "지금 여러분의 어깨에 짊어진 무거운 짐을 절대 내려놓지 마세요. 내가 무거운 짐을 내려놓지 않았기에 좋은 음식을 먹을 수 있었듯이 말입니다." 그 말에 덧붙여 그 자신 역시 삶의 무거운 짐들을 지고 있고, 그것이 힘들지만 내려놓지 않고 지고 간다고 했다.

융은 "삶은 양극의 불꽃 속에서 일어난다."고 말한다. "고통 없이는 성장도 없다"는 말도 흔히 쓴다. 정신은 모순으로 이루어져 있다. 자아의식이 가장 두려워하는 것은 고통이지만, 고통이 없다면 정신의 성장은 일어나지 않는다.

삶의 어떤 과정도 고통 없이 갈 수 있는 길은 없다. 융은 생명을 유지한다는 것 자체가 고통이라고 했다. 현실적 문제로 인해 느껴야 하는 고통 또한 정신이다. 그러므로 삶의 모든 문제는 정신적 문제와 직접적으로 연결되어 있다. 갈등과 고통은 무엇인가 해결해야만 하는 문제를 가지고 있다는 것이다. 고통을 이겨내며 그것을 해결했을 때 정신은 성장이라는 또 하나의 지점을 통과하게 된다.

사람은 실패와 좌절에 의해서 다듬어진다. 실패와 좌절을 겪을 때 인간은 자기 자신을 돌아보게 되기 때문이다. 자신의 욕망이 성취되는 것을 우리는 성공이라고 부른다. 성공은 자아를 만족시키는 일이다. 자아의 만족은 자아의 팽창을 가져오기 쉽다. 자아의 팽창은 자신만의 삶의 방식으로 성공했기 때문에 다른 삶의 방식이 허용되지 않는다.

내가 생각하는 일이 다 정확해서 모든 결과가 성공으로 연결된다면 그 사람은 자신의 사고와 판단이 곧 진리라고 생각할 것이다. 하지만 자아의식은 아주 좁은 관으로 의식에너지를 사용한다. 관이 좁으면 에너지가 원활하게 흐를 수 없다. 에너지가 부족하다는 것은 의식이 약화되어 있다는 것이다. 약한 의식으로는 정확한 인식이 일어나지 않는다. 혼란과 갈등은 정확한 인식이 없다는 증거다.

이러한 경우는, 자고 일어나니 스타가 되어 있더라는 연예인들에게서 자주 목격된다. 노래 한 곡으로 일약 스타가 된 가수 이○○ 씨는 자기가 세상을 구할 예수라는 생각이 들었다고 한다. 그의 과대망상은 결국 조울증으로 바뀌었고, 정신병원에 두 달 동안 입원했었다고 고백했다.

유명한 배우 주○○ 씨 역시 '스타덤에 오르자 거만해지기 시작했고, 그때부터 작품이 끊어져 한동안 슬럼프에 빠졌다'고 한다. 배우 허○ 씨는 '한창 스타덤에 올랐을 때 자기보다 잘난 사람이 없다는 식으로 사람을 대했고, 그녀는 결국 20년 동안 배우 생활을 할 수 없어 극심한 생활고에 시달렸다'고 한다.

그런 그들의 어리석음을 깨우쳐 준 것은 다름 아닌 고통이었다. 사람은 자신의 오만함이 얼마나 무지하고 위험한 일인지를 극단적 고통에 이르렀을 때 비로소 알게 된다. 고통은 참된 인간을 만드는 위대한 조련사다. 고통에 의해 연마된 그들의 모습은 시청자들에게까지 치유 받는 느낌을 주었다. 진정한 겸허는 고통만이 만들 수 있기 때문일 것이다.

'나는 특별하다'는 생각에 빠져 있는 상태를 심리학에서는 '자아 팽창'이라고 부른다. 그야말로 자아가 풍선처럼 부풀어 오른 현상이다. 그런데 정신은 양극으로 이루어져 있다. 자아의식이 자신은 잘났다는 생각을 하면 무의식은 반드시 자신의 못난 면을 부각시킨다. 극심한 오만은 온몸으로 나타나기 때문에 누구나 쉽게 느끼게 되어 있다. 자아가 팽창되어 있으면 의식의 상실이 일어나기 때문에 그의 행동은 무의식적으로 행해진다. 말하자면 그는 자신의 행동을 의식하지 못하는 것이다. 의식하지 못하기 때문에 스스로 파멸될 때까지 같은 어리석음이 계속된다.

위 예들을 통해 자기 인식이 얼마나 중요한지를 그대로 이해할 수 있을 것이다. 자아의 특징 자체가 제 잘난 맛에 산다. 그것을 통해서 자아는 자신의 힘을 강화시킬 수 있기 때문이다. 전체 정신은 거대하다. 그중에서 자아라는 정신은 아주 작고 나약한 부분 정신이다. 그러므로 자아는 자아가 사라지는 것에 대해 본능적인 두려움을 갖고 있다.

그 두려움의 극단에 있는 것이 과대망상이다. 어느 날 갑자기 스타덤에 올랐으니 어느 날 갑자기 무명 시절로 돌아가 버릴 수 있다는 생각을 하지 않을 수 없을 것이다. 요즘 성공한 연예인들이나 예술가들이 공황장애(panic disorder)를 앓았다거나 앓고 있다고 고백하는 경우가 적지 않다. 공황장애는 특별한 원인도 없이 극도의 불안을 느끼고 공포에 빠지는, 그야말로 심리적 장애다.

어느 누구라도 고통당하고 싶은 사람은 없다. 하지만 고통을 통해서 우리는 자기 점검으로 나아간다. 그러므로 고통은 정신이 성장하기 위한 통증이다. 자기 인식은 고통을 통해서만이 가능하다. 인식을 통해서 자기 수용이 일어나며, 수용은 의식을 확장시키고 정신적 성장으로 이끈다. 그러므로 자기 자신에 대해서 많이 알면 알수록 어리석음은 줄어들고, 지혜는 어리석음을 아는 만큼 커진다.

고통이 새로운 삶을 창조하기 위한 것이라는 것을 알면, 고통은 인간에게 새로운 인생을 시작하게 만드는 기회가 된다. 고통은 자아의식으로 하여금 자신의 참 모습을 수용하지 않으면 안 되는 조건을 만드는 것과 같기 때문이다. 그것은 자기 자신에 대한 한계에 직면하는 일이고, 자기 탐색의 의무를 이행하는 일이다. 그러므로 고통은 내가 알지 못했거나 외면해 왔던 무의식의 정신들에 대하여 알려주는 시그널이다. 융은 정신적 곤경은 치유하는 것에 그 목적이 있다고 말한다. 치유는 분리된 정신의 통합이다.

제6장 **결혼관계의 핵심은 변환이다**

1. 삶의 회의감은 본질적 물음이다

사람이 본디부터 가진 성질을 우리는 본성이라고 부른다. 본성에는 본능과 충동력이 존재한다. 본능이란 우리가 배우지 않았음에도 불구하고 저절로 하게 되는 행동들이다. 융은 아기가 젖을 무는 법을 배우지 않아도 젖을 빨고, 새가 배우지 않아도 둥지를 짓는다는 예를 들어 본성을 설명한다. 반면에 충동은 본능적 행동이 일어나도록 몰아넣는 힘이다. 본능과 충동이라는 성질들에 의해서 삶은 영위되고 추진된다.

나는 왜 사는지, 왜 죽는지, 나는 무엇을 하고 있는지, 그것이 내게 의미하는 것은 무엇인지를 알지 못한다면 그저 껍데기의 삶만을 사는 셈이다. 자기 자신에 대한 진지한 관조 없이 본능이 이끄는 대로만 살아간다면 주어진 시간을 그저 소비하며 살아갈 뿐이다. 자신이 알고 있는 것만이 정신이라고 믿고, 그것에만 의존한다면, 드러난 정신을 있게 만드는 근원을 버리는 것이다.

자아의식이 중심이 되는 삶에서는 희생조차도 자아의 단순 기능에 충실해 있을 뿐이다. 자아로만 사는 사람은 자기 자신이 누구인지 모른다. 왜냐하면 자아는 자신을 아는 것에 대한 시도 자체를 두려워하기 때문이다. 그것이 바로 자아의 삶이 정신의 본질로부터 탈피해 있는 이유다. 중년에 느끼는 회의감, 허무, 공허감 같은 것들은 모두 그러한 현상들에 대한 심각한 반응이다.

그것들은 과연 내가 이렇게 살아도 좋은가, 옳은가?에 대한 본질적 질문이다. 자기 삶에 대한 회의가 일어나는 것이 바로 중년의 마음이다. 이것은 정신의 전체성에 있어서 아주 중요한 시기다. 단순하게 외부에서 사랑의 대상을 찾아 자신을 잊고 산다고 하여 없어지는 그런 시시한 것들이 아니다.

이제야말로 자기 자신으로 돌아가야 하는 시기다. 껍데기 삶이 아니라 알맹이의 삶으로 말이다. 껍데기 삶은 모방하는 삶이다. 그러나 알맹이 삶은 모방으로는 갈 수 없다. 그것은 유일무이한 것이기 때문이다. 나를 알 수 있는 것은 오직 나를 탐험하는 길뿐이다. 나에 대한 탐험은 자기 고유성을 획득하는 일이다.

2. 중년의 위기는 정신성장 욕구의 표출이다

KBS 클래식FM에서 오전 9시부터 11시까지 진행되는 「김미숙의 가정음악」이라는 프로그램이 있다. 주중 아침마다 손자를 유치원에 태워다 주는 시간이라 운전 중에 자주 듣는다. 세계적으로 뛰어난 사람들의 다사다난했던 삶을 들려주는 코너에서는 인간적 삶이 주는 깊은 공감대를 형성하기도 한다. 뿐만 아니라 애청자들의 삶의 한 자락도 때론 듣는 사람의 귀를 붙잡는다.

어느 날 중년 이상으로 느껴지는 한 주부가 감상적인 선율의 음악 신청과 함께 사연을 보냈다. 정확한 기억은 되살리지 못하지만 사연의 내용은 다음과 같은 느낌으로 내게 남아 있다. 외부적으로 아무런 일도 없는데 자신의 마음은 머물 곳이 없이 불안하다는 내용이었던 것 같다.

이 사연을 들으면서 나는 '중년은 다른 사람이 아닌, 바로 자기 자신과의 갈등을 빚는 시기'라는 융의 말이 떠올랐다. 그랬다. 심리적 장애는 현실적으로 문제가 없을 때에도 일어날 수 있다는 것을 이 사연은 말해준다.

중년에는 현실적으로 별다른 문제가 없는데도 왜 심리적 장애라는 원치 않는 손님과 마주하는가? 그 해답은 정신의 구조 속에서 찾을 수 있을지도 모른다. 정신의 부분 기능을 담당하는 자아의식은 있는 그대로의 세상을 보지 않는다. 왜냐하면 자아는 스스로 꿈꾸는 판타지 속에 살기를 원하기 때문이다.

이러한 자아의 특성은, 세상은 나를 중심으로 돌아간다고 착각하게 만든다. 사랑이라는 판타지 속에는 현실이라는 괴물이 침입할 수 없는 이유도 바로 여기에 있다. 결혼하고, 아이를 낳아 가족을 만들고, 부를 축적하고, 세상의 흐름에 자신을 맞추면서 오늘의 고통은 내일의 행복이 될 것을 굳게 믿어 의심치 않았다.

중년의 실망감은 이러한 자아 판타지 투약 효과가 떨어지기 시작하면서 느끼는 통증이다. 어느 날 문득 자신에게 문제가 있다는 사실을 인식하게 된다. 그러나 무엇이 문제인지를 정확하게 알지 못하기 때문에 혼란은 더욱 가중된다. 혼란은 불안과 우울을 불러오면서 삶의 위기감을 조성하고, 갈등은 자기연민과 죄책감으로 자신을 묶는다.

현실적 삶에 뿌리 내려야만 하는 젊은 시절에는 내적으로 여러 가지 욕망과 충동이 일어나더라도 잘 견디어 나간다. 바꾸어 말하자면 삶에 대한 긴장감으로 인해 내면의 충동을 느낄 여지가 없었다는 말이다. 하지만 현실적 삶이 어느 정도 안정적으로 갖추어지면서 억압되어 있던 욕망들이 꿈틀거리기 시작한다. 이 욕망 중에서 흔히 가장 강하게 인식되는 것 중의 하나가 바로 성적인 문제다. 이것이 중년의 나이에 불나방 같은 사랑을 찾아 나서는 이유이기도 하다.

그런데 융은 이 성적 충동을 단순히 육체적이고 감각적인 것으로만 보지 않는다. 말하자면 중년 갈등의 문제를 정신의 구조적인 문제로 보는 것이다. 중년의 위기는 영혼의 탯줄을 잘라내라는 소명의 목소리라고 본다. 탯줄이란 무엇인가? 탯줄은 엄마와 아기의 혼연일체다. 즉 엄마도 아기도 살아남기 위해서는 적절한 시기에 탯줄을 잘라야 한다. 이것을 심리적으로 해석한다면, 나약한 자아의식은 무의식이라는 정신의 어머니에게 정신의 탯줄로 연결되어 있다는 것이다. 즉 자아가 무의식 상태로 있다는 말이다. 무의식 상태란 바로 집단의식의 상태를 말한다.

지금껏 가족이라는 집단의식 속에서 습관적으로 살아왔다. 습관적이라는 말은 의식하지 않아도 살아지는 삶이다. 심리학적으로 말하자면 무의식적 상태다. 집단의식에는 '나'라는 개인이 존재하지 않는다. 그러므로 중년은 집단의식에서 자신의 존재를 인식할 수 있는 시기가 되었다는 것이다. 물론 이 말을 가족을 떠나라는 말로 오해한다면 곤란하다. 다만 가족이라는 의존적 정신 상태에서 개체로서의 진정한 의미를 찾을 때가 되었다는 것이다. 실망하는 마음은 의존하는 마음에서 온다.

모든 의존적 삶은 서로를 정신적 탯줄에 묶어 놓는 것이다. 정신적 탯줄을 끊는 일은 서로를 살리는 일이다. 생명력을 키우고 힘을 얻어내는 일에는 고통이 필수적으로 따른다. 모든 신화의 주체는 바로 영웅이다. 영웅은 바로 이처럼 험난한 정신적 삶을 극복해 내는 사람이다. 이 영웅의 길은 중년에 이르면 어차피 가야 한다. 다만 그 길을 자발적으로 가는 사람이 있는 반면에 운명에 떠밀려 문 밖으로 내동댕이쳐지는 그 순간까지 나오려고 생각조차 하지 못하는 사람이 있을 뿐이다.

3. 자연 그대로의 인간은 온전한 인격체가 아니다

영혼의 탯줄을 끊어야만 하는 이유를 융은 다음과 같이 설명한다. '자연 그대로의 인간'은 결코 전체인격(Self)이 아니다. 이것은 무슨 의미일까? 어머니 자궁으로부터 갓 태어난 아기는 자연 그대로의 인간이다. 아기는 인간 사회로부터 전혀 영향을 받지 않은 자연 그대로의 정신 상태이기 때문이다. 자연 그대로의 인간은 동물과 다르지 않다. 그러므로 사회에 적합한 인간이 되기 위해서는 많은 훈육과 교육의 과정을 거쳐야 한다. 아기는 유아기, 아동기, 청소년기를 거치면서 '나'라는 자아인격을 확립해 나간다.

자아인격은 형성되고 강화되는 동안 전체인격(Self)과는 분리되어 있다. 말하자면 통합된 인격이 아닌 것이다. 사춘기(puberty)라는 단어도 정신의 원시성을 그 핵심에 담고 있다. 즉 사춘기는 원시적 정신을 가진 자연 그대로의 인간이 사회적 인간으로 변화하는 시기다.

자연 그대로의 인간은 사춘기와 청년기를 거치면서 사회에 적합한 얼굴로 만들어진다. 이처럼 사회를 위해서 만들어진 인격은 라틴어로 페르소나persona다. 페르소나는 연극배우가 쓰는 가면이다. 가면은 진짜 얼굴을 감추는 탈이다. 연극배우가 쓰는

가면이 왜 인격과 동의어가 되었을까? 어차피 인생은 연극이고 인간은 연극을 하는 배우라는 뜻에서 이른 것이라고 한다.

그러니까 인격적 가면은 인간의 진짜 얼굴을 가리는 역할을 한다. 동물적 성질들을 잘 감추게 훈련된 사람을 우리는 인격자라고 부른다. 사회적 동물인 인간에게 페르소나는 아주 요긴한 기능이다. 페르소나를 잘 발달시키지 못하여 동물성을 그대로 드러내면 사회적 인간으로 성장하지 못한다.

직업군인인 장교 아빠와 초등학교 교사인 엄마는 초등학교 2학년 아들을 두었다. 직업적 특성뿐만 아니라 엄격한 가정교육을 받은 아빠는 자녀에게도 그대로 했다. 반면에 엄격한 남편의 교육에 불만을 가진 아내는 아이가 원하는 바를 그대로 들어주었다. 초등학교에 들어간 아이는 제대로 적응하지 못했고, 엄마는 거의 일주일에 한두 번은 학교에 불려가야만 했다.

학교라는 공동체는 아이가 원하는 것을 그대로 실행할 수 있는 곳이 아니다. 아이는 자신의 뜻대로 되지 않으면 소리를 지르거나 바닥에 드러누워 버렸다. 엄마는 아들의 문제가 남편의 잘못된 가정교육에 그 원인이 있다고 보았다. 물론 그런 이유도 있을 것이다. 또한 부모가 완전할 수 없으니 그 교육도 완전할 수는 없을 것이다. 엄마는 아이의 요구가 조금이라도 저지되면 안된다는 입장이었다. 요즘 젊은 엄마들에게서 자주 보게 되는 광경이다.

아이가 먹는 것으로 스트레스를 받지 말아야 한다며 아이가 원하는 것을 다 먹게 하는 엄마를 만난 적이 있다. 덕분에 아이의 몸은 이미 비만의 길로 들어서고 있어 보였다. 지금은 유아기라서 잘 모르지만 외모에 대해 신경 쓸 나이가 되면 자신의 욕구를 다 들어준 엄마를 원망하지는 않을까 하는 생각이 올라오기도 했다.

'지나침은 모자람만 못하다'는 옛말이 있다. 아직은 자연 그대로의 인간인 아이에게는 무엇보다도 자신의 욕구가 다 채워질 수 없다는 것을 인지시킬 필요가 있다. 동물적 인간이 사회적 인간의 길로 가는 길에서 우선 필요한 것이 절제다. 절제할 줄 아는 사람만이 사람으로서 대우를 받는다. 그것은 아주 어릴 때부터 배워야만 한다.

'세 살 버릇 여든까지 간다'는 옛 어른들의 말은 참으로 지혜였다. 이런 말을 하면 젊은 사람들의 반발을 살 것이 분명하지만 삶을 살아보니 얻게 되는 깨달음이다. 세 살 때 배울 수 없는 사람은 후일 엄청난 대가를 치르고서 배우는 경우가 허다하기 때문이다.

앞의 예로 돌아가서, 아들이 초등학교에서 적응이 불가능하자 엄마는 남편의 교육이 잘못되었다고만 생각했지, 자기 자신에게는 어떤 잘못이 있는지 생각이 미치지 못했다. 아이를 마냥 자유롭게 키우는 것에만 초점을 맞추고 정확한 교육지침이 없다면 그것은 잘못된 결과를 가져올 수 있다.

물론 중년 심리학을 논하는 장에서 아동 심리학을 말하고자 하는 것은 아니다. 다만 우리가 알고 있는 사회적 인격이란 자기 내면의 동물성을 숨기는 가면에 지나지 않는다는 것이다. 숨겨진 것은 그 실체가 그대로 있다는 말이다. 숨겨진 것은 상황이 되면 언제든지 밖으로 튀어나올 수 있다는 것을 의미한다.

4. 중년의 특징은 변환이다

인간에게 변환이란 동물적 집단에서 벗어나는 것을 의미한다. 융은 "변환은 바로 가장 낮은 것에서 가장 고귀한 것으로, 동물적이며 고태적인 유아성에서 신비적인 '최고의 인간(homo maxiums)'으로 이어진다."*로 표현하고 있다. 물론 여기서 '최고의 인간'이란 부분인격에서 전체인격으로의 온전한 통합을 의미한다.

즉 중년에 이르기까지 '동물적이며 고태적인 유아성'을 성공적으로 억압해 왔다. 그러나 중년의 위기는 더 이상 그러한 상태로 머물러서는 안 된다는 정신적 신호다. 융의 이론에 의하면 자연 그대로의 인간은 온선히 독자적인 개체가 아니라 '다수의 일부'다. 여기서 다수란 가족이고, 나는 가족의 일부다. 가족의 일

---

* 『꿈에 나타난 개성화 과정의 상징』, p.168.

부일 때 '나'라는 개체는 존재하지 않는다.

　전체적 인격으로 통합되지 못한 인격은 개체로서의 독립성을 확신하기 어렵다. 자기 자신을 확신하지 못하는 개체는 그만큼 불안감이 커진다. 그러므로 가족이나 공동체를 통해서 자기 자신을 확인하고 싶어 한다.[*]

　그러나 중년은 신체적·심리적 여건이 새로운 상황으로 변화하고, 사회적·가정적 여건과 같은 외부 환경이 변화하는 시기다. 변화의 과정은 언제나 갈등을 동반한다. 갈등은 기존의 태도나 마음을 유지하고 싶은 욕구와 변화의 욕구가 서로 상충되면서 혼란이 일어나 내적 조화가 무너지는 것이다.

　외부적 조건에서 안정감을 느낄 때 심리적 불안감은 더 크게 올 수 있다. 외부적 불안정이 계속되는 시기에는 정신적 에너지가 그것을 극복하는 것에 집중되어 있기 때문에 심리적 불안감은 그의 존재를 사로잡을 만큼의 영향력을 갖지 못한다. 그러다가 외적 조건이 충족되면 억눌려 있던 동물적 성질들이 자신의 존재를 드러내기 시작하면서 불안감이 고조되는 것이다. 그것이 바로 중년이 경험하는 심리적 위기의식이다.

　심리적 불안감이란 근원적으로 존재한다. 왜냐하면 앞에서 서술한 것처럼, '나'라는 자아의식은 전체 정신으로부터 분리되어 있기 때문이다. 다시 말하면 자아의식이 성장하는 동안 분리 억

---

[*]　앞의 책, p.105.

압해 놓았던 동물적 성질들도 결국은 하나의 마음, 하나의 정신이다. 다만 자아의식이 성장할 때까지 그것들이 크게 작용을 미치지 않았을 뿐이다.

분리된 마음은 근원적으로 불안하다. 왜냐하면 정신은 본래의 자리로 돌아가고자 하는 욕구가 있기 때문이다. 비교적 자신의 동물적 성질들을 잘 감추고 살아왔던 인격자라면 중년의 위기감 혹은 심리적 불안감이 더 크게 느껴질 수 있다. 정신이 본래 자리로 돌아가고자 하는 욕구를 제대로 알아차리고 대처한다면 분리된 마음은 통합의 길로 들어서게 된다. 통합은 정신이 전체성을 이루는 것이다. 전체성은 본래 모습의 회복이고, 그것이야말로 진정한 건강함이다.

중년의 갈등은 자기 자신을 발견하게 만드는 가장 중요한 심리적 단계다. 가족이라는 집단적인 관계에서 개인적인 관계로 넘어가려는 심리적 전환점인 셈이다. 위기는 위험과 기회를 같이 가지고 있다. 즉 위기를 기회로 바꾸는 것이 바로 지혜다. 그러므로 융은 그 변환이 "결혼이 초래하는 관계를 온전하게 실현하는 것"이 되어야만 한다고 말한다.

왜냐하면 중년에 나타나는 갑작스러운 심리적 갈등은 별거·이혼과 같은 가족 해체를 불러올 가능성이 있기 때문이다. 융은 성숙한 의식을 가진 사람에게 중년의 위기는 심리적으로 발달하는 새로운 단계로 접어들게 만든다고 보았다. 그러기에 결혼관계의 핵심을 변환이라고 말하는 것이다.

변환은 결혼이라는 관계를 통하여 기존의 미성숙한 '나'가 성숙한 '나'로 다시 태어나게 되는 것이다. 심리학적 결혼관계는 심리학적 아이에서 심리학적 성인으로의 변환을 위한 과정이다. 중년의 갈등은 변환하라는 신호다. 변환은 오직 무의식 아래 숨겨진 자연적 인간을 정화시키는 일에서 일어난다.

그러므로 그동안 알지 못했던 또 다른 나의 하찮은 동물적 성질들을 인식하고 수용해야만 한다. 집 천장에서 물이 새고 있는데, 새지 않는다고 부정해 보아야 아무런 소용이 없다. 오직 물이 새는 것을 인식하고 그것을 수용할 때 우리는 그것을 고칠 수 있다.

5. 변환을 거부할 때 신경증이 발생한다

세상에 존재하는 그 어떤 것도 변하지 않는 것은 없다. 인간이 갖는 변화에 대한 두려움은 '나'가 사라지는 것에 대한 공포 때문이다. 그러나 태어남은 죽음을 전제로 하고 있다. 그러므로 인간은 죽지 않을 수 없는 것처럼, 때가 되면 변해야만 한다. 나약한 자아는 변화에 대한 강한 거부감을 갖는다.

변화에 대한 강한 두려움은 어떤 이로 하여금 과거에 매달려 미래로 나가지 못하게 만들고, 어떤 이로 하여금 미래에만 매달림으로써 과거와 단절하게 만든다. 과거에 집착하는 사람도, 과거를 송두리째 잊어버리고자 하는 사람도 모두 좁은 의식 상태로 있다는 것에는 차이가 없다. 왜냐하면 변화에 대한 거부는 더 넓고 더 높은 의식으로 발전하는 것을 거부하는 것이기 때문이다.[*]

의식은 변화를 통해서만 성장한다. 그러므로 과거에 매달려 있는 사람은 과거로부터 헤어져 나와야 한다. 과거로부터의 해방은 왜 자신이 과거에 집착하는지를 알아야만 일어날 수 있다.

자아의 특징이 자기애自己愛지만, 그럼에도 불구하고 조금은 더 유난스럽게 자기애가 강한 한 남성이 과거에 매달려 있는 사례를 보겠다. 초등학교 때는 공부도 곧잘 하고 신체발육도 월등하여 학급의 반장을 도맡아 했다. 그러한 경험들이 그의 자기애를 더 강하게 했을 것이라는 데는 의심의 여지가 없어 보인다.

그의 불행은 부모님이 모두 너무 일찍 세상을 떠나면서 시작되었다. 삶은 자연스럽게 그의 대단한 자기애를 만족시킬 수 없는 방향으로 가고 말았다. 그래서 그런지 그의 삶은 자기애가 손상 받지 않는 것을 최우선으로 한 것으로 보였다.

한 여자를 사랑했지만 그녀에게 당당하게 고백하지 못하고 떠나보내야 했다. 결국은 자신을 열렬하게 사랑해 주는 여자를 만나 결혼을 했지만 서로는 서로를 행복하게 만들지 못했다. 첫 직

---

[*]　『영혼을 찾는 현대인』, p.219.

장을 대기업에 취업했지만 자신의 자긍심을 드러낼 수 없는 회사구조 때문에 퇴사하여 중소기업을 택했다.

자신의 수입에 오버되는 사치스러운 생활로 일관하던 그는 마침내 직장생활을 접고 사업을 시작했지만 실패하고 말았다. 자기애가 강한 그를 만족시켜 줄 수 있는 유일한 길은 학우들의 주목을 받았던 초등학교 시절, 그를 온전하게 사랑해주던 부모의 추억이 있던 고향집이었다. 오래 전에 남의 집이 되었지만, 그에게는 여전히 마음의 성지였다.

그는 종교 신자가 순례를 하듯이 마음이 외롭고 지칠 때마다 고향집을 찾아 그 주변을 돌았다. 그는 언젠가는 돈을 벌어 그 집을 다시 찾겠다는 염원을 확인하면서 돌아가곤 했다. 불행한 작금의 현실을 인정한다는 것은 고고한 자기 자신에 대한 모욕이었는지도 모른다. 그런 그를 지켜주는 것은 오직 과거의 행복한 기억들이다. 그의 마음은 마치 영화 「양철북」에서 어른이기를 거부하는 오스카처럼, 언제나 13살 그 시절에 머물고 있었다.

성장한다는 것은 고난과 고통을 통해서만 가능하다. 산다는 것은 누구에게나 엄청난 고통이다. 그럼에도 불구하고 삶을 영위하고자 안간힘을 쓰는 '나'는 누구일까? 그것에 대한 해답은 오직 삶이 자기 자신에게 부여하는 고통을 피하지 않고, 있는 그대로 인식할 때 찾을 수 있을지도 모른다. 고통을 인식하는 것이 고통을 당하는 자에 대한 진정한 이해이기 때문이다. 이해했을 때만이 사실은 있는 그대로 수용될 수 있다. 수용은 정신적 성숙으로 가는 지름길이다.

현실을 부정한다고 하여 고통이 없어진다면 얼마나 좋을까? 알다시피 부정은 또 다른 문제를 낳을 뿐, 단 하나도 해결해 주지는 않는다. 왜냐하면 현실부정은 스스로를 기만할 뿐이기 때문이다. 그러므로 자기 기만은 진정한 자기 사랑이 될 수 없다. 진정한 자기 사랑은 있는 그대로의 자신을 볼 수 있어야만 가능하다. 정확하게 보아야만 자기 자신에게 무엇이 도움이 되고 무엇이 해가 되는지를 판단하고 실행할 수 있기 때문이다.

아픈 과거는 깨끗하게 잊어버리고 희망찬 미래만 보려는 한 사례를 보자. 여자 연예인 오○○ 씨는 한 TV 프로에서 자신이 경험한 이혼의 극심한 후유증을 이야기한 적이 있다. 그녀는 자신의 성격이 벼랑 끝으로 몰리면 더 단단해지고 질겨지고 씩씩해지지만, 스스로 밖으로 발산하기보다는 내면으로 묻어 두는 편이라고 했다.

이혼이 아이들에게 상처가 되는 것이 가장 두려웠던 그녀는 당당하고 씩씩하게, 엄마뿐만 아니라 아빠의 역할까지 아낌없이 하고 싶었다. 또한 그것은 자신을 위해 모든 것을 희생하신 친정 부모님에 대한 보답이었다. 그녀는 이혼의 아픔을 빨리 극복하고 떨쳐내기 위해서 정신없이 바쁘게 사는 것에 몰두했다.

커피전문점을 차리고 디자인을 하고 자선공연과 뮤직비디오를 만드는 등 너무도 많은 일들을 하던 중, 어느 날 아침에 눈을 뜨니 몸이 전혀 말을 듣지 않았고, 식물인간으로 열흘 정도를 누위 있었다. 그 일을 겪으면서 그녀는 마음이 힘들면 힘들다고 스스로 인정해야 한다는 사실을 깨우치게 되었다고 털어놓았다.

이혼의 아픔을 앞서 경험했던 또 다른 참석자 방송인 노○○ 씨는 이혼으로 인한 분노·치욕·미움의 감정들을 극복하기 얼마나 힘이 드는지 언급했다. 분노와 치욕이 자신에게 느끼는 것이라면 미움은 상대에게 느끼는 것이라고 했다. 그래서일까, 미움을 극복하는 것이 가장 어려웠다고 한다.

노○○ 씨의 이야기는 이혼으로 인해 생기는 고통을 피하지 않고 직접적으로 대면했다는 것을 보여준다. 반면에 오○○ 씨는 다른 것들에 자기 자신을 몰두함으로써 이혼으로 인한 복잡한 마음을 억압하려고 한 것이다.

마음이 아픔에도 불구하고 나는 아프지 않다고 스스로를 애써 부정하려 들면 몸이 그 아픔을 대신 받게 된다. 절벽에서 굴러 다리가 부러졌는데도 불구하고 난 아프지 않다고 생각하면서 걷는다고 하여 부러진 다리가 멀쩡해지는 것은 결코 아니다. 육신의 상처에 반드시 치료가 필요한 것처럼 마음도 다르지 않다. 우리는 보이는 몸과는 달리 마음에 대해서는 놀라울 만큼 무지하다.

고통을 잊기 위해 다른 것에 매달리는 것은 과거와 단절하는 것이다. 문제가 있을 때는 그것을 회피하지 말고 대담하게 마주할 수 있는 용기가 필요하다. 다른 것도 마찬가지겠지만 결별이란 자기 자신의 한 쪽이 잘려져 나가는 고통을 경험하는 일이다.

고통은 심리적이든 경제적이든 의존도에 따라 비례한다. 의존도가 크면 클수록 고통 또한 더 크게 느끼게 된다.

나에게 아픔이 주어졌다는 것은 그 아픔을 통해서 반드시 배워야 할 것이 있다는 의미다. 아픔 속에서 배우지 못한다면 아픔은 그저 고통일 뿐, 그것으로 얻을 수 있는 것은 아무것도 없다. 육체가 심각한 노동을 감수하는 것은 노동을 통해서 보상을 받기 때문이다.

아픔은 마음의 노동이다. 힘겨운 마음의 노동을 하고서도 아무런 보상을 얻어내지 못한다면 그것만큼 어리석은 일도 없다. 고통을 통해서 그 의미를 안다는 것은 고통이 나에게 주는 보상이다. 보상은 그 의미를 아는 만큼 커진다. 아픈 과거를 그대로 묻어버리고 찬란한 미래를 상상하면서 빈자리를 채우려 한다면 그것은 마치 뿌리 없는 나무와 같다. 미래는 과거라는 징검다리가 있기 때문에 올 수 있는 것이다.

신경증은 변환의 시점에서 변환을 거부할 때 발생하는 마음의 질병이다. 변환은 자기 문제를 인식하고 이해하여 수용함으로써 일어난다. 변환은 삶의 자세에 대한 태도의 변화이다. 과거에 집착하거나 과거를 단절하려는 것은 모두 자기 인식에 대한 거부이다. 어느 쪽이든 좁은 통 속에 갇혀 밖으로 나오지 않으려 한다는 점에서 다르지 않다.

6. 중년은 나를 마주할 준비기간이다

자아의식이라고 하는 것은 나의 입장에서 바라보는 주관적 시각이다. 예를 들어 보자. 남의 일들에 대해서는 아주 객관적이고 명석하게 분별을 잘 해 주는 사람이라도, 자기 자신의 문제에서는 터무니없을 정도로 판단이 서툰 모습을 보이게 된다. 이것은 자아의식이 갖는 특성 때문에 일어난다. 자아는 '나'라는 존재를 살리고 지켜내는 중요한 역할을 하는 것이 주된 목적이기 때문이다.

전체 정신에서 보면 자아는 나약하기 때문에 조그만 자극에도 쉽게 상처를 받을 수밖에 없다. 그러므로 힘이 없는 사람이나 약한 동물은 언제나 두려움이 많다. 두려움은 자신이 유지될 수 없다는 것에서 온다. 자신이 없어지는 것에 대한 극단적인 두려움이 생길 때, 자아는 두려움을 잊게 해줄 다른 방법을 모색한다.

그것이 바로 자아가 만들어 내는 희망이라는 판타지다. 판타지 속에서 자아는 두려움을 비켜 갈 수 있다. 그래서 자아는 늘 동화 속에 살고 싶어 하는지도 모른다. 동화가 꿈꾸는 세상은 언제나 아름답다. 동화의 세계는 자아의식의 판타지가 가장 극명하게 발현되는 장이다.

그러나 판타지는 있는 그대로의 세상인 실재를 보여주지 않는다. 있는 그대로의 현실을 두려워하는 나약한 자아의식은 자신의 방식으로 현실을 각색한다. 마치 아이가 자기가 만든 세계 속에 살고 있는 것처럼, 자아 중심적 사고는 전형적인 미성숙이다.

러시아의 국민적 시인이라고 불리는 알렉산데르 푸쉬킨의 「삶이 그대를 속일지라도」는 우리에게도 너무나 익숙하다.

삶이 그대를 속일지라도 슬퍼하거나 노하지 말라
우울한 날을 참고 견디면
믿으라, 기쁨의 날이 오리니
마음은 미래에 사는 것
현재는 슬픈 것
모든 것은 순간적인 것, 지나가는 것이니
그리고 지나가는 것은 훗날 소중하게 되리니

푸시킨은 젊은 시절, 고독한 유배생활을 할 만큼 불우하게 살았다. 희망은 고달픈 삶을 견뎌 낼 수 있는 의지를 만들어 낸다. 자아는 자신이 겪고 있는 고통을 상쇄할 만큼의 대가가 반드시 있을 것이라고 믿어 의심치 않는다. 자아에게 찬란한 미래는 유일한 위로다. 자아의 기대만큼 보상 받지 못할 때 삶이 자신을 속이게 된다.

그러나 푸쉬킨은 그러한 속임의 게임 속에서 헤매지 말고 또 다른 미래라는 희망을 가져야 한다고 말한다. 왜냐하면 속임이란 기대에서 오기 때문이다. 기대하지 않으면 속았다는 원망도 생기지 않는다. 현실이 주는 고통을 피하기 위해서 미래를 상상한다.

누구에게나 고통은 참으로 싫다. 그러나 사람은 오직 고통을 통해서만 자기 자신으로 돌아갈 수 있다는 사실이 우리를 힘들게 한다. 즉 고통은 자기 자신을 알게 하는 명약이다. 모든 명약이 그러하듯이 고통은 쓰다. 하지만 쓴 것은 병을 고치는 것에 아주 좋다. 판타지는 사탕과 같지만 사탕을 많이 먹으면 건강을 해칠 수 있다. 미래에 사는 사람은 언제나 속는다. 미래에 사는 사람은 현재를 잃어버린다.

사업하는 남편을 둔 중년의 여성이 있었다. 남편의 사업이 잘 되는 동안 그녀는 자신의 외모와 아름다운 집을 꾸미는 데만 신경을 쓰고 사느라 세월이 어떻게 흐르는지에 대한 인식도 없이 보냈다고 한다. 그런데 남편이 부도가 나면서 평생 마주하고 싶지 않았던 불편한 현실들이 그녀 앞을 막아섰다. 그때 그녀의 나이는 50세였다. 그녀는 미래에는 더 왕비처럼 살 것이라고 생각했다고 한다. 그러나 황금빛 미래는 사라져 버리고, 자신에게 남아 있는 것은 더 이상 젊음이나 아름다움이 아닌, 세월의 껍데기만 쌓이고 있을 뿐이라며 너무도 억울해했다.

미래에만 사는 사람은 언제나 허무하다. 소설 『토지』에 "우리는 태어나는 것일까? 태어나져버린 것일까?"라는 말이 나온다. 앞 문장은 능동성이고, 뒤의 문장은 수동성이다. 수동적으로 태어났다고 생각하는 사람은 삶 또한 수동적으로 살게 될 확률이 높다. 수동적 삶은 세월에 속는다. 왜냐하면 그는 세월을 능동적으로 이끌어가는 방법을 모르기 때문이다.

능동적으로 태어난 사람은 능동적인 삶을 산다. 그는 세월의 배를 타고 삶을 탐험한다. 자기 삶에 깨어 있는 사람은 세월이 그를 속일 수 없다. 늘 깨어 있어서 자신이 삶과 어떻게 연결되는지를 아는 사람은 삶의 의미를 인공적으로 만들려고 노력하지 않는다. 왜냐하면 그의 눈에는 삶의 순간이 얼마나 많은 의미들을 드러내는지 보이기 때문이다.

중년의 초입에 들어선 한 남자가 이런 말을 했다. "삶이 재미가 없어요. 재미있는 일이 좀 있었으면 좋겠어요." 자신의 삶이 무료하다는 것이다. 물론 그가 의미하는 재미란 사람들과의 어울림일 수도 있고, 특정한 사건들이 주는 재미일 수도 있다.

그러나 그러한 재미들이 일상적으로 일어난다면 그 또한 더 이상 재미가 되지 못한다. 자신이 원하는 세상의 재미를 모두 만끽할 수 있는 능력자임에도 불구하고 스스로 삶을 포기하는 경우도 드물지 않게 본다. 그것은 결국 진정한 재미는 외부에 있는 것이 아니라 내부에 있다는 것을 증명하고 있는 셈이다.

삶의 재미는 삶의 의미가 풍부해질 때 얻어지는 선물이다. 무료함을 관조하는 사람은 무료함을 극복한다. 왜 자신이 무료함을 힘들어 하는지를 관조한다면 그는 그 속에서 자기 마음의 구조를 발견할 수 있을 것이다. 그것은 곧 자기 자신이 누구인지를 아는 일이다. 자기 자신이 누구인지를 알아간다면 그 삶의 어떤 순간도 무료하지 않을 수 있다.

능동적인 삶은 자기 안에 엄청난 세계가 있다는 사실을 발견한다. 자신이 몸을 벗는 그 순간까지도 다 발견할 수 없을 만큼 끝이 없는 마음의 대지를 가지고 있다. 탐험가에게 무료함은 없다. 탐험가는 능동적인 삶을 산다. 자신을 탐험하는 사람은 삶의 고비마다 숨겨진 엄청난 정신적 보물들을 발견하는 재미를 얻는다. 그런 사람은 삶에서 의미를 인위적으로 만들 필요가 없다.

중년은 수동적인 삶에서 능동적인 삶으로 바뀌는 시점이다. 중년에는 삶의 재미가 더 이상 밖의 사물이나 다른 존재에게 있지 않다는 것을 깨달아야 한다. 왜냐하면 중년은 진정한 나 자신과 마주할 준비를 하는 시기이기 때문이다.

7. 중년에는 자신만의 독창적 문화를 만들어라

사람은 인생의 경험을 통해 보다 확대된 의식을 얻는다. 젊은이들에게는 아직 과거가 없다. 과거를 가진 중년이 되어야만 비로소 문화를 창조할 수 있다. 왜냐하면 인생의 경험을 통해서 그 사람만의 고유한 철학이 생겨나기 때문이다. 융은 "문화를 창조하지 못한다면 단순히 생존할 뿐이다."라고 말한다. 단순하게 생존을 위해서 사느냐, 자기만의 독창적인 문화를 창조하느냐의 차이는 엄청나다. 그냥 생존한다는 것은 감각에 길들여져 있는 동물적 삶 속에 갇혀 있는 것이다. 그렇다면 독창적 삶은 어떻게 일어날 수 있을까?

그것은 자기 자신이 누구인지를 알면 저절로 만들어진다. 자기 삶의 의미를 충분하게 느끼고 산다면, 삶은 한 순간도 쓸모없거나 의미없는 것들이 존재하지 않는다. 삶의 모든 순간들은 그가 누구인지를 눈뜨게 하는 아주 소중한 자극들이기 때문이다.

융이 '우리 정신작용의 상당 부분이 반성과 회의 그리고 실험으로 이루어져 있다'고 말하는 이유도 바로 여기에 있다. 그것은 바로 자기 인식이다. 자기 인식은 오직 자기 자신을 의식함으로써 생겨난다. 자기 인식이 없이 무의식적이고 본능적으로 살아간다면 그의 정신은 원시적 상태를 벗어날 기회를 잃는 것이다.

몸과 마음은 하나다. 그러므로 생리적 변화는 정신적 혁명을 수반한다. 사춘기가 되면 육체는 자기 자신을 표현하는 다양한 모습을 갖춘다. 성적 활동이 분출하면서 심리적으로는 드디어 '나'라는 개체성이 강하게 강조된다. 에고가 강하게 형성되면서 부모에게 의존된 존재에서 '나'라는 독립된 존재를 의식적으로 구분하게 되는 것이다.

사춘기의 이유 없는 방황은 결국 생리적 변화와 더불어 정신적 변화에서 오는 것이다. 그러므로 인생의 두 번째 생리적 변화를 맞이하는 중년 역시 정신적 혁명을 수반하는 것은 너무도 자

연스러운 이치다. 중년의 위기에 나타나는 일련의 심리적 과정
들은 심혼이 자기를 조절해 가는 과정(The Self-Regulation of the
Psyche)이라고 말하는 이유도 바로 여기에 있다.*

모든 생물체는 살아남기 위해서 주어진 환경에 순응하여 조화
를 이루는 것이 중요하다. 세포·조직·기관·개체군 등 서로간에
기능적 조절이 일어나고, 세포 내부에 프로그램화되어 있는 요
인들에 의한 유전자를 다시 배열하는 조절(regulation, 調節)이 일
어난다고 한다.

이러한 조절이 과연 정신이라고 다를까? 결코 그렇지 않다. 중
년의 심리에 일어나는 혼란·두려움·불안·죄의식·침울 등 지
금까지 경험하지 못했던 감정적 반응들이 일어난다면 그것은 심
혼이 전체성을 조절해 앞으로 나아가려는 증상들인 것이다. 나
아간다는 것은 중년의 변화를 위기로 받아들이는 것이 아니라
자기 치유 과정으로 만들어야 한다는 것을 말한다.

이것을 알지 못하면 중년의 방황은 일탈이 되어 버린다. 이런
중년의 일탈은 정신적 성장이 아니라 동물적 삶으로 되돌아가는
일이다. 되돌아가는 것은 앞으로 나아가지 못하기 때문이다. 앞
으로 나아가는 사람은 되돌아갈 일이 없다.

중년에 앞으로 나아가야 하는 것은, 융이 말한 바대로, 인생 후
반부의 삶은 인생 전반부의 삶과 달라야 하기 때문이다. 중년의

---

* 『융, 중년을 말하다』, p.311.

삶과 초년의 삶은 그 목적이 다르다. 태도가 바뀐다는 것은 의식이 발전하고 있다는 것이고, 같은 태도를 고수한다는 것은 발전하고자 하는 의식을 막고 있다는 것이다. 우주의 이치는 변화다. 변화를 받아들이지 못하는 생명은 죽을 수밖에 없다.

예를 들어 보자. 미천한 가문에 영광을 세운 한 남자가 있었다. 그 남자는 아버지의 간절한 소망과 기대에 부응하여 우리나라의 가장 좋은 대학을 졸업하고 미국 최고의 대학에서 박사학위를 취득해서 교수가 되었다. 그의 자긍심이 대단해지는 것은 당연했다. 그런데 문제는, 그 자긍심의 태도가 그의 가족에게는 치명적인 고통이 되고 말았다는 점이다.

왜냐하면 그는 가족들에게도 자신의 삶의 방식을 따를 것을 고집했기 때문이다. 내가 할 수 있다고 하여 다른 사람도 당연히 할 수 있을 것이라는 생각은 참으로 어리석다. 그것은 사람은 저마다의 고유성을 가지고 있다는 사실을 부정하는 것이다. 성공한 자신의 태도를 기준으로 보면, 가족들의 태도가 참으로 맘에 들지 않았다. 그러다 보니 그는 가족들에게 잔소리를 시작하면 몇 시간이고 계속했다. 환경적으로 모든 것을 다 갖춘 가족이었지만 그 집에서는 누구도 행복할 수 없었다.

융의 이론으로 보면, 의식은 성정을 지속하려는 성질을 가지고 있다. 하지만 정신은 의식만이 아니라 무의식도 있다. 의식은 성장하더라도 무의식에 대해서 알지 못한다면 무의식은 정체되어 있는 것이다. 무의식을 인식하지 못하면 무의식의 에너지를 쓸 수가 없다. 정신의 발전은 의식과 무의식이 동시적이어야 한다. 즉 의식이 확장되려면 내면의 결심과 힘이 받쳐주어야 한다.

내면의 힘과 결심은 무의식에서 온다. 중년에 이르면 기존에 가지고 있던 내적 에너지는 기존 의식에 의해서 고갈된 상태다. 그러므로 의식 확장을 위해 새로운 에너지가 필요하다. 내적 에너지는 오직 무의식이 무엇인지를 알았을 때 만들어진다. 무의식을 모른 채 의식에너지에만 의존하는 사람은 자기 자신과의 불일치 상태로 있는 것이다.

모든 불만은 자기 자신과의 불일치에서 온다. 무의식을 모른다는 것은 자신의 상황이 어떻게 돌아가는지를 모르는 것이다. 그런 사람은 모든 잘못이 상대에게 있다고 생각하여, 앞의 예에서 본 교수처럼 가족들을 견디지 못할 정도로 매우 볶아친다. 그러므로 자기 자신을 안다는 것은, 알지 못해서 스스로 당해야만 하는 불행을 막는 길이다.

자기 자신의 정체성에 혼란을 느끼고 자기 삶의 모순과 마주하여 더 이상 길이 보이지 않을 때 사람은 '나는 누구인가'를 생각하게 되면서 자기 탐구의 길을 연다. 그 누구도 같을 수 없는 자신만의 독창적 문화를 만드는 일은 결국 자기 탐구의 길에서 온다. 그렇기 때문에 중년의 위기는 자신만의 독창적 문화를 만들 수 있는 절호의 기회다.

제7장 여성의 심리학과 남성의 심리학

1. 정신은 자웅동체다

융의 이론으로 본다면 우리의 정신에는 여성성과 남성성이 함께 존재한다. 이것은 자연의 이치가 음(-)과 양(+)으로 이루어져 있다는 사실에도 부합되는 말이다. 말하자면 여성은 온전하게 여성성만으로 채워지고 남성은 온전히 남성성으로 채워져 있는 것이 아니라는 것이다. 남자는 여성호르몬보다 남성호르몬이 우세했기 때문에 남성으로 태어났고, 여성은 남성호르몬보다 여성호르몬이 우월했기 때문에 여성으로 태어났다. 만일 여성으로 태어났으나 남성호르몬이 더 우세하거나 남성으로 태어났지만 여성호르몬이 더 우세한 사람은 살아가면서 성 정체성의 문제를 느끼게 될 것이다.

남자와 여자는 태어나면서 이미 분별되고, 사회는 남자는 남자답게 여자는 여자답게 성 정체성을 강화시켜 나간다. 그런데 사람이 갱년기가 되면 남성은 남성호르몬이 줄어들고 여성은 여성호르몬이 줄어들기 시작한다. 호르몬의 변화에 따라 약화된 여성성은 남성성의 특성을 드러나게 하고, 약화된 남성성은 여성성의 특성을 드러나게 한다.

여우같은 마누라가 호랑이로 변했다거나, 전혀 집안일에 관심이 없던 남편이 잔소리가 많아지고 좀생이가 되었다는 말들은 중년의 특성을 그대로 전해준다. 남자들은 중년이 되면 의존적으로 변하는 성향을 갖게 되고, 반면에 여자들은 숨겨졌던 독립성이 강하게 나타면서 양성화되어 간다는 것이다.[*]

융 심리학에서는 이러한 현상을 '상반되는 성질들을 화해시키는 쪽으로 진행된다'고 본다. 그렇기 때문에 중년의 변화에 대한 이해는 정신 발전 과정의 이해에 있어서 무엇보다 중요하다. 그 과정을 이해하는 것이 내적 갈등을 이겨낼 수 있는 능력이 되기 때문이다. 어떤 준비도 없이 내적 갈등을 마주하게 되면 그것에 지나치게 매몰되어 버리거나, 아니면 흔히 일어나는 일상적인 것으로 치부해 버릴 수 있다. 그것은 그 과정이 갖는 진정한 의미를 잃게 되는 것이다.

말하자면 중년에 찾아드는 혼란은 정신적 발달 과정의 핵심 단계가 시작되는 것이라고 할 수 있다. 창조적 삶을 여는 시발점인 것이다. 그러므로 생명에너지가 자연스럽게 흐르도록 세심하게 배려하는 것이 옳다. 그러나 우리는 삶의 여러 가지 조건들로 인해서 그 흐름을 억눌러야만 할 수도 있다. 그것은 에너지를 갇히게 만드는 것이다. 흐르지 못하고 갇힌 에너지는 육체적·심리적 장애를 불러온다.

---

[*] 「중년의 심리와 위기 극복」, 한성열, 크리스천투데이

이런 관점에서 보면 중년에 나타나는 심리적·육체적 장애는 중요한 의미를 가지고 있다. 그것들은 기존에 가졌던 태도의 변화나 삶에 대한 새로운 방식을 고민해 보라는 신호이기 때문이다. 즉 타성에 젖은 자기 삶을 반성하고, 자기 자신에 대한 진정한 관조가 필요한 시기라는 것이다. 왜냐하면 기존의 패턴이 이미 그 기운을 다했기 때문이다.[**]

중년은 변환의 시기이면서 동시에 노년으로 가는 다리 위를 달리는 시기이다. 중년의 다리를 잘 건너면 노년의 삶은 깊은 의미로 다가올 것이다. 이 다리에서 의미를 알지 못해 방황한다면 노년의 시간은 무상의 세월 속에 허우적거릴 가능성이 크다. 변환은 삶의 의미를 건져 올리는 낚시꾼의 뛰어난 솜씨를 기르는 일이다. 뛰어난 낚시꾼만이 정신의 만찬을 즐길 수 있다. 삶에 천착된 기술은 연륜에 의해서 심연으로부터 진정한 보물을 발견한다. 그것은 돈으로는 절대로 살 수 없는 인류의 위대한 정신의 결정체이다. 이처럼 아름답고 심오한 보물의 발현은 남자는 자기 내면의 여성성을 발견하고, 여성은 자기 내면의 남성성을 발견하면서 시작된다.

[**] 『영혼을 찾는 현대인』, p.20.

2. 여자와 남자, 어떻게 다를까?

융의 이론으로 보면 '여성의 심리학'은 에로스의 원리에 근거를 두고 있다. 반면에 '남성의 심리학'은 로고스에 근거를 둔다. '에로스(Eros)'는 그리스 신화에서 사랑의 신, 즉 감성을 뜻한다. 로고스(logos)는 분별과 이성理性을 뜻한다. 쉽게 한마디로 말한다면, 흔히 알려진 바와 같이 여성은 감성적이고 남성은 이성적이다. 즉 남자는 사실적인 것에 더 관심을 가지고, 여자는 심리적인 것에 더 집중되어 있다. 에로스와 로고스는 단어 그 자체만으로도 정반대적 성질이라는 것을 알려준다.

이성과 감성이라는 다른 성질은 결혼에 대해서도 동상이몽의 결론에 도달한다. 사실적 측면을 특징적으로 사용하는 남성은 사랑을 결혼제도와 일치시킨다. 제도란 관습이나 규범이나 사회적 구조 등 지켜야만 하는 어떤 법칙들이다. 남자에게 있어서 사랑은 구체적인 현실의 문제와 직결된다.

예를 들어 보자. 한 젊은 주부의 시아버지는 지방에 계셨다. 시아버지는 시어머니와 사별한 후 홀로 생활하신다. 명절마다 시댁을 찾는 일은, 많은 여성들이 경험하고 있듯이 이 가정에도 결코 달가운 날이 되지는 못했다.

아내 입장에서 받아야 하는 스트레스는 만만한 것이 아니었다. 연애시절 남편은 자신의 부모님에 대한 이야기를 거의 하지 않았고, 관심도 없어 보였다. 그랬기에 아내는 결혼 후 지켜야 하는 전통적 관습에 대하여 생각도 하지 않았던 것이다. 그러던 사람이 갑자기 변한 것은 결혼을 하고 난 다음이었다. 사실 변했다고 보는 것은 아내 쪽의 생각이다.

남편은 가족으로서의 의무, 자식된 도리에 대한 생각이 아주 각별하고 단호했다. 남편은 자기 신념을 지켜 나가기 위해 일상생활에서 부인이 원하는 특정 부분을 양보했다. 이러한 남편의 의도를 알아차린 부인은 남편의 태도를 받아들일 수밖에 없었다.

이 사례가 보편적이라고 규정할 수는 없지만, 융이 말하고 있는 남자의 사랑과 결혼에 대한 특성을 엿볼 수 있게 해 주는 것은 사실이다. 사랑을 제도와 일치시키는 남자들은 결혼관계 외로 만나는 여자를 우정으로 생각한다는 것이다. 우정에는 책임이 따르지 않는다. 이러한 생각이 남자로 하여금 아내 외에 여성에게 더 쉽게 접근하도록 만들 수도 있을 것이다.

에로스가 여성에게는 심리적인 것이지만, 남성에게는 성적인 것을 의미한다. 그래서 남자는 성관계를 맺는 여자를 자신의 소유로 여긴다. 가수 이승기의 「누난 내 여지니까」에 남자들이 사랑을 대하는 특성이 그대로 드러난다. 남자들이 흔히 농담형식으로 하는 "잡힌 물고기는 밥을 주지 않는다"는 말 역시 남자들의 사랑에 대한 소유욕을 잘 보여준다.

반면에 여성에게 결혼은 제도가 아니다. 제도보다는 인간적이고 정신적인 관계에 치중되어 있다. 물론 요즘 여성들은 과거와는 많이 다르기는 하지만, 여전히 잘난 남자를 만나 신분을 상승시키고 사회적 지위를 얻으려는 욕구가 있다. 그런 면을 부정할 수는 없지만, 적어도 여성은 제도보다는 마음이 더 중요하다고 여기는 것 또한 사실이다.

여성에게 결혼의 의미는 남자와의 독점적인 관계다. 소유와 관계는 엄연한 차이를 보인다. 소유는 지배를 의미한다. 반면에 관계는, 여기서는 독점이라는 말이 앞에 붙기는 하지만, 서로 관련을 맺는 주체가 분명하게 존재한다는 점에서 소유와는 그 뜻이 전적으로 다르다.

사실적인 것보다 정신적인 면에 더 치중하는 여자는 성적인 관계보다 남편의 마음이 더 중요하다. 그러므로 여자들은 자신이 그 사람의 부인이라는 사실보다 남편이 자신을 어떻게 느끼는가에 더 신경이 쓰인다. 남자에게 부인은 그냥 부인이다. 남자는 그 이상의 어떤 것을 물으면 골치 아파한다.

한 남자는 부인이 거의 날마다 자신을 정말로 사랑하느냐고 확인을 한다고 하였다. 이 말을 매일 들어야만 하는 남자는 부인의 이 질문이 참으로 부담스럽다. 왜냐하면 도무지 그것이 무엇을 의미하는지 분명하지 않기 때문이다. 남자에게는 그 여자를 사랑하고 안 하고는 문제가 되지 않았다. 자신의 아내인 것이 중요하다.

그러다 보니 남자들은 꼬박꼬박 생활비 벌어다주고 이혼하지 않고 사는 그 자체로 자신의 마음이 확인되었는데, 말이 왜 중요한지 모르겠다는 것이다. 반면에 여성들은 남편이라는 법적 사실, 생활보장도 좋지만 몇 십 년을 살아도 도무지 표현을 하지 않는 남편이 불안하다. 나는 그에게 있어 하숙집 아줌마는 아닐까 하는 의구심이 자신의 마음을 떠나지 않는 것이다.

　또 한 사례의 여자는 남편이 결혼 전에 너무도 좋아하는 여자가 있었다는 사실을 알게 되었다. 그녀는 남편의 마음은 다른 여자에게 빼앗기고 자신은 껍데기만 가지고 있다며 자신이 불행한 사람이라고 한탄했다. 남자가 열심히 돈을 벌어서 자신의 아내에게 가져다주는 것은 단순히 여자에게 주는 것이 아니다. 자신의 자식을 낳고 자신의 가정을 꾸리고 사는 사람에게 가져다준다는 것이다. 남자에게 현실적 문제는 마음의 문제보다 더 중요하다.

　여성에게 '결혼은 남자의 마음이 결정적이고 성은 부수적으로 따르는 관계'라고 융은 말한다. 과거에 성욕은 여자에게 아이가 생기는 두려움의 원인이 되었다. 그러므로 결혼은 여자에게 섹스로 인해 생길 수 있는 일들에 대한 안전장치였던 것이다. 그러나 현대에는 피임을 통해 임신에 대한 위험부담이 없어지다 보니 여자들이 관계의 문제, 남자의 마음에 더 중요성을 부여하게 되는 것이다.

　하지만 남자는 마음의 문제를 잘 모른다. 그러므로 남자에게 마음을 묻는다는 것은 괴로운 일이 된다. 여성에게 논리적 분석이 어려운 것처럼, 남성에게 마음이란 참으로 애매한 그 무엇이다. 왜냐하면 남자에게 감성은 무의식으로 있고, 여자에게는 이성이 무의식으로 있기 때문이다.[*]

3. 내면의 연인을 만나다

감성을 특징적으로 사용하는 여성은 '영혼적인 것', '무의식적인 것'에 친숙하다. 그러므로 남성보다 훨씬 더 '심리학적'이다. 남성은 논리적이다. 그러므로 사실적으로 뚜렷하게 드러나지 않는 감정이나 환상들과 같이 막연하고 애매한 것들은 병적으로 보인다. 이것이 남자로 하여금 영혼이나 무의식적인 것들을 골치 아프게 생각하게 만든다.

　여성은 남자가 특정한 사실을 정확하게 인식했는가에 마음을 두는 것이 아니라 그 사실로 인해서 남자에게 어떤 감정이 일어났을까가 중요하다. 감정은 남성에게 하찮고 거치적거리는 것인데도 불구하고 여자는 남자의 감정에 대해 파고든다. 서로에 대한 오해는 바로 이러한 심리적 구조에서 극점에 이른다. 그러므

[*]　『인간과 문화』, p.47.

로 융은 인간관계는 남녀간의 유별난 특성인 두 요소가 함께 융합을 이룰 때 진정한 형성이 일어날 수 있다는 점을 강조한다.

남성성과 여성성의 융합은 어떻게 일어날 수 있을까? 그것의 핵심은 자기 내면의 연인과의 진정한 조우다. 남성은 자기 안의 여성성을 만나야 하고, 여성은 자기 안의 남성성을 만나야만 한다. 남성 안의 여성성이란 심리학적인 시각, 에로스적인 시각, 심혼에 대한 통찰·감성·감정과 같은 것들이다. 여성 안의 남성성이란 사신이 무엇을 원하는지를 알고, 목적을 세우며, 그것에 도달하기 위해서 행동을 취하는 것을 말한다.

다시 말해서 남성은 내면의 여성성인 감성을 꺼낼 수 있어야 하고, 여성은 독립성과 비판능력을 개발하는 것이 중요하다. 단지 여성적인 것과 단지 남성적인 것에 만족한다면 더 이상의 개발은 필요하지 않을 것이다. 그러나 현대는 단순히 남성이어야만 하거나 단순히 여성이어야만 하는 시대가 아니다.

현대 사회는 남성도 여성도 모두 개별적 인간으로서의 역할이 요구된다. 그러한 조건에 필요한 것이 바로 여성 안의 남성성의 개발이고 남성 안의 여성성의 개발이다. 이것은 분리된 정신의 통합이고 치우친 정신을 균형으로 이끄는 방법이다.

남녀가 이성에게 끌리는 것은 자기 내면의 이성적 성질이 그림자로 있기 때문이다. 그림자로 있다는 것은 의식적으로 인식하지 못한다는 의미다. 자기 인식이 없을 때 우리는 자기 내면에서 잃어버린 연인을 밖에서 찾게 된다. 그러므로 남자는 현실의

여자가 자신이 필요한 것을 모두 갖고 있다고 과대평가하게 된
다. 여자 또한 마찬가지다.

이것이 바로 사랑했던 사람에게서 우리가 느껴야만 하는 실망
과 좌절의 원인이다. 사랑은 판타지다. 판타지에는 실재가 없다.
그러므로 우리는 사랑 속에서 대상을 있는 그대로 볼 수 없는 것
이다.

판타지는 결혼이 사회적이고 도덕적인 가치를 가지는 것이라
는 사회적 관념을 굳게 믿도록 만든다. 결혼은 자기 삶의 중심에
상대를 놓고 서로가 서로에게 의존해서 살아간다. 과거에는 이
러한 삶의 방식이 어느 정도 가능했다. 그러나 현대는 과거의 삶
과는 많이 다르다.

무의식적으로 산다면 결혼 생활에서 어느 정도는 편안하게 보
낼 수 있다. 무의식적 삶이란 부산에서 서울까지 가면서 잠을 자
고 가는 것과 같다. 잠을 자다가 도착지에 이른 사람은 서울과
부산으로 가는 길에 무엇이 있었는지 전혀 알지 못한다.

우리는 삶에서 죽음으로 가는 기차 안에 있다. 삶의 여정 동안
잠들어 있다면, 즉 무의식으로 살아간다면, 삶이 자기에게 무슨
의미인지 전혀 알 수가 없다. 의미를 모르고 산다면 그것은 동물
적 삶이지 사람의 삶이 아니다. 깨어 있는 사람만이 자기 삶에서
일어나는 일들이 자기에게 어떤 의미를 주는지를 알아차릴 수
있다.

물론 깨어 있는 사람만이 자신의 잘못된 혹은 적절하지 못한

삶을 바꿀 수 있다. 전체적인 인간이 된다는 것은 무의식적인 본능과 맹목적인 삶에 대한 인식에서 시작된다. 그러한 인식은 자기 삶의 의미와 충만을 갈구하는 마음으로 드러난다.

우리는 무의식적으로 전통적인 결혼관에 입각해 있다. 결혼의 개념은 남자와 여자가 만나 하나의 감정과 하나의 생각으로 서로 사랑하며 힘을 모으는 것이다. 그것에 의해서 삶을 실제적으로 보장받을 수 있다는 확신을 갖는다. 그러나 결혼은 유지하는 자체가 힘들다. 위기와 곤경은 안과 밖에서 끊임없이 일어난다. 누구나 이상적인 결혼을 꿈꾸지만 누구도 그것을 확신할 수 없다.

우리의 정신은 선과 악의 건설과 파괴의 충동이 근원적으로 자리하고 있기에 누구도 자신이 원하는 삶을 살기가 결코 쉽지 않다. 결혼생활에서 많은 문제가 일어나는 것은 너무도 당연하다. 그리고 그것을 정직하게 인식할 때 결혼의 의미가 진정으로 드러난다. 그것은 정신 성장의 핵심이다. 모든 문제는 무의식적이라는 것에 있다. 무의식은 삶이 아니라 죽음이다. 삶은 의식하는 것이다.

의식할 때만이 문제가 해결되고 미성숙함에서 성숙함으로 간다. 무의식 속에서는 현재가 없다. 현재다는 것은 내가 지금 당면한 상황을 인식하고 있다는 의미이다. 결혼의 이상을 믿는 사람들은 결혼에 대한 의심과 비판적 생각들을 무의식적이고 습관적으로 억압한다.

중년은 삶에 대한 고통과 두려움을 통해 인간은 행복하기에는 너무도 불완전한 존재임을 알게 된다. 그리고 그것이 인간으로 하여금 정신과 사랑의 충실함을 염원하도록 만든다. 그러나 그것은 밖에 있는 존재에게서는 찾을 수 없다. 오직 자기 내면의 진정한 연인을 만나야만 가능해진다.

4. 남성의 부분적 여성화, 여성의 부분적 남성화

이성 중심으로 살아온 남성이 중년이 되면 이성에 의해 억압되어 있던 감정이 그 발톱을 드러낸다. 갑작스럽게 변덕쟁이가 된다든지, 터무니없이 예민하게 군다든지, 쉽게 넘어갈 수 있는 일에도 지나친 의심으로 주변사람들에게 피로감을 준다든지, 누군가에게 순간적으로 증오감과 같은 강렬한 감정에 휘둘려 버린다든지 하게 된다. 억눌린 감정이 이성에 대항하는 것이다. 이처럼 중년에는 인격적 변화가 강요된다.[*]

이성을 중심으로 살아왔다면 이성의 반대편에 있는 감정이 희생당하는 것은 너무도 당연한 일이다. 그렇게 희생당한 반대적 측면이 이제 그 보상을 바라게 된다. 중년에 나타나는 인격적 변

---

[*]   『영웅과 어머니 원형』, pp.224~5.

화는 자신이 지금까지 어떤 것들을 선호하고 어떤 것들을 희생시켜 왔는지를 돌아보아야 한다는 화두를 던지고 있다. 그러므로 이제까지 살아온 자신의 태도를 돌아보아야만 한다.

그러나 자아는 자신이 부정되는 일은 곧 자신이 거부되고 없어지는 것이라고 생각한다. 이러한 생각이 자신의 입장이나 태도를 고집스럽게 지켜 가려고 한다. 그것은 희생되었던 감정이 정상적인 궤도를 밟아 의식의 과정으로 편입하는 것을 막는다. 막혀 버린 감정은 부정적인 폭발력으로 이성의 벽을 허물어 버린다. 중년에 성격이 이상한 형태로 변하는 이유가 바로 여기에 있다.

감정은 본능적 에너지이다. 본능적 에너지를 쓰지 않는 마음이라는 땅은 가뭄에 쩍 갈라진 논바닥과 같아서 어떤 생명체도 자랄 수 없다. 자기 마음의 본능적 에너지를 끌어올리지 못한다면 사람은 스스로 자기 자신을 해치고 있는 것이다.

여성 또한 이 법칙 안에 있다는 것은 말할 필요도 없다. 여성들은 이성적 측면보다는 감정적 측면을 우세하게 사용한다. 감정에 유착되어 있으면 이성의 발달은 자연스럽게 저해될 수밖에 없다. 이 또한 중년에 여성이 중요한 인격 변화를 강요받는 이유다. 왜냐하면 정신의 본질은 균형을 맞추는 것에 있기 때문이다.

이성적 발달이 충분하게 일어나지 않은 중년 여성은 이치에 맞지도 않는 주장을 고집하거나, 유용하지도 유익하지도 않은 의견들을 정당화시키려고 아집을 부리게 된다. 의식적 에너지를 방해하는 것은 그의 다른 쌍인 무의식의 에너지이다.

의식과 무의식으로 형성되어 있는 정신의 구조 아래서 쌍방의 전진이 아닌 외방의 전진은 심각한 분리를 가져온다. 두 다리를 가진 사람이 한 다리로만 달릴 수는 없다. 정신 또한 이와 마찬가지다. 정신의 두 다리로 함께 달리는 것은 정신의 조화를 위한 가장 기본적인 조건이다.

그런데 문제는 의식적 에너지에게는 또 다른 정신인 무의식에 대한 정보가 전혀 없다는 점이다. 그런 상황에서 무의식의 갑작스러운 출현은 자아에게 파멸로 연상될 만큼 불쾌한 어떤 징조로 생각되어진다. 자아의식의 이러한 두려움은 무의식이 보내는 메시지의 의미를 파악할 여유가 없다.

그래서 자아의식은 무의식의 내용들이 침입하는 것을 최대한 피하거나, 아니면 대항한다. 의식의 태도가 무의식의 신호에 대항할수록 무의식은 공격적 성향으로 나타난다. 무의식의 요구는 의식적 인격이 억압하여 제대로 형성시키지 못한 것들을 표적으로 삼는다. 예를 들어 사고 중심의 남성에게 약한 곳은 감정적 측면이다. 반면에 감정 중심의 여성에게 약한 곳은 사고적 측면이다.

사고적 측면, 즉 여성 안의 남성성은 결단을 내리고, 실행하고, 용감하게 모험하는 성질로서 기꺼이 자신을 내어줄 수 있는 용기들이다. 남성성의 특성들은 중년의 시기까지 여성 안에 잠재적으로 존재했다. 건강하고 성숙한 여성이라면 중년기에 자기 안에 잠자고 있던 것들을 꺼내야 한다.

    왜냐하면 자아의식의 성장이 어느 지점에 이르면 뿌리로 있던 무의식의 정신은 의식에게 감정과 본능에 따를 것을 요구하기 때문이다. 이때 자아의식이 충분한 이유 없이 거부하면 내면의 남성성은 분화 과정을 밟지 못하고 무의식적 환상 단계에 그대로 머물러 버린다. 남성성이 본래의 긍정적 성질을 드러내지 못하면 말도 안 되는 의견들을 고집스럽게 주장하여 불화를 일으키기도 한다.

    남성의 경우에는 중년에 내면의 여성성인 감정을 분화시킬 것이 요구된다. 이것이 제대로 일어나지 않으면 정신의 균형을 잃고 헤맬 수 있다. 아주 이성적이던 남자가 어느 날 갑자기 감정이 변덕스러워지고, 감상적 기분에 빠진다거나 잔소리가 심해지는 등 성격적 변화를 일으키는 경우가 있다.

    정신 구조에 대한 이해가 없는 한 우리는 이러한 변화들이 왜 찾아오는지 결코 이해하지 못한다. 남성의 내면을 구성하고 있는 여성성과 여성의 내면을 구성하고 있는 남성성은 정신적 에너지의 전진을 위하여 반드시 해결해야만 하는 인간의 과제다.

    이 과제를 도외시하고서는 정신 건강의 길은 요원하다. 이것은 또한 우리가 왜 무의식의 정신에 관심을 가지고 그것에 대해서 명료하게 알아야만 하는지를 알려준다. 사람은 누구나 자기 자신을 알아내야만 하는 무거운 운명의 짐을 가지고 태어난다.[*] 의식이 발전하는 이유도 바로 정신의 근원을 밝히고, 그것에 의

해서 분리되었던 정신을 본래 하나의 정신으로 통합하기 위함
이다.

5. 왜 결혼이 성적 판타지를 접게 하는가?

유명한 걸그룹 출신 이효리 씨가 「효리네 민박」이라는 예능 프
로에서 아이에 대한 이야기를 했다. 물론 자연스럽게 생기면 당
연히 갖겠다고 했다. 그렇게 말하던 이효리가 남편을 쳐다보며
"뭘 해야 생기지"라고 말하자, 남편이 "우리는 과정이 없어"라고
대답해 모두를 웃게 만들었다. 남편의 말에 이어 이효리는 "우리
가 부부처럼 보였지? 우리는 베스트프렌드야. 죽마고우"라며 웃
었다.

　이들뿐만 아니라 이런 풍의 부부 이야기는 결혼한 연예인들이
대중의 관심을 끌기 위해서 농담처럼 진담처럼 많이 한다. 자신
들은 '결혼 후 순결을 지키고 있다'거나 혹은 '부인은 가족이기
때문에 성관계는 근친상간이 된다'는 등의 이야기들이다. 『말할
수록 자유로워지다』라는 책에서는 부부가 친구 혹은 가족으로
되어 가는 이야기를 대담하게 소개하고 있다.

---

*　　앞의 책, p.228.

"아내는 점점 엄마 같아지니까, 영화 「누구에게나 비밀은 없다」에도 나오지만 가족끼리 무슨 섹스야. 근친상간하는 기분이 드는 거야. 그런데 시간이 지나면 지날수록 아내에 대한 성적인 감정이 줄어들게 되고 그렇게 시간이 지나다 보면 남편들은 나가서 해결해야 되는 상황이 닥치거든. 왜? 욕구를 없앨 수는 없으니까. 이 나이에 성욕을 해결하기 위해 농구를 하고 있을 수는 없잖아."

성욕을 농구로 대신 풀 수 없는 남자들은 자유로운 한국 사회를 맘껏 누리려고 나이트클럽에 간다. 그렇게 실컷 놀고 나면 결국은 아내가 제일로 좋아서 집에 가고 싶어진다는 것이다. 왜? 아내는 나의 모든 것을 이해하고 받아주는 엄마니까. "왜냐? 아내는 엄마니까. 이렇게 이해하면 돼. 밤새도록 놀고 사우나 가서 출근하면 찝찝하잖아? 집에 가서 엄마가 빨아주는 옷 입고 출근해야 개운하지." 그러면서 남자는 가정이 지켜지는 것은 아무것도 모르고 기다리는 아내 덕분이 아니라 맘껏 놀아도 집을 찾는 자신의 공헌임을 강조한다.

"아내 한 사람의 노력으로 가정은 절대 지켜질 수기 없어. 새벽 세 시까지 놀더라도 네 시에는 들어가는 그런 노력을 했기 때문에 가정이 지켜지는 거야. … 예를 들어 어떤 남자가 새벽 두 시에 신원미상의 어떤 여자를 만났어. 둘이서 곧바로 눈이 맞아서 섹스를 했어. 세 시 반에 끝났어. 그냥 피곤해서 그 자리에서 자고 싶은 마음도 들잖아. 그렇지만 가정을 지키기 위해서 세 시 반에는 자리를 떠나서 집으로 가야 한다는 거지."

근친상간의 터부를 상상하며, 부부가 형제나 가까운 친구처럼 산다는 것에 공감하는 우리의 심리는 무엇일까? 말 속에 뼈가 있다는 옛말이 있다. 이 농담이 진실 혹은 현실을 담고 있음에는 틀림없어 보인다. 왜냐하면 모든 말과 행동에는 무의식의 정신이 동참하기 때문이다.

성 전문가들은 부부간에 성생활의 중요성을 알고 의무적 실행이 중요하다고 강조한다. 한때 매체들이 이러한 정보들을 비중있게 다루었는데, 이는 부부간의 성생활이 제대로 실행되지 않고 있다는 반증이기도 하다. 사랑을 시작할 때는 서로가 잘 어울린다고 생각했기에 평생 함께하고 싶어서 결혼을 한다. 그러나 영원히 한결같을 것만 같은 사랑이 왜 변하는 것일까? 신비감이 떨어지면서 지루해졌기 때문에 그런 것일까? 물론 매너리즘은 언제나 무엇이든 관심을 잃게 만든다.

그러나 심리학에서는 그 원인을 정신의 구조적 문제에서 찾아낸다. 우리는 과연 사랑하는 사람을 찾았던 것일까? 아니면 아내나 남편을 찾았던 것일까? 그렇지 않으면 설령 자신이 미처 의식하지는 못했지만, 또 다른 어떤 것을 찾았던 것은 아닐까?

6. 마더 콤플렉스와 파더 콤플렉스의 비밀

우리는 동안미인을 좋아한다. 그야말로 나이보다 어린 얼굴의 소유자이다. 간혹 상대방의 나이를 실제보다 더 많게 보았을 때 서로가 불편해지는 경우가 있다. 듣는 사람은 내가 그렇게 나이가 들어 보이냐며 불쾌한 마음이 들 수도 있고, 말한 사람은 괜히 실례를 범한 것 같아서 민망스러운 감정을 느낀다. 그러다 보니 현대인들은 동안미녀 동안미남을 자랑스러워하고 동안이 되려고 외모에 신경을 많이 쓴다.

'참 철이 없다'라는 말은 듣는 이로 하여금 모욕적인 느낌을 준다. 왜냐하면 나이에 맞는 행동을 하지 못하는 어리석은 사람이라는 말이기 때문이다. 그러므로 이때는 '어른스럽다'는 말이 칭찬이 된다. 나이보다 생각이 깊고 진중하다는 것은 총명함과 지혜를 뜻하기 때문이다.

이러한 기준으로 보면 사실 '동안이시네요'라는 말은 부정적 의미가 되어야 한다. 그런데도 우리는 왜 동안을 칭찬으로 듣고 동안이 되고 싶어 하는 것일까? 그 이유는 바로 현대인들의 가치관이 정신적인 것보다 육체적인 것, 보이는 것에 더 치우쳐 있기 때문이다. 만일 육체적인 것에서 정신적인 것으로 그 가치를 옮겨와 본다면 어떤 현상이 일어날까?

심리학에는 영원한 소녀를 뜻하는 푸엘라puella와 영원한 소년을 뜻하는 푸에르 에터누스puer aeternus가 있다. 푸엘라는 사춘기 심리에서 성장이 멈춘 여자를 말한다. 푸에르 에터누스 역시 사춘기의 심리상태에 머물러 있는 남자를 말한다.

푸엘라와 푸에르는 어른의 외모를 가지고 있지만 그의 정신은 어른이 되지 못한 아이다. 아이는 자기 혼자 자신을 지킬 힘이 없기 때문에 혼자 있는 것을 두려워한다. 그러므로 푸엘라와 푸에르는 늘 안전에 대한 갈망과 욕구를 가지고 있다. 이들은 아버지와 어머니한테 지나치게 의존되어 있어서 인내심이 없다. 그렇기 때문에 쉽게 초조해진다.

이처럼 의존적인 푸엘라는 어린 시절 자신의 모든 것을 다 수용해 주는 아버지 같은 남성을 배우자로 원한다. 소위 말하는 '키다리 아저씨' 혹은 '백마탄 왕자' 같은 남자가 나타나 가냘픈 자신을 보호해 주기를 바라는 것이다. 대기업의 후계자가 가난한 여자 주인공을 사랑하는 드라마는 언제나 대성공을 거둔다. 여자 주인공은 여성들 내면에 있는 '영원한 소녀'의 투사이기 때문이다.

어린 시절에 아버지의 사랑을 받지 못하고 자라거나 무능력한 아버지 밑에서 성장한 여성의 경우 내면의 남성성에 대한 좋은 모델을 갖지 못하게 된다. 그것이 아버지에 대한 비현실적인 환상을 품게 만든다. 환상 속의 아버지는 현실적 인간이 아니라 신과 같은 능력을 지닌다. 이런 여성은 결혼을 하면 남편이 아버지

같이 모든 것을 다 해결해 주기를 바란다.

문제는 아버지와 남편을 동일시하는 여성은 성적으로 제대로 반응할 수가 없다는 점이다. 물론 아내는 남편이 자신이 원하는 남편이 된다면 자신도 성적으로 반응할 것이라고 생각한다. 하지만 사실 그녀가 남편을 아버지로 보는 한 제대로 성적 반응을 할 수가 없다.

이것이 바로 우리가 흔히 알고 있는 파더 콤플렉스다. 융심리학으로 보면 파더 혹은 마더 콤플렉스는 자신을 길러준 아버지 혹은 어머니에 대한 '감정적 연상이 축적된 것'이다. 우리의 정신에는 인류가 역사 속에서 아버지 혹은 어머니에 대해 축적했던 긍정적이거나 부정적인 모든 연상을 뜻하는 아버지 상(像, 원형적 이미지), 어머니 상이 있다는 것이다.

파더 혹은 마더 콤플렉스 뒤에 그 상들은 원형으로 있는 것이다. 마더 혹은 파더 콤플렉스로 인해서 에너지가 앞으로 나아가지 못하고 퇴행되어 버리면, 단순히 마더 혹은 파더 콤플렉스에 머물지 않고 이 상들에 의해서 사로잡혀 버린다. 모든 사로잡힘이 위험한 것은 자신의 고유한 존재를 사라지게 만들기 때문이다.

영원한 소년인 푸에르는 자기 내면의 여성성인 아니마가 어머니의 상에 밀착되어 있다. 그러므로 어머니의 생각이 자기 삶을 좌우하는 핵심 지침이 된다. 어머니의 영향에 사로잡혀서 벗어날 수가 없다. 덫에 걸린 짐승이나 사람이 할 수 있는 것은 아무것도 없다.

영원한 소녀와 소년의 특징은 자신에게 어떤 문제가 있는지 전혀 알지 못한다는 것이다. 그들은 자기 연민뿐이다. 자신만을 사랑하는 사람은 자신이 당하는 한 조각의 고통에도 민감하지만 자신으로 인하여 일어나는 상대방의 고통에 대해서는 전혀 알지 못한다. 소년 소녀로 있는 사람들은 투덜거리고 하소연하느라 온통 바쁘다.

이처럼 정신적으로 미성숙한 그들에게 제일 어려운 것은, 이 것이면서 때로는 저것이 될 수도 있는 일들이다. 그들은 이것과 저것이라는 명료한 이분법적 사고 안에서만 이해가 가능한 사람들이기 때문이다.[*]

그들은 실제로 외모가 나이보다 어려 보인다. 동안을 즐기고 젊음을 가치 있게 생각하는 문화의 바탕이 바로 영원한 소녀와 소년의 심리에서 온다. 그러나 젊어 보이는 만큼이나 정서적으로 미성숙하다. 자기의 생각이나 행동에 대해서 알지 못한다는 것은 무의식적이라는 말이다.

의식하지 못하는 삶은 자기의 행동에 대한 책임을 지지 못한다. 그들은 감당도 되지 않는 성적 유혹에 잘 빠진다. 왜냐하면 자신의 본능적 충동을 인식하지 못하기 때문이다. 또한 자신의 감정에 대해서 알지 못하므로 감정의 기복도 심하게 일어난다.

---

[*] 『융, 중년을 말하다』, p.180.

248

두려움과 의존적인 성격은 자신이 해야 할 어떤 것들도 쉽게 결정하거나 행동하지 못한다. 그리고 독립적 삶을 살아갈 수 있는 능력이 없는 그들이다 보니 곤란한 상황에 처하는 것을 극도로 꺼린다. 그럼에도 불구하고 그런 자신을 변화시키려는 어떤 생각도 노력도 하지 못한다. 그는 자신의 찬란한 미래를 설계하지만 정작 그것을 실천할 어떠한 가능성도 스스로 만들어 낼 엄두를 내지 못한다.

모든 생명이 건강하기 위해서는 때에 맞는 성장이 절대적이다. 하지만 영원한 소년소녀는 성장을 거부하고 유년의 집착 속에서 살아간다. 왜냐하면 어른이 된다는 것은 다름 아닌 책임지는 삶이기 때문이다. 삶을 책임지는 것만큼 어려운 일도 없다.

그것은 광야에서 홀로 길을 개척하는 것과 같다. 자신을 실현하고자 하는 강력한 자기 의지가 없다면 그 길은 결코 가지 못한다. 두려움에 떨면서 의존되어 있는 사람이 할 수 있는 일이 얼마나 되겠는가.

서로를 만족시킬 수 있으려면, 아이의 심리적 상태에서 성숙한 성인의 심리적 상태로 성장할 때 가능하다. 그러나 그러지 못하고 '콤플렉스에 사로잡힌 상태에서 부부로 사는 한 명백하게 서로에게 적의를 품게 된다'는 데릴 샤프의 말에 귀를 기울일 필요가 있어 보인다.

7. 홀로서기는 중년의 요구이자 명령이다

유년은 내가 노력하지 않아도 필요한 것들이 구비되어 있는 천국이다. 그 천국 안에서 나는 아무것도 하지 않아도 되고, 또는 내가 하고 싶은 것만 해도 되는 나의 세상이다. 영원히 소녀이거나 소년에 머물러 있는 사람의 특징은 천국에서 세상으로 나오는 것을 거부한다. 세상으로 돌아온다는 것은 유년으로부터의 탈출이고 진정한 홀로서기를 의미한다. 홀로 선다는 것은 경제적인 것뿐만 아니라 심리적인 것이기도 하다. 아이들은 제한과 규정을 싫어한다.

제한과 규정은 심리적 성장을 위해 필수적인 것이다. 그것은 곧 자기 삶에 대한 의무가 주어지는 일이고, 그 의무를 수행하는 일은 성숙한 인간으로서의 기본자세다. 사람은 한계를 겪음으로써 스스로 한계를 인정한다. 삶의 의무에 대한 성실한 열정만이 의무로부터 자유로울 수 있는 지혜를 발견할 수 있다. 그러므로 소년이 어른으로 성숙하는 길은 오직 자기 자신에 대한 정직한 인식이다. 자신의 일상적인 습관이나 행동 패턴을 의식하는 것이 바로 성숙에 한 발 다가서는 길이다.[*]

---

[*] 앞의 책, pp.143~4

중년의 위기는 기존의 삶에 무의식적으로 적응되어 살아가던 자아의식에게 무의식의 정신이 장애를 일으키는 현상이다. 관습이 주어진 대로, 의문을 품어 볼 생각조차 한 적이 없이, 사는 것에만 집착했던 자신에게 '나는 과연 누구인가?' '나는 도대체 무엇을 위해 살아왔는가?' '과연 이대로의 삶이 내게 어떤 의미가 있는가?' 등등의 질문을 던지는 것이 바로 중년이다. 그 질문은 외부의 소리가 아니라 내면의 소리다.

자신은 무엇을 믿고, 무엇을 의지하고 살아왔는지에 대한 회의가 그의 길을 가로막고 서 있다. 뻥 뚫린 가슴으로 찬바람이 거세게 몰아치지만 그것을 어떻게 막아내야 할지 막막하다. 이런 막막함을 어찌해 볼 생각으로 어떤 사람은 여행을 떠나고, 어떤 이는 술에 의존하고, 어떤 이는 새로운 사랑을 찾아 나선다. 그러나 그 어떤 방법이든 그것들은 또 다른 심리적 의존이라는 사실을 알지 못한다. 새롭게 찾아낸 것들은 세월 속에서 닳아 버린 자신의 대상을 잠시 대체할 뿐, 근본적인 해결책이 될 수 없다.

일본의 작가 시오노 나나미가 '평생 청바지만 입는 사람과 평생 양복만을 고집하는 사람이 다르지 않다'고 한 말은 여기에 해당한다. 사실은 전혀 다른 현상으로 보이지만 본질은 전혀 다르지 않다. 중년의 위기는 어느 한 쪽으로만 유지되었던 삶이 방향을 사용되지 못했던 방향으로 전환하는 것이다.

하나를 고집하면 사용되지 않는 정신의 한 면을 희생시키게 된다. 중년의 위기는 희생된 정신적 부분의 공격이다. 예를 들어 사회적 역할에 충실하고, 자신이 만든 가족에 대한 책임을 다하는 사람이 중년에 전혀 예기치 못한 로맨스를 만난다고 할 때 사춘기 소년소녀 시절로 돌아가는 경험을 하게 된다. 그것은 절제된 삶을 위하여 어쩔 수 없이 잃어버려야만 했던 본능적 삶을 끌어올리는 일이다. 왜냐하면 사람은 현실적 법칙과 본능을 함께 살아야만 하기 때문이다.

사람은 고통이 일어나지 않으면 자기 삶의 방식에 대해 회의를 느끼지 못한다. 중년에 일어나는 갈등과 고통을 힘들지만 직시할 수 있어야 한다. 중년의 고통은 무의식적 삶에서 일어나는 최초의 자각이다. 그 자각이 말하고 있는 것은 미성숙에서 성숙으로의 요구이고, 의존적 삶에서 홀로서기를 하라는 명령이다. 이 명령에 충실한 사람은 개성화라는 고유한 세계로 들어서게 된다. 그것이 진정한 창조의 세계다.

삶을 창조적으로 살 수 있을 때 사람은 감성적 면을 유지하면서도 의식적 질서를 잘 잡을 수 있다. 그는 상황에 따라 소녀소년으로 행동해야 할지 어른으로서 행동해야 할지를 잘 판단한다. 물론 이러한 판단이 자유자재로 가능하려면 자신에 대한 정직한 인식 훈련이 깊어진 경지까지 가야 한다. 심리적 홀로서기를 잘못 이해하면 마치 이혼하고 혼자 살아야만 하느냐고 물을 수 있다. 심리적 홀로서기는 흔히 말하는 철든 사람이다. 철든 사람은 자기만의 이기적인 인식에서 벗어난 사람이다. 그러므로 홀로서기는 진정한 조화다.

8. 마더 콤플렉스, 파더 콤플렉스는 왜 문제가 되는가?

중년의 심리를 소설로 풀어낸 데릴 샤프의 『융, 중년을 말하다』
에서 설명되고 있는 마더 콤플렉스와 파더 콤플렉스를 통해 심
리적 구조를 한번 살펴보자. 이들 콤플렉스에 사로잡힌 사람은
가족과 어떻게 살아야 하는지를 잘 알지 못한다. 어머니와 아버
지의 영향을 많이 받는 사람은 자신의 고유한 생각이 없기 때문
이다. 생각이 없는 사람, 즉 철들지 않는 사람의 특징은 자기중
심적이라는 점이다. 오직 자신밖에 모르는 사람이므로 가족에
대한 생각 역시 자신의 이익 안에서 이루어진다.

　마더 콤플렉스를 가진 남성에게 아내는 어머니를 대신하는 사
람, 자신의 성 욕구를 해결해 주는 사람, 허전할 때 자기에게 위
안을 주는 사람일 뿐이다. 오로지 자신을 위한 사람으로만 여기
는 그에게 아내의 존재는 없다. 파더 콤플렉스를 가진 여성이 생
각하는 남편 역시 자신을 위해서 존재하는 사람이어야만 한다.

　마더 콤플렉스에 사로잡힌 사람은 자신이 바람을 피우고 있음
에도 불구하고, 그에 대한 죄책감이 없다. 왜냐하면 자신이 가정
으로 다시 돌아가기 때문이다. 그에게는 바람을 피우는 사실보
다 자신이 집으로 다시 돌아간다는 사실이 더 중요하다. 집으로
돌아가는 일을 자신이 가정을 얼마나 소중하게 여기는지를 증명

하는 것으로 생각한다.

그래서 그에게는 바람과 가정은 별개의 문제가 된다. 왜냐하면 자신의 마음에는 가족 없이 살 수 없기에 가족을 버리지 않는 일이, 가족에게 헌신적이라고 판단하기 때문이다. 그러나 그것은 진짜 자기 마음이 아니라 학습되고 만들어진 사회적 얼굴이라는 사실을 알지 못한다.

마더 콤플렉스의 특징은 이처럼 꾸며진 얼굴인 페르소나를 참다운 자신이라고 착각한다는 점이다. 그래서 그들은 가족을 사랑하고 격조 있는 사회인이라는 훌륭한 연기를 할 수 있다. 마더 콤플렉스의 남자는 아내와 언제나 한 팀이다. 그래서 그는 자신의 아내를 자랑할 뿐 아내에 대한 비난은 하지 않는다. 왜냐하면 비난은 아내에 대한 신의를 저버리는 일이기 때문이다. 그 남자가 말하는 아내의 모습과 실제 아내의 모습은 다를 수밖에 없다.

앞에서 마더 콤플렉스의 사람이 자신의 페르소나와 자신을 동일시한다고 했다. 페르소나는 자기 자신의 본모습이 아니다. 본모습과 멀어질수록 그의 삶은 진실될 수 없고, 진실되지 못한 삶에서는 어느 누구도 만족을 느끼지 못한다. 왜냐하면 자연의 이치는 음과 양이라는 양면을 가지기 때문이다. 우리의 정신도 역시 의식과 무의식이라는 양 측면으로 구성된다.

의식적 정신이 아내와 동일시를 단단하게 할수록 무의식은 아내와 심리적 거리를 두고 싶어 한다. 그래서 마더 콤플렉스는 가정에 헌신적인 남자 이미지와 난봉꾼인 돈주앙의 이미지를 동시에 갖는다고 말하는 것이다. 마더 콤플렉스가 진정으로 필요로 하는 것은 아내가 아니라 자신을 보호해 줄 어머니다. 그런 남자는 아내와 섹스를 하면 근친상간의 느낌을 받는다.

마더 콤플렉스를 가진 사람은 가정을 중시하기 때문에 아주 '가정적인 사람'이다. 가정적이라는 말은 남자나 여자가 자신의 배우자에게 에너지가 묶여 있다는 것이다. 배우자에게 에너지가 묶여 있을수록 그는 상대로부터 벗어나고 싶어진다. 그래서 그들은 다른 여자나 남자를 찾는다.

물론 다른 이성을 만나도 결코 사랑에 빠지는 일은 없다. 그저 자신의 욕정을 채울 뿐이다. 마더 혹은 파더 콤플렉스에 묶여 있다는 것은 자기 마음의 중심이 마더나 파더라는 이야기다. 즉 자기 마음의 중심에 자기가 없는 것이다. 자신을 담을 수 있는 그릇이 없는 사람은 자신의 모든 것을 가정에 투사한다.

한 남자가 상냥한 부인과 아들, 딸을 둔 가정을 꾸리고 있었다. 그는 일이 끝나기가 무섭게 집으로 귀가한다. 밖에서 일을 할 때도 틈만 나면 아내에게 전화를 한다. 어떤 때는 아내가 동네 부인들과 모처럼 식사를 하더라도 남편이 온다면 커피타임도 갖지 못하고 집으로 향한다. 자신의 시간을 가질 틈이 없는 아내는 남편이 가정적이라는 이유로 모든 것을 감내힌다고 말힌다.

어느 날 아내는 무심결에 중학생 딸에게 엄마랑 둘이서 여행을 떠나보면 어떻겠냐고 말했다. 그 이야기를 듣고 있던 남편은 '나는 어떻게 하고?' 화들짝 놀랐다. 단 한 번도 가족과 떨어져

지낸 일이 없었던 남편의 반응은 당연했을 것이라고 말하며 아내는 웃었다. 자기 없이 가족들이 살아갈 수 있다는 사실을 상상하는 것만으로도 충격이었을 것이다.

어머니를 비교적 일찍 여읜 남편은 아내를 만나 사랑에 빠졌고 결혼을 했다. 그에게 아내는 그리운 어머니의 빈자리를 채워주는 존재였을 수도 있다. 그의 내면에는 자라지 않는 영원한 어머니의 아들이 있었을지도 모르기 때문이다.

마더 콤플렉스를 가진 사람은 내면에 아이가 살고 있다. 가족 구성원으로부터 분리된다는 것은 '내면에 있는 아이'에게는 하늘과 땅이 갈라지는 자기 파괴의 느낌이다. 나약한 정신으로는 결코 감당할 수 없을 것이다. 마더 큼플렉스를 극복하려면 그 엄청난 충격을 감내할 수 있어야 한다. 왜냐하면 그때 비로소 심리적 독립이 가능해지기 때문이다.

마더 콤플렉스에 사로잡힌 사람이 이혼을 하고 아내의 빈자리를 채우기 위해서 다른 여자를 찾는다면 똑 같은 삶을 되풀이할 뿐, 정신적 발전은 일어나지 않는다. 정신적 발전은 내면의 아이를 발견하고 친해질 수 있는 시간을 필요로 하기 때문이다. 자신의 내면과 만나고 그것과 대면할 수 있는 활동을 통한 적극적 명상이 필요하다. 자신이 버림받았다고 생각할 때 외로움을 느낀다.

모든 영웅 신화의 주인공들은 태어나자마자 버려진다. 버림은 고통을 통해 높은 의식을 성취하기 위한 필수조건이다. 그러므로 정신적 독립을 위해서는 정신의 근원적인 어머니와 아버지, 가족과 사회로부터 떨어져 나와야 한다. 집단정신으로부터 독자적인 정신을 쟁취해야만 자기 고유의 감정을 이해할 수 있고, 감정에 대한 이해는 고유한 사고로 이어진다.

감정과 사고에 대한 정확한 인식이 고유한 자기 행동을 가능하게 한다. 자신이 처한 환경과의 갈등은 높은 의식을 성취하는 과정을 위한 것이다. 이 과정을 제대로 발달시키지 못하면 그 사람의 의식은 퇴행한다.

과거를 그리워하고 과거에서 자신의 존재 이유를 찾거나, 그렇지 않으면 지나치게 미래를 낙관적으로 생각하여 미래에 일어날 자신의 가능성에 열광하게 된다. 중년에 느끼는 심리적 위기는 그리운 과거와 열광하는 미래가 충돌할 때 일어난다. 이 충돌이 외로움으로 나타나는 것이다.

9. 왜 심리적 독립이 중요한가?

우리나라 영화계의 한 시대를 석권했던 영화배우 신성일 씨의 대담한 연애관은 널리 알려져 있다. 그는 거의 적대적 비난을 예상했을 텐데도 자신의 감정을 숨기지 않았고 오히려 당당했다. 그것은 영화계에서 독보적 존재였던 자신감의 발로였을지도 모른다.

폐암3기 판정을 받은 그의 인터뷰 제목 역시 평범함을 거부한다. "내겐 호적상 부인보다 애인이 더 소중해." 그는 57세부터 부인에게 일상생활의 문제를 의존하지 않고 독립해서 살고 있는 것에 대한 자부심이 대단했던 것으로 전해진다. 그에게는 늘 애인이 있었고, 애인으로부터 삶의 활력을 얻는다고 했다. 그는 사랑을 찾아 떠도는 보헤미안의 전형이었다. 이것은 그 자신은 부인으로부터 독립하였다고 말하지만 여자로부터 독립한 것은 아니었음을 말해준다. 즉 여자에게 여전히 심리적으로 의존하고 있다는 말이다.

심리적 홀로서기는 의식의 성장을 위한 필수조건이다. 아이가 성장하여 부모로부터 독립하는 것은 스스로 자기 삶을 책임지기 위함이다. 책임은 더 이상 의존이 아니다. 앞에서 말했듯이, 영웅은 태어나자마자 부모로부터 버림을 당한다. 그것은 성장을 위하여 갖추어야만 하는 기본적 조건을 상징한다. 왜냐하면 의식 자체가 성장을 지향하는 성질을 갖고 있기 때문이다.

여행을 예로 들어 보자. 혼자 여행할 때와 친구와 같이 여행할 때는 많은 차이가 있다. 혼자 여행할 때는 그 누구에게도 신경을 쓸 필요가 없다. 그러므로 여행지로부터 느끼는 자기감정에 온전하게 집중할 수 있다. 동행자가 있으면 그 사람에게 신경을 써야 한다. 그러므로 혼자일 때보다는 많은 부분들을 놓치게 된다.

패키지여행이 그것을 증명해 준다. 여러 나라를 짧은 시간 안에 두루 다니다 보니 자신이 찍은 사진을 보고서도 그곳이 어느 나라였는지조차 분별이 되지 않는다고 말한다. 삶의 경우에도 혼자라는 외로움을 느낄 때 '나'는 누구인가라는 질문을 하게 된다. 즉 자기 자신으로 돌아가려는 시도를 하는 것이다. 자기 자신으로 돌아갔을 때 비로소 자신에 대해서 조금씩 알아가게 된다.

그러므로 진정한 심리적 독립을 위해서는 내면에 근원으로 있는 어머니 상, 아버지 상이 현실적으로 투사된 가족과 사회에 자신이 어떻게 의존되어 있는지를 인식할 수 있어야 한다. 의존되어 있는 것으로부터 떨어져 나오는 일은 결코 간단하지 않다. 그 과정이 순조롭게 일어나지 않을 때 의존되었던 지난날을 그리워하면서 자기 연민에 빠지거나 새로운 행복을 찾을 수 있다면서 자기기만 속으로 들어가기 쉽다.

하지만 과거에 매달리는 것도, 미래의 판타지에 열광하는 것도, 있는 그대로의 자기 모습을 회피하는 일이다. 물론 사람이 자기 자신의 참모습을 직시한다는 것은 여간 어려운 일이 아니다. 그러다 보니 많은 사람들이 우울증이나 자기 비하에 쉽게 빠져 버린다.

왜 우리는 심리적 독립이 중요할까? 이미 설명한 바와 같이, 마더 혹은 파더 콤플렉스에 묶어 있으면 자신의 문제를 직면하지 않고 끊임없이 피하기 때문이다. 문제를 피하면 문제의 해결은 일어날 수가 없다. 영웅은 무수한 역경과 고난을 뚫고 지나가야만 자신의 목적지에 도달한다. 그리고 그 고난은 다름 아닌 자기 앞에 주어진 현실이다.

현실은 그야말로 문제로 점철되어 있다. 그 문제들을 외면하고서는 그 어디에도 나의 삶은 없다. 자기 자신의 고유한 삶이란 오직 스스로 결정하고, 그 결정에 따르는 모든 것을 스스로 책임져야 하는 것을 말한다. 그것이 바로 성숙된 자의 삶인 것이다.

의존적인 사람은 자기 삶에 책임을 지지 않으려 한다. 그러므로 그들은 삶의 가장 중요한 순간을 결정하는 경우에도 늘 다른 사람의 핑계를 대거나 우유부단하다. 자신의 결정에 책임지지 않으려는 마음이 크기 때문이다. 이것이 바로 심리적 독립이 중요한 이유다.

10. 자기 내면에 있는 분석가를 만나라

콤플렉스와 맞서는 일, 혹은 극복하는 일은 결코 쉽지 않다. 왜냐하면 콤플렉스란 엄청난 영향력을 가지고 있기 때문이다. 마더 콤플렉스에 걸린 사람은 아내나 어머니가 무섭기 때문에 그들의 지배를 받게 될 수밖에 없다.

무섭다는 것은 그가 그녀들에게 완전히 의존하고 있다는 의미다. 그녀들이 자신에게서 떠나갈까 두려워 그녀들에게 거슬리는 일은 절대로 하지 못한다. 대신 그녀들의 비난을 있는 그대로 받아들인다. 그녀들이 그를 무능하다고 하면, 혹은 짐승 같다고 비난한다면 그는 실제로 자신이 무능하다거나 짐승 같다고 생각한다. 융은 이것을 페르소나의 퇴행적 회복(regressive restoration of the persona)이라고 말한다.

이 경우 실패를 했을 때 완전히 낙담하거나 기가 죽어 다시는 새로운 일에 도전하기가 어렵다. 실패로 인한 심리적, 현실적 상처를 치유할 기회를 얻지 못하게 되는 것이다. 누구나 실패를 한다. 하지만 실패의 낙담을 극복하는 사람은 본래의 모험심을 그대로 유지하면서 실패 경험에서 얻어진 조심성을 가지고 새로운 도전의 길로 나갈 수 있다.

우리가 몸에 익숙한 것을 쉽게 바꿀 수 없는 이유도 새로운 길을 개척하는 것은 언제나 힘들기 때문이다. 부모로부터의 사랑을 극복할 수 있을 때부터 독립적인 삶을 영위할 수 있고, 가족으로부터의 심리적 의존을 인식할 때 비로소 진정한 홀로서기가 가능해진다. 콤플렉스 극복의 과정은 자기 자신의 그림자와 만나야 하고, 남편이나 아내가 자신과 일심동체가 아니라는 사실을 인식해야 한다.

그것은 자신이 지금껏 가지고 있는 아내와 남편에 대한 전면적 부정이다. 그것은 또한 자기 자신과의 싸움이다. 비록 현실적 이별은 아니더라도 심리적 이별을 경험해야 하기 때문이다. 정신적 분리든 물리적 분리든 샴쌍둥이처럼 붙어 있는 것이 분리되고 독립되기 위해서는 맨살이 찢겨나가는 아픔의 과정을 겪어야만 한다. 심리적 어머니 아버지와의 결별만이 진정한 남성성과 여성성을 끌어낼 것이다. 바꾸어 말하면, 아내를 어머니로 보지 않고, 남편을 아버지로 보지 않고 상대를 독립된 존재 자체로 받아들이는 것을 말한다.

상대를 향해서 겨누던 총구는 결국 자기 자신을 향해서 겨누어진다. 그것은 자아의 죽음이고 새로운 자아의 탄생이다. 부활은 죽음을 전제로 한다. 자아의 죽음은 심리학적으로 자신이 알고 있는 모든 것을 부정함으로써 가능하다. 그것은 온몸으로 스며드는 외로움이라는 시련을 견디어 내는 일이다. 새로운 자아로의 재탄생은 자기 내면에 있는 분석가를 만나 자기 자신을 절대적 객관성으로 인식함으로써 가능해진다. 무슨 말인가 하면, 우리의 정신에는 자아의 상대적 의식이 아닌 절대적 의식이 있다. 절대적 의식으로 자기 자신을 인식하면 자신의 인격은 새로 태어날 수 있다는 것이다.

새로운 인격 탄생을 원한다면 가장 먼저 혼자 있는 법을 배워야 한다. 혼자 있을 수 있는 장소에서 자기 자신과의 만남을 시도해 보는 것이 좋다. 물론 이 과정은 성향에 따라 매우 다르게 진행될 수 있다. 만일 자신이 내향적 성향이라면 자기 자신과 친밀하기 때문에 혼자 잘 지낸다. 내향적이라고 하더라도 외향적 그림자를 가지고 있다면 외로움을 많이 탄다. 반면에 외부세계와 활발하게 연결되어 있는 외향적인 사람은 혼자 있는 것을 견디지 못한다.

또한 마더 혹은 파더 콤플렉스의 가장 큰 특징은 자기 연민이다. 그러므로 콤플렉스에서 벗어나기 위해서는 먼저 자기 연민에서 벗어나야 한다. 상대에게 향했던 시선을 자기 자신의 내면으로 돌려야 한다. 자신의 느낌이 무엇인지에 집중하고, 그것이 자신의 생각이나 행동과 구체적으로 어떻게 연결되고 있는지를 보아야 한다.

자신이 가지고 있는 내면의 다른 부분들을 소화하면 그것들은 전체로 통합된다. 이런 과정들을 통해서 콤플렉스는 점점 약해져 가고, 상대에 대한 집착과 불안, 불만의 태도에도 변화가 일어난다.

마더, 파더 콤플렉스에서 벗어난다는 것은 상대에게서 자신이 필요한 모든 것을 얻을 수 없다는 것을 알아차리는 것이다. 남편은 아내가 엄마가 아니고, 아내는 남편이 가정에서 일어나는 모든 일을 책임져 줄 수 없다는 것을 깨닫는 것이다. 이 말은 즉 아내나 남편이 자신과 일심동체가 아닌 개별적 존재라는 것을 인식하게 된다는 것이다. 마더 콤플렉스의 남자가 파더 콤플렉스의 여자를 만나는 경우가 많다고 한다. 서로가 가지고 있는 상대에 대한 기대는 결국 서로를 깊은 실망에 이르게 할 수밖에 없다.

물론 콤플렉스에서 벗어나는 일은 전문가의 도움이 필요하고 단번에 이루어지는 것은 결코 아니다. 그러나 고통이 깊으면 치유에 대한 생각도 더 간절해진다. 모든 치유는 극복하고 싶은 간절한 열망에 의해서 이루어진다.

11. 홀로서기는 자기 자신과의 소통이자 사랑이다

'홀로서기'는 융심리학에서 '개성화 과정'이다. 개성화는 오직 다른 사람과의 관계 속에서만 이루어질 수 있다. 왜냐하면 자아는 관계 속에서 확연하게 드러나기 때문이다. 모든 성장은 자신을 보호했던 껍질을 벗어던짐으로써 일어난다. 그것은 사랑에 있어서도 마찬가지다. 물론 피부로 있던 것이 허물이 되고, 그 허물을 벗는 일은 엄청난 희생을 치러야 한다.

많은 재산을 가진 어머니가 자식에게 아무것도 할 필요가 없다고 끊임없이 세뇌를 시켰다. '네가 세상에 나가서 굳이 힘들게 돈을 벌고 살지 않아도 된다. 너는 엄마가 물려주는 돈을 지키기만 해도 죽을 때까지 행복할 수 있다'고 어머니는 아들에게 주문을 외웠다. 그 덕분에 아들은 영원한 아이가 되어 어머니의 결정 없이 혼자서 할 수 있는 일은 아무것도 없었다.

어머니에게 영혼을 저당 잡힌 남자가 부인과 정상적인 결혼 생활을 영위한다는 것은 불가능하다. 아내의 저항은 아내의 문제일 뿐 자신과 자신의 어머니에게는 아무런 문제가 없다. 그는 자신을 조금도 변화시키지 않으려는 영원한 아이였다. 자기 자신이 만든 틀 속에 공고하게 갇혀 어떤 새로운 세계도 받아들이지 못했다. 그의 어머니는 그에게 진리이자 생명이었기 때문이다. 그는 자기 어머니만큼 자식을 사랑하는 사람은 없다고 생각한다.

그러나 그 어머니는 자식보다 돈이 우선이었다. 그녀는 이 세상을 떠나기 전까지는 자식에게 돈을 물려줄 마음이 없었다. 자신이 죽으면 당연하게 자식에게 돈이 상속될 것이라고 말하지만 정작 자신이 죽는다는 것은 상상도 한 적이 없다. 비록 죽음을 생각한다고 하더라도 그것은 아득한 세월만큼이나 훗날의 사건이라고 생각할지도 모른다.

아들은 어머니에 대한 의존이 깊을수록 독립할 수 없는 자신의 나약함에 대한 저주도 깊어갔다. 자신의 문제가 무엇인지를 정확하게 인식할 수 없었기에 자신이 당면한 문제를 어떻게 풀어야 하는지를 모른다. 그는 어머니가 주신 많은 돈을 소유할 수는 있겠지만 그 속에 자기 자신의 삶은 없었다. 그런 그의 마음은 늘 불행했고, 마음의 불행은 건강을 해쳐만 갔다.

보물섬을 발견한다고 해도 자기 자신을 발견할 수 없다면 보물은 그에게 독이 될 뿐이다. 이처럼 자기 자신을 안다는 것은 사실 그 무엇보다도 중요하다. 자신의 감정과 생각을 안다는 것은 자기 자신과의 소통이다. 자신과의 소통이 불가능한 사람은 자신이 진심으로 원하는 것이 무엇인지 모른다.

자신과의 소통은 자기 자신을 객관적으로 볼 수 있을 때 가능하다. 그것은 의존적 심리에서 독립적 정신으로 성장하는 것이다. 자기 자신과의 소통이 원활한 사람은 타인과의 소통 역시 원활하게 한다. 자기 자신의 고유한 인격체를 발견하는 사람은 상대 인격의 고유성을 인정한다. 상대에 대한 실망은 기대에서 온다. 기대는 자신과 마음이 같을 것이라는 착각에서 일어난다.

자기 자신과 소통하는 사람은 자기에게 몰입할 뿐 상대에게 몰입하지 않는다. 상대에게 몰입한다는 것은 자기 고유성의 완전한 죽음이다. 자기 고유성을 지켜 낼 수 없는 사람은 상대와의 불화도 견뎌 낼 능력이 없어진다. 그런 사람의 특징은 자기 자신의 진실한 감정을 속임으로써 스스로 문제가 없다며 기만하는 것이다. 그것은 삶을 허구로 만드는 일이다.

그러나 더 이상 자신을 기만할 수 없는 일이 발생했을 때 상대에게 몰입한 만큼 실망과 분노도 커진다. 이것은 서로 자신들의 진실한 감정을 속임으로써 자신들에게는 아무런 문제가 없다며 스스로 위로한 결과로 일어난다. 건강한 결혼생활은 상대에게 투사하고 있는 자신의 판타지를 거두고 현실적 존재로서 볼 수 있을 때 가능하다.

문제는 판타지가 아닌 현실적 존재로서 상대의 모습을 있는 그대로 인정하고 수용할 수 있느냐이다. 남자나 여자가 사람을 만나고 상대에게 끌리고 사랑하게 되었다는 것 자체가 바로 심리적 사건이다. 그것은 내면의 여성성과 남성성이 상대에게 투사되고 있는 것이다.

그러므로 모든 문제의 핵심은 자기 정체성을 분명하게 형성시키는 일이다. 이를 위해서는 우선적으로 자기 자신을 있는 그대로 인정하고 받아들여야 한다. 그것은 혼자 있음으로써 자기 내면과 친해질 시간이 필요하다. 우리가 내면과 친해질 수 없는 이유는 무엇일까? 그것은 바로 자기 내면에 있는 것들이 자기가 원하는 것들이 아니기 때문이다. 그렇기 때문에 그것들은 의식의 빛으로 나오지 못하고 의식의 그림자로 있었던 것이다.

그런데 우리는 그림자와 화해해야만 되는 이유가 있다. 그림자는 잠시 억압에 의해서 눌려 있다고는 하지만 결코 없어지지는 않는다. 왜냐하면 그것들은 정신의 근원이기 때문이다. 그것들을 없애려고 하는 것은 머리가 아프다고 머리를 자르는 어리석음이다. 그렇다고 그림자를 그대로 실행하게 해서도 안 된다고 융은 말한다.

그것은 오직 의식이 그림자에 대해 인식하고 이해하여 수용함으로써 벗어날 수 있다. 그러므로 그림자에 대한 이해는 필수적이다. 왜 그러한 것들이 자기 안에 있고, 왜 자신은 그러한 힘으로부터 자유로울 수 없는지를 알아야만 한다. 그것을 알지 못하여 일어나는 것이 바로 신경증이다.

신경증은 그림자에 대한 이해가 일어나지 않는 자아의식의 관념에서 비롯된다. 자아의 관념으로 보면 그림자는 자신을 무너뜨리는 무서운 적과 같다. 그러므로 그것을 자신의 내적 성질들로 인정하기가 어렵고, 그렇게 때문에 그것은 의식의 반대편에 서서 의식과 전쟁을 벌인다. 그것이 바로 신경증으로 발병하는 것이다.*

그림자는 원시적 성질로 인하여 의식적 인간에게 적응이 일어나지 않는 것, 그래서 의식에게 불쾌감을 주는 것들로 이루어져 있다. 그런데 재미있는 것은, 그림자가 악한 면만 있는 것이 아니라는 것이다. 오히려 인간들을 관념적 혹은 가식적으로 살게 하지 않고, 생동감이 넘치는 에너지를 부여하여 인간 존재를 활성화시켜 준다. 이것이 바로 자기 자신과의 소통이 왜 사랑인지를 말해 주고 있는 것이다.

---

* 『인간의 상과 신의 상』, p.115.

제8장

중년에는 새로운 정신 에너지가 필요하다

1. 자신의 진짜 모습을 찾아라

육체적 기능이 원활하게 작용하도록 만드는 것은 생명 에너지다. 마찬가지로 정신적 기능이 원활히 작용하도록 하는 정신적 에너지(Psychische Energie)가 있다. 전기가 음과 양의 상반된 요소에 의해서 만들어지듯이, 정신도 의식과 무의식이라는 상반된 요소가 존재하고, 그것들의 상호작용에 의해서 정신의 에너지를 만들어낸다고 융은 말한다.

정신적 에너지가 형태화하여 심리적으로 나타나는 현상을 리비도(libido)라고 부른다. 프로이드는 리비도를 성적 에너지로 해석했다. 반면에 융은 리비도를 정신활동 전반에 걸친 에너지로 본다.

정신적 에너지는 욕망이다. 욕망이 라틴어로 리비도다. 리비도에는 본래 성적인 의미는 담겨 있지 않았다. 리비도의 개념을 확장시켜 '생기(elan vital)'라는, 일반적인 생명 에너지라고 말하는 이유가 바로 여기에 있다.[*]

여기서 재미있는 사실은 욕망이 곧 정신적 에너지라는 점이다. 즉 우리에게는 살고자 하는 욕망·자신을 표현하고자 하는 욕망·자신을 지키려는 욕망이 있다. 욕망이 있기에 생명은 이어진다. 이 모든 욕망의 주체가 바로 '나'이다. 그러므로 나는 곧 욕망이라고 해도 결코 틀린 말이 아니다. 왜냐하면 '나'는 욕망으로 채워져 있기 때문이다.

그런데 이 욕망인 리비도는 자연적 성질이다. 자연적 성질이라는 것은 의식에 의해서 만들어지지 않았다는 말이다. 그렇기 때문에 의식에 의해서 길들여지지도 않는다. 인간에게는 본성으로 돌아가고자 하는 욕구 에너지, 즉 욕망이 있다. 이것이 무슨 말일까?

중년까지는 외적인 욕망으로 치달아 왔었다. 외적인 욕망을 위해서 우리는 자연의 본성을 벗어나야만 했다. 즉 문화와 지식으로 자신을 다듬고, 사회적 인간으로서의 본분을 잘할 수 있도록 훈련되어져야만 했던 것이다. 문제는 그러한 훈련들이 자신의 본성을 외면하게 만들었다는 점이다. 말하자면 학습된 자신의 모습을 자신의 진짜 모습으로 착각하면서 살아왔던 것이다. 그런데 중년이 되면 본성으로 돌아가고자 하는 욕망이 되살아난다. 왜냐하면 본성이 바로 정신의 뿌리이기 때문이다.

이것이 바로 중년의 위기가 대부분 도덕적 갈등에 직면하는 이유이기도 하다. 리비도는 본능적인 충동력이다. 이 충동력이

---

* 『융, 중년을 말하다』, p.292.

어떤 형태로 나타나든 그것이 옳다거나 옳지 않다는 판단의 문제 안에 있지 않다고 융은 말한다. 왜냐하면 융이 보기에 모든 문화의 발전은 본성의 충동력에서 오기 때문이다.

우리는 본능적 충동을 의지로 억압하고 있어서 그것이 우리 안에 있다는 사실을 알지 못한다. 자신이 일상적 삶을 습관적으로 살아가고 있다는 사실을 알아차림으로써 내적 변화가 일어나게 된다. 몸의 피가 골고루 흐르지 않으면 육체는 병에 걸린다. 마찬가지로 정신 에너지도 골고루 흐르지 않고 특정한 곳에 비정상적으로 집중되어 있으면 신경증이 발생한다.[**]

정신적 에너지가 무의식으로 흘러들어가 버리면 의식적으로 사용할 수 있는 정신적 에너지가 없어진다. 의식적으로 사용되어야 할 에너지가 사라졌을 때 사람은 우울증을 앓게 된다. 무의식의 내용들이 활성화되면 부정적인 생각들에 시달리게 되고, 자아의식이 위축되는 심리적 증상이 일어나며, 식욕이 저하되거나 두통·소화장애 같은 신체 생리적 증상을 동반하기도 한다.

그러므로 무의식으로 흘러든 에너지를 의식으로 되돌리려면 부정적인 생각들이 무엇인지 알아내야만 한다. 즉 자기 내면에 어떤 것들이 일어나고 있는지를 명료하게 인식해야만 한다는 말이다. 잊어버리려고 애를 쓸수록 더 깊이 빠지게 된다. 그렇게 되면 우울증은 자기 내면으로 들어갈 수 있게 하는 길이면서,

---

[**] 앞의 책, p.295.

동시에 자기 자신이 누구인지를 알게 되는 소중한 기회로 작용한다.

이것은 우리가 왜 자기 자신의 알고 싶지 않은 성격, 즉 자신이 싫어하는 성질, 또는 알지 못하는 정신적 내용에 대해서 알아야만 하는지를 말하고 있다. 그것은 에너지를 원활하게 순환되도록 만드는 일이다. 몸에 혈액의 흐름이 원활하지 않고 막히는 것이 동맥경화다. 동맥경화는 건강의 적신호다. 마음도 마찬가지다.

심리적 에너지가 원활하게 돌아가는 사람만이 건강하다. 정신적 에너지가 순조롭게 진행되었을 때 사람은 현실에 무리 없이 적응할 수 있다. 물론 그것이 곧 정신적 발달이라고 말할 수 있는 것은 아니다. 그러나 외부세계는 끊임없이 변하며, 사람은 살아남기 위해서는 환경변화에 적응해야 하기 때문에 자신이 가지고 있는 태도를 변화시켜야만 한다.

2. 정신 에너지의 원천을 찾아라

리비도는 그 자체로 상승과 하락의 시기를 가지고 있다. 삶의 전반기가 상승의 시기였다면 삶의 후반기는 하락을 준비하기 위한 신호를 보낸다. 물론 하락의 신호들은 생명과 함께 이미 잉태되어 있지만 청년기에는 충동적이고 확장적인 삶 속에 가려서 보이지 않는다. 상승의 에너지가 거의 그 생명력의 변곡점을 도는 시점인 중년이 되면 하락의 에너지는 조용하지만 확실한 암시를 보낸다.

무의식에 은폐되어 있던 내면의 상(욕구)들이 새로운 변화를 요구하면서 그 모습을 드러낸다. 그것들의 변화 요구는 어떤 사람들에게는 감당할 수 없는 내적 불안으로 전개되는가 하면, 어떤 사람들에게는 고통스러운 현실적 문제를 해결해야만 하는 형태로 다가온다. 그리고 그것이 어떤 형태를 띠고 있든지 간에 지금까지 자아의식이 가지고 있던 심적 에너지가 고갈되었다는 것을 의미한다. 뿐만 아니라 그것은 새로운 형태의 에너지가 필요한 시점이라는 것을 알리고 있다는 점 또한 확실하다.*

정신적 에너지는 이성적으로 조절할 수 있는 것이 아니다. 내 안에 있는 욕구가 무엇인지를 정확하게 인식하고 이해하는 것이 핵심이다. 우리가 힘들어 하는 것은 그 욕구가 무의식적이라는 점이다. 욕구는 언제나 현실적으로 내가 수용할 수 없기 때문에 갈등이 된다. 지금까지 우리는 내적 욕구나 갈등을 부정적으로만 보아온 것이 사실이다.

이제 중년의 심리학은 그러한 갈등이 정신의 구조가 만들어내는 가장 근원적인 문제라는 점을 인식해야만 한다. 왜냐하면

---

* 『영웅과 어머니의 원형』, pp.440~2.

그것을 통해서 우리는 협소한 우리 자신의 의식을 더욱 확장시켜 나갈 수 있기 때문이다. 만일 그러한 욕구나 갈등 그리고 그 사이의 긴장이 없다면 삶을 지탱시키는 에너지 또한 없다. 그러므로 정신의 반대적 요소를 발견하는 일은 반드시 필요한 것이다.

융은 심리학을 '기존의 것을 더 잘 이해할 수 있게 하는 것'이라고 말한다. 즉 우리는 상대가 화를 내는 것에는 쉽게 반응하지만 상대가 왜 화를 내는지에 대해서는 알지 못하는 경우가 많다. 모든 감정은 이유 없이 일어나지 않는다. 남편·아내·가족·친구·동료가 어느 날 갑자기 이유 없이 자신을 떠났다고 하소연하는 사람들이 있다.

누구에게나 그러하듯이 준비되지 않은 이별은 많은 상처를 남기고, 쉽게 치유되기도 어렵다. 물론 세월이 약이 되어 어느 한 순간 잊고 살기도 한다. 그러나 그것은 그저 잊는 것일 뿐이다. 왜냐하면 떠난 이유를 여전히 납득할 수 없을 테니까 말이다. 우리가 심리학에 관심을 가지게 되고, 가져야 하는 이유가 바로 이런 것들에 있기도 할 것이다.

이와 관련하여 융은 정신의 구조에 대한 재미있는 이야기를 한다. 융은 자신의 심리학을 심혼의 심리학이라고 부른다. 인간의 행동과 의지에 의해서 일어난 모든 사건의 근원지는 바로 심혼에 있다고 본다. 심혼은 인간의 정신에 원초적으로 내재되어 있는 인격의 원형(archetype)이다. 비록 우리가 알지 못하고 살아오긴 했지만 우리 안에는 또 다른 내면적 인격이 있다는 것이다.

그러므로 내적 인격은 우리가 흔히 나라고 알고 있는 외적 인격과는 전혀 다른 종류의 인격이다. 즉 우리는 두 개의 인격을 가지고 있는 셈이다. 심혼은 자신을 스스로 규제 혹은 통제(조절)하는 체계(self regulation system)로서 정신의 본질에 해당한다. 심혼은 현실적인 '나'와는 상관없이 그 자체적으로 가지고 있는 목표가 있기 때문에 그것을 추구하는 과정이 존재한다.

심혼의 목적은 다름 아닌 '온전한 인간(homo totus)'이다.* 이것은 우리가 '온전한 인간'으로 살아가지 못하고 있다는 말과 같다. 즉 인간이라면 떼어낼 수 없는 근원적 불안은 결국 부분인간이 경험해야만 하는 숙명일 것이다. 우리는 살면서 경악할 만큼의 엄청난 혼란과 수많은 오류를 경험한다. 그렇게 우리는 고난의 긴 과정을 돌고 돌아서 '온전한 인간'으로의 진입이 가능하게 되는지도 모를 일이다. 결국 '온전한 인간'이란 '나'라는 부분적 정신이 '나'를 넘어서 있는 전체성으로 통합하는 일에 있을 것이다.

융 심리학에 있어서 심혼은 정신의 어머니이다. 인간의 모든 행동과 인간의 의지로 만들어진 모든 사건은 심혼에 근거한다. 우리가 심혼과의 관계를 알지 못하거나 심혼과 관계를 맺지 못한다면 정신의 뿌리를 잃어버린 것이다. 우리가 정신이라고 말

---

* 『인간의 상과 신의 상』, p.96.

하는 것의 토대는 태어나서 '나'가 만들어 온 것이 아니라 선천적으로 타고난다. 다시 말하면 정신은 현재의 존재인 '나'와는 무관하다는 말이다.

그렇기 때문에 심혼은 '나'라고 하는 자아의식의 의지나 생각에 좌우되지 않고 그 자체적으로 움직인다. 심혼은 자아의식이 알지 못하는 정신에 대해 끊임없이 알려 주고자 신호를 보낸다.[*] 이것이 바로 중년에 자기 내면의 소리에 귀를 기울여야 하는 결정적인 이유다.

그러므로 중년에 경험하게 되는 심리적 갈등은 결코 외부에서 해결해 줄 수가 없는 것이다. 중년이 요구하는 심리적 변환은 결국 심혼과의 관계 개선을 의미한다. 삶의 초년기는 자아의식만으로 산다. 그러나 중년이 되면 자아의식의 에너지는 고갈되고 정신은 피로감이 높아진다. 중년이 되면 이제까지 알지 못했던 내면의 무한한 대지에서 에너지의 근원을 찾아내야만 한다. 그것이 바로 정신의 본질, 정신의 뿌리인 심혼과의 통로를 여는 길이자 정신 에너지의 원천을 찾는 일이다.

심혼은 홀로 존재하는 것이 아니라 관계에 의존되어 있다.^{**} 살아오면서 전혀 문제를 느끼지 못했던 관계들도 중년에는 하나같이 삐걱거리기 시작한다. 삐걱거리는 소리를 오직 외적인 원

---

* 『상징과 리비도』, p.121.

** 『정신치료의 기본문제』, pp.70~1.

인으로만 본다면 그는 중년에 아무것도 건질 수 없을 것이다. 그것을 자기 자신에게로 가져오는 사람은 심혼의 에너지 관을 찾을 수 있을 것이다.

3. 새로운 에너지는 어떻게 만드는가?

우리는 정신적 에너지, 즉 리비도를 어떤 형태로 경험하고 있는 것일까? 참을 수 없는 고통의 과정을 최선의 힘으로 극복할 때 우리는 더 없는 환희를 느끼게 된다. 반대로 환희에 찬 삶에서 어느 순간 죽음보다 더 깊은 감정의 고통에 이르기도 한다. 태양이 완전하게 차오르면 다시 밤의 한가운데로 가는 불변의 법칙처럼, 인간의 모든 것 또한 그 순환의 궤도에서 벗어날 수 없다고 융은 말한다.

젊은 시절에는 정신적 에너지가 외부 세상을 향해 흘렀다. 직장을 구하고 사랑의 짝을 찾고 가정이라는 자신만의 세계를 갖기 위해 온 몸과 마음을 쏟는다. 그러다 중년이 되면 외부로 흐르던 리비도가 내면으로 흐르도록 그 물꼬를 바꾸게 된다.

이때 문제가 되는 것이, 그것에 직면하게 되는 주체인 자아의식이다. 자아의식은 외부세계에 익숙해져 있기 때문에 리비도의 흐름을 쉽사리 알아차리기 힘들다. 그러므로 자아의식의 인식과 판단능력은 기로에 선 중년을 창조적 삶으로 인도하느냐, 파괴적 삶으로 인도하느냐를 결정하는 중요한 변수가 된다.

물리적 사건이 힘의 작용과 운동의 관계 안에서 발생하는 것처럼, 심리적 사건 역시 이러한 역학적인 관점과 에너지 모델의 관점에서 벗어나지 않는다고 융은 보고 있다. 융은 모든 심리적 사건은 목적을 가지고 있다고 말한다. 그러므로 심리적 에너지는 일정한 목적을 가지고 일정한 방향으로 흐르게 된다는 것이다.

다시 말해서 사람이 살아가면서 경험하게 되는 그 어떤 것들도 심리적 변환을 이끌어 내는 데 영향을 미치지 않는 것은 없다. 다만 경험하는 주체가 자신의 경험 안에서 무의식적 상태로 있다면, 즉 경험을 또렷하게 인식하지 못한다면 변환은 일어나지 않는다. 무의식 상태로 살아가는 사람은 같은 고통을 반복적으로 겪어야만 하는 어두운 터널 안에 갇히게 된다.

융이 말하는 정신 에너지 관점을 데닐 샤프는 물로써 설명한다. 엔트로피의 원리는 닫힌 시스템 안에서 서로 다른 에너지가 마주했을 때 변형이 일어난다는 것이다. 즉 컵 안에서 뜨거운 물과 차가운 물이 같이 섞일 때, 차갑던 물과 뜨겁던 물은 서로 에너지를 이동시키면서 전체적으로 중간 정도의 온도로 변하게 된다.

이것을 정신의 원리로 말한다면, 의식적 정신과 무의식의 정신이 마주했을 때만이 정신의 변형이 일어난다는 것이다. 사람은 누구나 자신의 존재를 대단하게 여긴다. '나', 즉 자아의식이 정신의 주인이라고 착각하면 무의식의 내용들을 거부하거나 억압한다. 자아의식의 입장에서 보면 무의식은 '나'를 없어지게 만들거나 위험에 빠뜨리게 하는 나쁘고 고약한 것들이기 때문이다.

그런데 자아의식의 이러한 오판이 무의식과 제대로 된 대면을 막으면, 의식 쪽으로 사용할 수 있는 에너지가 무의식으로 흘러가 버린다. 그러므로 내가 어떤 것들을 인식하기를 싫어하는지, 무엇을 두려워하는지를 알아야만 한다.

사랑의 문제를 예를 들어서 이야기해 보자. 중년 후반기에 들어선 한 독신 남자가 '자신은 사랑했지만 결국은 모두 자신을 떠나가 버렸다'고 한탄했다. 그는 자신을 떠난 여자들을 그리워하면서 하소연을 했다. 그런 괴로움에도 불구하고 그에게 사랑은 여전히 그리움과 설렘 그리고 희망으로 남아 있다. 언젠가는 다시 만날 운명의 여자를 상상하기 때문이다.

한 여자는 사랑을 할 때마다 그 사랑이 진실하다고 믿었고, 사랑하는 남자들의 자식을 낳았다. 사랑하던 모든 남자들은 떠나가고 그녀의 품에 남은 것은 다른 성씨의 아이들이었다. 그러나 그녀에게 사랑은 여전히 해결하지 못한 숙제가 되었고, 그녀는 지금도 새로운 사랑을 꿈꾸고 있다.

물론 반대의 이야기는 왜 없겠는가. 한 남자는 대학시절 너무도 뜨겁게 사랑한 여자가 있었다. 하지만 그녀는 떠났고, 그가 영혼을 바쳐 사랑한 만큼 그녀의 떠남은 그에게 사랑의 갈증조차 완전하게 말려버린 듯 보였다. 그는 누구보다도 좋은 환경적 조건을 가지고 있었지만 두 번 다시 사랑을 하지 못했다.

같은 시련을 겪어도 사람이 경험하는 것은 제각각 다르다. 지속적으로 사랑에 희망을 갖는 사람도 있고, 희망을 단 한 번의 경험으로 접는 사람도 있다. 사람마다 의식 수준이 다르고, 타고난 성향과 환경이 다르다 보니 경험으로 얻는 가치도, 의미도 다를 수밖에 없을 것이다. 그러므로 여기서 사랑을 계속하는 것이 좋다거나 하지 않는 것이 좋다거나를 논하는 것은 아니다. 다만 갈등의 측면에만 초점을 맞춘다면 다음과 같은 해석을 할 수 있다.

진리는 언제나 양변이다. 사랑은 언제나 증오를 동반하고 온다. 이것이 바로 사랑이 극심한 갈등을 만들어 내는 이유이기도 하다. 사랑의 문제로 겪어야만 하는 극심한 갈등의 문제는 언제나 그러하듯이 누구에게나 깊은 후유증을 남길 만큼 힘들다. 자아의식의 가장 궁극적 기능은 자기 보호다.

자아는 자기를 지키기 위하여 스스로를 기만하게 된다. 기만의 기술은 놀라울 만큼 정교해서 스스로 인식하기도 어렵다. 이것이 자아의식이 자기기만을 잘 알아차리지 못하는 이유다. 하지만 방어기제로 일어나는 자기기만의 희생자는 언제나 자기 자신이라는 점이 우리를 슬프게 한다.

사랑의 실패를 여러 번 자초하는 사람은 사랑만을 생각할 뿐 그것과 동반해 오는 증오에 대해서는 생각하지 않을 것이다. 그래서 그는 또 다른 사랑을 쉽게 맞을 준비를 할 수 있다. 반면에 단 한 번의 사랑의 타격으로 다시는 사랑을 하지 못하는 사람은 증오에 대한 생각이 너무 깊어서 사랑의 감정조차 묻어버린 것이다. 전자는 뜨거운 에너지가 차가운 쪽으로 흐르지 않음이고, 후자는 차가운 에너지가 뜨거운 쪽으로 이동하지 않는 것이다.

사랑의 감정은 그 어떤 열정에 뒤지지 않을 만큼 강하다. 열정이라는 호랑이 등에 올라타 본 사람은 또 다시 그 신비 속에 빠지고 싶을 것이다. 그런데 사랑도 증오도 절절하게 인식할수록 그는 다음 사랑에 쉽게 흔들리지 않게 된다. 왜냐하면 이제 사랑이 무엇인지를 알았기 때문이다. 사랑이 다시 온다면 할 수도 있지만, 사랑에 대한 비현실적 판타지나 집착은 더 이상 없을 것이다. 그는 사랑이 오롯이 홀로 오지 않는다는 것을 너무도 잘 알기 때문이다.

관계 속에서 자기 감정을 직시하는 것은 자기 감정에 쉽게 속지 않는 것이고, 그것은 곧 자기 자신에 대한 지혜를 얻는 일이다. 자신에 대해 안다는 것은 정신적 에너지의 불필요한 소모를 막는 일이기도 하다. 갈등에 대한 극복은 갈등에 대한 정확한 인식과 이해로부터 온다. 정확한 인식은 같은 어리석음을 반복하지 않게 한다는 점에서 매우 중요하다. 같은 어리석음을 반복하면 치명적인 결과에 도달할 수밖에 없다.

사랑과 증오라는 극단적으로 다른 성질이 만날 때 사람은 누구라도 아주 심하게 동요하게 되어 있다. 그러나 그것을 피하지 않고 직면해야만 한다. 직면한다는 말이 무슨 말인지 예를 들어 보자. 우리는 큰 고통을 당하면서도 심리적 타격을 크게 받지 않거나 혹은 거의 받지 않는 사람을 가리켜 긍정적인 마음을 가졌다고 칭찬한다.

이에 걸맞은, 긍정적인 사람의 표본이라고 할 만한 사람을 만난 적이 있다. 그는 대학을 졸업하고 첫 직장에 들어가 자신의 분야에서 아주 좋은 성과를 냈다. 성과는 좋았지만 자신이 원하는 만큼의 보상이 주어지지 않자 그는 호기롭게 사업을 시작했다. 하지만 사업은 생각대로 잘 되지 않았다. 결국 많은 빚을 짊어졌고, 담보로 잡힌 부동산이 넘어갔다.

그를 아는 사람들이 모두 걱정했지만 그는 잃어버린 부동산을 다시 찾을 수 있다는 희망을 버리지 않았다. 그는 넘어가버린 부동산을 찾기 위해 새로운 일거리를 찾아다녔다. 그가 하는 일들은 대개 한 방에 엄청난 돈을 만질 수 있는 것들이었다. 하지만 세상이 어디 그리 단순할까? 자신이 주목하던 일이 안 되면 그는 너무도 쉽게 그것과 인연을 끊었고, 또 다른 희망을 주는 아이템으로 옮겨갔다. 그렇게 그는 여전히 희망찬 계획들과 더불어 살고 있다.

그는 수없이 많은 좌절의 시련을 맞이해야 했지만 신기할 정도로 그것과 정면으로 맞서지 않았다. 좌절의 순간마다 새로운 희망이 그의 절망을 덮어 버렸던 것이다. 하지만 문제는, 그가 같은 실수를 되풀이하고 있다는 점이다. 좌절을 맞이할 용기가 없었던 그는 희망이라는 마취제로 자신이 져야만 하는 십자가를 지지 않았던 것이다. 그는 보기 드물게 좋은 성품의 소유자였지만 그가 극도로 싫어하는 것이 하나 있었다. 다른 사람에게서 자신의 잘못을 지적받는 일이다. 심지어는 아주 사소한 자신의 실수조차 인정하지 못했다.

자기 자신과의 직면은 더 이상 당면한 고통을 피해 갈 수 없다는 것을 알 때 일어난다. 고통을 피하지 않고 마주할 때 양 극단은 점차로 절충점을 찾아가게 된다. 심각한 갈등이나 재난을 이겨내는 일은 언제나 두 번은 당하고 싶지 않은 경험이다. 하지만 그러한 과정을 극복함으로써 새로운 에너지가 만들어진다. 새로운 에너지에 의해서 우리는 자기 삶의 깊은 의미를 발견할 수 있다. 삶의 의미는 곧 자기 자신과의 진정한 만남이다.

4. 삶의 에너지를 고갈시키는 '심리적 아이'와 이별하라

삶이 너무 바빠서 혹은 삶이 순반애시 중년의 심리꺼 갈등우 느끼지 못한 사람은 심리학적 측면에서 본다면 축복받지 못한 사람이다. 중년에 오는 마음의 병은 사느라고 아무렇게나 밀쳐놓았던 자기 자신과의 진정한 만남을 시도한다는 점에서 일반적인

심리적 병과는 다르다. 우리는 어떤 환경에서 어떻게 자신을 만들어 왔을까?

아이가 태어나서 최초로 맞이하는 정신적 세계는 바로 부모의 인격이다. 우리는 부모에 의해서 길러지고 길들여지면서 '나'라는 작은 세계를 구축해 간다. 말하자면 우리는 부모의 인격과 부모의 가치관을 모방하여 자신의 인격을 만들어 온 셈이다. 그런데 모방은 자기 본연의 고유한 세계가 아니다.

자기 자신의 고유한 세계관이 없다는 것은 자기 자신의 삶을 살지 못한다는 의미이기도 하다. 중년이 되어서도 부모의 영향이 자기 삶의 동력이 되고 있다면 그는 심리적으로 여전히 아이다. 심리적으로 어른이 된다는 것은 부모로부터 받아들여진 인격에서 독립하는 것을 의미한다.

중년의 심리적 갈등은 결국 부모의 가치관과 자기 내면의 본질이 충돌하면서 발생하게 된다. 자기 인식의 부재는 결국 그 해결점도 밖에서 찾으려고 방황하게 된다. 다양한 방법으로 그 상황에서 벗어나려고 노력해 보지만, 집안에서 잃어버린 물건이 밖에 있을 리가 없다.

중년의 문제는 이제까지 고수해 왔던 자신의 세계를 점검하라는 심리적 요구다. 그것도 단순하게 그냥 되돌아보는 것이 아니라 전면적인 자기 성찰이 필요하다는 것이다. 종교에서는 이것을 '절절한 참회'에 따르는 관조라고 부른다. 또한 심리적으로는 절대적 객관성으로 바라보는 자기 인식에 해당한다.

그러면 대부분의 사람들은 이렇게 말할 것이다. '내가 무슨 참회를 할 것이 있느냐'고. '나는 열심히 살아온 죄밖에는 없다'고 말이다. 물론 맞는 말이다. 중년의 세월까지 생명을 유지하고 가족을 만들고 책임을 다하여 살아왔다는 것은 참으로 가치 있는 삶이다. 부모의 세계는 그런 의미에서 도움을 준다.

그런데 그것이 왜 문제가 될까? 문제는 자기 삶의 중심에 정작 자기 자신이 없었다는 점이다. 부모 혹은 사회가 물려준 세계관의 유효기간은 중년이 되기까지다. 중년이 되어서도 그 세계관을 고집한다면, 신경증이나 알지 못할 불안, 관계의 부조화와 같은 심리적·정신적 문제라는 값비싼 대가를 지불해야 한다.*

중년에 이르기까지 가족을 위해서, 출세하기 위해서, 돈을 벌기 위해서, 권력을 위해서, 사회를 위해서 등등 수많은 다른 것들을 위해서 살았다. 물론 그것이 궁극적으로는 자기 자신을 위해서 살아온 일이기는 하다.

그러나 그것은 어디까지나 자신의 외부에 초점이 맞추어져 있다. 그렇기 때문에 나는 내가 추구한 것들에 대해서는 너무도 잘 알고 있다. 그런데 정작 그것을 추구하는 주체인 '나'가 누구인지는 알지 못한다는 점이 문제의 핵심이다.

지금까지의 자신은 성장하면서 만들어진 신념이나 학습된 이념에 의해서 이끌려져 왔다. 신념을 추구하기 위해서는 내면

---

* 『정신치료의 기본문제』, p.71.

의 다른 욕구들을 철저하게 배제시켜야 한다. 그런데 중년이 되면 그동안 배제되었던 욕구들이 반란을 시작한다. 우리의 정신은 양극으로 구성되어 있다. 젊음의 시기가 외적 삶으로 치달았다면 중년은 그 반대편 쪽인 내적 삶으로 태도가 변하도록 강요된다.

즉 심리적 아이에서 심리적 어른으로의 변환이다. 아이는 아직 잘 모르기 때문에 많은 것들을 면제받을 수 있다. 하지만 어른이 된다는 것은 그런 면제에서 제외되는 것이다. 육체가 어른이라면, 마음도 어른이어야만 한다. 그런데 마음이 여전히 아이라면 그것은 이미 중대한 문제를 안고 있는 것이다.

인간의 정신 건강은 사물을 바라보는 자신의 관점에 달려 있다. 자신이 가지고 있는 선입견이 병도 만들고 건강하게도 한다. 중년에 일어나는 심리적 갈등과 고통은 자기 자신이 만들어 온 관념이 무엇인지를 알게 하는 의미심장한 시그널이다.

물론 자신이 본래 가지고 있던 관념, 즉 부모의 상을 거두어들이는 일은 그리 간단하지 않다. 이별이란 언제나 고독이라는 공허와 공포를 유발시키기 때문이다. 아이가 갑자기 부모로부터 떨어지면 위험하듯이, 우리의 의식도 의존되어 있던 부모의 상으로부터 갑작스럽게 분리되면 억압되어 있던 무의식의 정신적 내용들을 활성화시키는 위험성이 생길 수 있다. 그래서 단계적으로 조심스럽게 하는 것이 좋다.

우리의 정신에는 인생을 최대한 충만하게 전개시키려는 성질이 있고, 자연스럽게 그 실현을 펼치고자 힘써 나아간다. 문제는 보이는 것에 가치를 두고 있는 현대인들에게 그것이 모두 '나'의 밖에 있는 어떤 것들로 생각되어진다는 점이다. 정신의 입장에서 본다면 외부로부터 받는 것들은 언제나 피상적일 수밖에 없다. 왜냐하면 진정한 충만은 개인의 내부에 있는 의미를 실현할 수 있을 때 채워지기 때문이다.

5. 정신적 에너지의 원천인 심리적 대극과 마주하라

융은 정신이 절대 제멋대로 혼돈스럽고 우연하게 만들어진 것이 아님을 천명한다. 왜냐하면 정신은 그 자체적으로 목적 지향성을 가지고 있음이 너무도 분명하게 드러나기 때문이다. 정신을 자연과학적 방법론으로 탐구할 수 있는 객관적 실재라고 보는 이유도 바로 여기에 있다.

정신이 객관적 실재라면 정신은 에너지 과정으로 해석되어지는 것이 맞다. 이것은 누구나 쉽게 경험할 수 있다. 심리적 문제가 심각하게 엉켜 있을 때는 무력감에 시달리고, 칭찬받거나 좋은 일이 있을 때는 힘이 생기는 사실을 보면, 정신 과정이 생리적 기초와 에너지적으로 관련되어 있음을 부인하기 어렵다.

물론 정신 에너지는 잠재적으로 '물리적' 에너지를 가지고는 있지만, 양적으로 그 표시를 정확하게 나타낼 수는 없다는 짐을 융은 지적한다. 왜냐하면 심리적 에너지를 측정하는 데 사용하는 것이 바로 감정기능이고, 감정의 변화는 양적이라기보다 주로 질적으로 구별할 수 있는 경우가 더 많기 때문이다.

자연의 근원이 음과 양이라는 대극으로 이루어져 있는 것처럼 심리학 또한 의식과 무의식, 선과 악, 추함과 아름다움이라는 대극과 뗄 수 없는 관계를 맺고 있다. 그리고 융은 이러한 심리적 대극으로부터 인간은 자신 안에 내재되어 있는 고유한 역동성을 드러낸다고 본다.

전기가 음원자와 양원자의 움직임에 의해서 발생하는 것처럼, 심리적 대극은 정신적 에너지의 원천이다. '나'라는 주체가 있기 때문에 상대방인 너를 파악한다. 즉 대극이 있기 때문에 우리는 '나'라는 고유한 존재를 인식할 수 있는 것이다.

너와 나가 같다면 거기에는 구분이 없다. 그런데 우리가 가장 힘들어 하는 것 중의 하나가 바로 나와 너가 다르다는 사실이다. 상대가 나의 마음과 같지 않을 때 고통을 느낀다. 부부가 평생을 살아도 서로를 알 수 없다는 말은 자주 듣는 말 중 하나다.

서로가 긴 세월을 같이 살지만 평행선 위를 달린다. 대극의 원리로 본다면 평행선 부부야 말로 성공적인 부부 관계를 유지해 왔다고 할 수 있을 것이다. 비록 그로 인해 서로가 힘들지라도 서로의 고유성이 지켜지고 있다는 의미이기 때문이다. 어쩌면 부부는 일심동체가 아니라는 사실을 먼저 알고 시작했다면 서로를 대하는 태도가 좀 더 성숙하게 되지 않았을까?

　부부의 문제가 외적인 것이라면, 중년에 나타나는 심리적 문제는 내적인 것이다. 자신이 돌아보지 않고 무의식의 어둠 아래 깊이 묻어 두었던 반대적 성질들이 활동을 개시한다. 억압된 정신적 내용들이 자신의 존재를 자아의식에게 알리려는 것이다. 개차반으로 살던 사람이 갑자기 철이 들 수도 있을 것이고, 성실하게 살아오던 사람이 하루아침에 예상치 못한 도덕적 문제를 일으킬지도 모른다.

　사고 중심으로 살아오면서 감정을 무의식으로 두었던 남성들이 어느 날 갑자기 드라마에 빠지고, 쉽게 흥분하거나 변덕을 부린다. 순하기만 하던 여성들이 자기 주장이 강해지고, 가정보다 동아리나 집단에 몰입하는 경우도 있다. 이 모두가 그동안 잠재되어 있던 성질들이 표출되기 시작하는 것이다.

　에너지론에 근거하여 융은 이러한 대극이 하나의 잠재력을 의미한다고 본다. 잠재력이 터져 나오면 사건이 생기게 마련이다. 서로 다른 극이 마주한다는 것은 긴장 상태다. 서로 반대되는 성질들이 표출된다는 것은 한 쪽으로만 발전되어 온 정신의 균형을 맞추려는 움직임이다.

　중년의 심리적 변환은 '무의식을 거부하거나 외면하고 자아의식만으로 살아 갈 수 없다'는 것을 경험하는 것이다. 그러한 경험에 의해서 분리되어 있던 의식과 무의식이 전체적 조화를 이루어 나갈 수 있다.

이것이 바로 우리에게 정신 구조에 대한 이해가 절실히 필요한 이유다. 내 마음에 일어나는 어떤 것도 쓸모없는 것은 없다. 그것을 안다면 자기 자신을 이해하는 데 아주 많은 도움이 된다.

우리는 첨단문명을 향유하는 세련된 현대인으로 살고 있지만, 사실 우리 정신은 원시적 상태에 있다는 사실을 알아야만 한다고 융은 말한다. 자기 내면으로부터 일어나는 원인을 알 수 없는 불안은 결국 이 원시적 정신에 뿌리를 두고 있다. 그것이 자아의식에게는 언제 어떻게 자신이 삼켜질지 모른다는 잠재적 공포로 다가온다. 이처럼 우리의 정신에는 불안과 공포가 원천적으로 내재되어 있는 것이다.

그러므로 내 안의 원시적 정신과 '나'라고 하는 자아의식은 고도로 해리解離되어 있다. 물론 해리되어 있는 정신을 의식이 또렷하게 인식하지는 못한다. 그렇지만 원시적 정신이 근원으로 있는 한 우리는 그 영향력으로부터 달아날 수 없다.

근원적 불안감에 시달리는 자아의식이 기댈 곳을 찾는 것은 너무도 당연하다. 그런데 자아의식의 특징은 그것을 자기 자신이 아닌 다른 존재·단체·종교·철학 등 밖에서 찾는다는 점이다. 많은 사람들이 종교나 이념이나 주의 등의 집단 암시에 쉽게 유혹 당하는 이유가 여기에 있다.

그도 아니라면 그는 사람이나 물질에 의존함으로써 자신의 근원적 불안을 달래고 있을 것이다. 하지만 그것은 소멸되어 가는 정신적 에너지를 막거나 새로운 에너지를 만드는 일이 결코 될 수 없다. 왜냐하면 정신적 에너지는 근원적으로 자기 내면의 일이기 때문이다.

　이것이 말하는 것은 다름이 아니다. 자기 내면에 존재하는 부정적인 부분들, 그것을 거부하거나 달아나지 말고 그것과 마주하여 숙고해야만 한다는 것이다. 자신이 마주하기 싫어하는 그부분이 결국 자기 존재를 지탱시키는 에너지원이라는 사실을 앎으로써 마음의 지평이 조금씩 넓혀진다. 그것은 삶의 가장 귀중한 가치를 발견하는 일이기도 하다.[*]

6. 원시적 정신상태란 자아 중심적 정신이다

그렇다면 원시적 정신상태란 무엇인가? 보통 원시적 정신이라고 하면 자신과의 연결을 찾기 쉽지 않다. 하지만 원시인의 정신상태는 나와 멀리 떨어진 그 무엇이 아니라, 자아 중심의 정신을 말한다. 자아는 사실 의식이 아니라 무의식이다. 자아는 무의식이기 때문에 자아 중심으로 있는 한 우리는 우리 자신에 대해서 알지 못한다.

　자아 기능의 특성은 자기 자신을 보호하는 것이다. 자아가 자

[*]　『인격과 전이』, p.117.

신의 약점이나 잘못에 대해서 인식하지 않으려고 하는 이유도 그것이 자기 존재의 위기감으로 연결되기 때문이다. 이 위기감이 자신의 문제에 대해서는 최대한 잊고자 노력하게 만든다. 하지만 그것은 마치 꿩이 위기에 봉착했을 때 머리만 땅 속에 숨기는 것과 같다.

수십 년을 같이 살아온 부부도 서로를 잘 이해하고 있다고 하는 경우는 드물다. 그 원인 중 가장 큰 부분을 차지하는 것이 바로 자아 중심적 사고이다. 자아는 언제나 자기 자신에게만 사로잡혀 있다. 그러므로 상대의 마음에 일어나는 두려움·욕구·콤플렉스가 무엇인지 생각할 틈이 없다.

우리가 원시적이라고 말하는 것은 의식하는 힘과 사고 능력이 약하다는 뜻이다. 즉 어린 아이의 의식과 같다. 아이의 의식성으로는 자기 성찰이 일어날 수 없다. 자기 성찰이 없다는 것은 자기 문제를 알지 못하는 것이다. 자신을 모를수록 쉽게 남의 탓으로 돌린다.

무의식의 내용이 의식에 인식되지 않는 한 객체에게 투사하기 때문이다. 투사는 외부적 사실들에 관심과 열정을 쏟는 것이다. 그러나 외부에 관심을 집중하는 만큼 자기 자신이 그것에 구속된다는 사실은 대부분 인식하지 못한다.

지금 여전히 남편이나 아내를 원망하는 마음을 놓지 못하고 있다면 자신이 지나치게 자기중심적으로 살고 있지 않은지 생각해 봐야 한다. 왜냐하면 남편 혹은 부인을 원망하지만 그것은 결국 스스로 자기 마음에 갇혀 있다는 것을 의미하기 때문이다.

원망이 곧 자신의 마음이 투사된 것임을 알아차릴 때 비로소 그것으로부터 벗어날 수 있다. 우리는 아내와 남편·자식·주변인과 보다 나은 관계를 가지고자 할 때조차도 나의 기준을 만들고 그것에 적합해야 한다는 조건을 단다. 그래서 내가 생각하는 좋은 친구는 언제나 나의 투사가 즐겁게 일어나도록 하는 사람이다.

한 여성은 가족뿐만 아니라 동네의 주변 여성들에게서 착한 언니로 소문이 자자했다. 그녀는 넉넉한 체격만큼이나 마음 또한 품이 넓었다. 선한 얼굴에 너그러운 마음씨를 가진 그녀에게서 심리적 '그림자'를 상상하는 일은 쉽지 않았다.

사람은 의식이라는 빛을 가지고 있기에 반드시 그것의 그림자를 갖는다. 즉 드러난 선한 모습 뒤의 어두운 모습이 있다. 그런데 선하기만 한 그녀는 과연 의식의 그림자를 어떤 식으로 해소하는지 의문이 들었다.

그런데 머지않아 재미있는 사실을 알게 되었다. 그녀는 한 정당을 열렬하게 지지하는 이념 신봉자였다. 그녀의 '그림자'는 자신이 지지하지 않는 정당과 그 리더에게 투사되었다. 자기가 좋아하는 이념이 옳다고 믿었던 만큼 반대 정당과 사람에 대한 증오는 깊었다.

사람 좋기만 하던 그녀의 미소 띤 얼굴은 반대 정당 리더의 잘못을 말할 때 여지없이 굳어지고 그녀의 입에서는 무서울 만큼 깊은 증오의 말들이 거침없이 쏟아져 나왔다. 그녀의 투사는 사실상 위험스러운 수준으로 일어나고 있었지만 그녀는 그것을 전혀 의식하지 못했다.

한편 융은, 우리의 정신은 이러한 투사의 위험성을 의식하도록 오랜 시간에 걸쳐서 자극해 온다고 말한다. 또한 그것을 깨우쳐 주기 위해서 정신은 내가 타인에게 투사한 증오들을 나에게 돌려놓는다. 흔한 말로 한다면, 세상에 공짜는 없다. 내가 누군가를 억울하게 한다면 나 또한 그와 같은 억울한 상황에 반드시 놓인다는 것이다.

지금 권선징악을 말하고 싶은 것이냐고 따져 물을 수 있을 것이다. 하지만 이는 권선징악의 차원이 아니라 정신 구조적 차원에서 하는 일이라고 보아야 한다. 권선징악은 선과 악이라는 이분법 안에 있지만 투사는 정신의 구조로 발생하는 작용이기 때문이다. 이것을 사랑이라는 문제로 풀어 보자.

사랑할 때 우리는 상대에게 나의 사랑의 판타지를 투사한다. 상대는 물론 나의 판타지 속에 있지 않다. 자신의 판타지가 무너질 때 사랑의 자리에는 미움이 들어선다. 이때 미움이 나쁜 것일까? 그렇지 않을 수도 있다는 것이다. 왜냐하면 미움이 가져오는 갈등구조를 통해서 자신의 투사가 얼마나 무익한 것인지를 의식하게 만들기 때문이다. 다만 문제는, 사랑이 자기 내면의 판타지가 투사되었다는 사실을 대부분 알지 못한다는 것이다.

그렇기 때문에 우리는 사랑에 실망하게 되면 그 원망을 상대방의 문제로 돌리게 된다. 투사는 내가 원하는 이미지를 상대에게서 찾는 것이기 때문에 상대의 모습을 있는 그대로 수용하지 못한다. 그러므로 자신이 상대를 사랑한 것이 아니라 자신의 이미지를 사랑했다는 사실을 깨닫는다면 그는 자신의 투사를 거두어들이게 된다.

투사를 거두어들인다는 것은 상대에게 분노해 왔던 모든 것이 자기 내면의 모습이라는 사실을 인식하는 것이다. 남 탓을 하기는 쉽다. 더구나 남을 탓할 때 자신이 책임질 일이 없어진다. 그러나 그것은 자기모순이라는 올무로 스스로를 묶는 일이기도 하다.

사랑으로 일어난 모든 일들도 결국은 자기 책임이라는 사실을 받아들이는 것은, 사랑하기 이전에는 미처 알지 못했던 자기 자신을 알게 해준다. 자신에 대한 이해가 일어나야만 상대에 대한 이해가 일어난다. 그것이 갈등을 근원적으로 해결하는 길이다.

갈등의 근원적 해결은 갈등으로 인해 에너지를 더 이상 빼앗기지 않는 것이다. 갈등은 에너지를 고갈시키는 가장 큰 원인이다. 갈등의 원인을 이해했을 때 무의식의 내용들은 더 이상 갈등으로 있지 않고 존재의 생명 에너지인 본래의 기능으로 돌아간다.

7. 정신은 모순으로 이루어져 있다

우리는 본능이라고 부르는, 생물학적 에너지와 경험으로 습득할 수 없는 이미지들을 가진다. 일상에서 드러나는 개인의 특정한 선입견들은 본능의 에너지와 이미지들의 작용으로 형성된다. 따라서 그러한 사실들을 무시한다면 사람은 위험에 빠지게 된다.*

우리가 이중적이지 않고 단일적인 존재라면 이런 걱정은 부질없고 무의미할 것이다. 실제로 대부분의 사람들이 자신은 이성적이고 인간적인 존재라고 생각하며 살아간다. 하지만 우리가 한순간에 얼마나 어처구니없는 실수에 빠질 수 있는지를 안다면 두렵지 않을 수 없다.

버려진 반려동물의 어머니를 자처하며 생명의 소중함을 외치던 사람이 뒤로는 그 동물들을 아무런 가책 없이 도살했다고 한다. 지구상의 빈민들을 돕자고 세계를 향해 구원의 손길을 호소하던 봉사자가 현실에서는 빈민 위에 군림하며 성폭행까지 했단다.

이 같은 일이 어디 한둘일까? 도덕의 기치를 높이 들어 올린 사람이 그 이면에는 부도덕한 행위들로 가득 차 있는 경우가 많

---

* 『무엇이 개인을 이렇게 만드는가』, p.138.

다. 그래서 때론 현실이 드라마나 영화보다 더 독할 수 있다는 사실에 우리는 직면하게 된다.

왜 그럴까? 그들이 유독 악한 사람이기 때문일까? 그것을 설명해 줄 수 있는 것이 정신의 구조이다. 정신은 의식과 무의식이라는 대극으로 이루어져 있다. 이것은 '자아의식이 하는 일에 무의식은 항상 반대되는 입장을 취한다'는 말이다. 선을 과도하게 주장하면 대립적 입장이 고조되어 악의 측면이 자신도 의식하지 못하는 사이에 정신의 표면을 뚫고 나와 버린다.**

사람이 사건을 만드는 것일까, 사건이 사람을 만드는 것일까? 드러난 반사회적·반도덕적 사건들에 초점을 맞춘다면, 이는 정신의 단일성을 주장하는 쪽이다. 반면에 사건보다는 '인간은 왜 이토록 이중적일 수밖에 없는가'를 묻는다면 그는 인간의 본질을 이해하고자 하는 쪽이다.

정신에 있는 무의식의 내용들을 파악하지 않는 한, 우리가 언제든 원치 않는 극단 속으로 빠져드는 것은 어쩔 수 없는 일이다. 그렇기 때문에 자신의 무의식에 관심을 갖고 그것을 이해하려고 애쓰는 사람이 정신적으로 건강하다는 사실은 두말할 필요가 없다.

눈에 보이지 않는다 하여, 내가 생각하지 않는다 하여 내 몸 안에 있는 수많은 내장 기관들이 없거나 기능하지 않는 것은 아

** 『원형과 무의식』, p.341.

니다. 아마 원시시대에는 음식을 먹고 소화가 안 되었을 때도 무당이나 신을 찾았을 것이다. 하지만 소화불량이라는 것을 아는 현대인들은 소화제를 먹거나 운동을 한다.

정신도 육체와 마찬가지로 다양한 심리적 음식들을 먹는다. 우리가 먹는 마음의 음식들 또한 소화를 시키는 것이 중요하다. 우리가 일상적으로 말하는 스트레스만 해도 모두 심리적 소화기관의 문제로부터 발생한다고 말할 수 있다. 내가 알지 못한다고 하여, 혹은 입증되지 않았다고 하여 그것을 부정하거나 과소평가하는 것은 어리석다.

육체는 생명과 건강을 유지하기 위한 구조적 체계가 있는데, 정신에는 그러한 체계가 없을 것이라고 단언하지 못한다. 그것을 부정한다면, 자신이 가 보지 않는 세계는 존재하지 않는다고 판단하는 것과 같은 것이다.

정신도 육체와 마찬가지로 자기조절 장치를 가지고 있다. 이 조절 장치에 의해서 무의식의 정신은 의식의 일방적인 행동에 영향을 주게 된다. 왜냐하면 전체 정신에서 본다면 의식이 일방적으로 정신을 주도하는 일은 무의식과의 균형을 상실하는 일이기 때문이다. 그러므로 무의식에는 의식을 조절하는 반작용이 준비되어 있는 것이다.

의식은 일정한 목표를 향하여 나아가는 성향이 있다. 그러므로 의식은 목표에 위배되는 것처럼 보이는 무의식의 정반대적 영향력을 막고자 한다. 이러한 방어에 의해서 무의식의 작용은

억압될 수 있지만, 그럼에도 불구하고 그 반작용은 계속된다.[*]

　무의식에 대한 의식의 방어는 엄청난 정신적 에너지의 손실을 일으킨다. 자아의식이 가지고 있는 기본적 에너지가 고갈되는 중년에 이르면 심리적 갈등이 증폭되는 이유가 바로 여기에 있다. 그런데 여기서 눈여겨보아야 하는 것은, 중년의 심리적 갈등을 겪음으로써 개체는 정신구조에 대한 관심을 갖게 된다는 점이다.

　무의식의 영향력을 알아야만 하는 이유는, 내가 결코 원하지 않는 무의식의 내용들이 의식이 알지 못하는 사이에 은밀하게 일어나기 때문이다. 이미 앞에서도 말했지만 다시 한번 실례를 살펴보자.

　얼마 전 한 유명 아나운서가 지하철에서 여성의 신체를 몰래 찍다 들켜서 난리가 났다. 또, 지방의 간부 검사는 공공장소에서 음란행위를 하여 파문을 일으켰다. 세계적인 종교지도자들의 성범죄에 연루된 기사들은 아주 널리 퍼진 이야기다.

　여기서 그들의 죄를 변호하려고 하는 것은 물론 아니다. 다만 그들의 믿지 못할 행위들이, 그들의 의식이 명료한 상태에서 일어났을까 하는 의문이 드는 것은 사실이다. 왜냐하면 그러한 자신들의 행위가 만천하에 드러나 자신이 지지론 일을 직면해야만 했을 때, 그들 스스로도 본인이 한 일이 용서될까 싶기 때문이다.

---

[*]　『원형과 무의식』, p.352.

우리가 '정신이 오직 의식으로만 구성되어 있다'고 생각한다면 그런 사건들을 주저 없이 비난할 수 있다. 하지만 그들이 의식만을 가지고 있었다면 누구에게나 쉽게 알려질 수 있는, 그토록 비이성적인 행동을 할 수 있었을까? 라는 의문이 남는다.

무의식의 정신을 부정하는 사람은 의식의 정신과 무의식의 정신이 분리되어 있다. 그의 정신은 그가 보이는 사회적 인격과는 다르게 심각하게 불건강한 상태이다. 정신이 분리된 상태에서는 누구라도 쉽게 무의식의 영향력 아래로 빠져들게 되어 있다.

분리된 정신의 통합은 그것을 인식하는 일이 우선이다. 그것은 자신의 무의식이 무엇인지를 아는 것으로부터 시작한다. 의식과 무의식 사이의 통합이 일어나면 현재의 어려움뿐만 아니라 미래의 어려움도 대처할 수 있게 해준다.

8. 자기 이해는 에너지 흐름을 원활하게 만든다

사람이 태어날 때 백지 상태로 태어나지 않는다는 것을 우리는 알고 있다. 같은 어머니와 아버지를 통해서 태어나지만 형제는 서로 다른 특성을 가지고 있다. 이것은 우리의 정신이 무엇인가 고유한 것을 가지고 태어난다는 점을 부인할 수 없게 만든다. 개인이 삶에서 깨우치게 되는 많은 것들은 결국 각 개인이 타고나는 고유한 정신적 성질들의 작용이다.

어렸을 때 사람은 부모의 영향을 가장 강하게 받고 자란다. 어른이 되면서 아이는 부모의 영향력으로부터 스스로 분리된다. 익숙하던 부모의 이미지가 점점 멀어지면서 부모로 상징되었던 정신적 영향력도 점차로 줄어든다.

대신 부모의 상이 차지하고 있던 그 빈자리에 배우자의 상이 들어온다. 결혼한 남자는 부모의 상을 대신하는 것이 그의 부인이고, 결혼한 여자에게는 그녀의 남편이다. 이러한 현상은 우리의 정신적 구조에서 기인한다.

정신의 구조를 보면 여성성과 남성성이 함께 존재한다. 즉 남성의 전체 본질과 여성의 전체 본질은 정신적으로나 육체적으로 여성과 남성을 전제로 하는 선천적 구조를 갖고 있다. 이것은 유전된 집단적 상으로 존재하기 때문에 남성과 여성의 전체 본질은 대상으로 있는 여성과 남성에게 초점을 맞추게 된다.

다만 남성으로 태어나면 그 여성성이, 여성으로 태어나면 그 남성성이 내면에 억압되어 있다. 또한 우리 사회는 남성과 여성이 그 특성을 넘어서는 것에 그리 관대하지 않다. 말하자면 남자가 임신을 할 수 없듯이 여성 또한 여성적 특질을 온전히 벗어날 수 없는 한계성이 있기 때문이다. 이러한 구조적 문제는 남성 안에서의 여성적인 특성과 성향, 여성 안에서의 남성적인 특성과 성향을 억압시킬 수밖에 없다. 그런데 모든 억압은 억압된 것을 실현시키기 위한 욕구를 축적시킨다.*

억압된 정신은 우리의 의식에게 인식되어지지 않기 때문에 우리가 알지 못하는 무의식의 정신이다. 그런데 비록 무의식 상태로 있기는 하지만 그것은 죽은 것이 아니라 살아 있다. 살아 있다는 것은 정신적 영향력이 엄연히 존재한다는 말이다. 다만 자아의식이 그것을 알아챌 수 없을 뿐이다.

앞에서 무의식의 정신은 내가 알지 못하는 사이에 타인에게로 투사된다고 말했다. 남자는 자기 내면의 여성성을 밖에 존재하는 여성을 통해서 실현하게 된다. 그러므로 남편이나 아내가 배우자를 통해 발견하거나 도움을 받는 것들은 모두 자기 내면의 정신적 요소들인 셈이다.

남성의 특성은 개인적이라기보다 사회적이고, 감정보다는 사고기능이 발달되어 있다. 말하자면 남성은 개인적이고 감정적인 면에 아주 서툴다는 것을 의미한다. 그렇기 때문에 남성은 자신에게는 미지의 세계로 남아 있는 정신적 영역인 영감(Inspiration)과 예감 능력 같은 것들을 아내를 통해서 보충 받게 된다. 바꾸어 말하면 결혼한 여성은 자신의 비교적 취약한 부분인 사회적·사고적인 측면을 남편으로부터 도움 받을 수 있다는 말이다.

우리는 자신의 생각이 곧 자신이라는 오해를 가지고 살고 있다. 실례가 하나 있다. 어떤 군인이 군대 쓰레기장에서 쓰레기를 버리러 갔다가 김치가 든 노란 통 옆에 있는 고양이를 보았다.

---

* 『인격과 전이』, pp.94~5.

고양이가 귀여워 씽긋 웃고 돌아서던 순간 그에게 전혀 예상치 못한 일이 일어나고 말았다. 그 귀여운 고양이를 버려진 김치와 버무려 먹으면 맛있겠다는 생각이 떠오른 것이다. 너무도 여리고 착하기만 했던 군인은 뜬금없이 떠오른 끔찍한 상상에 그만 혼비백산하고야 말았다.

그는 자신의 상상을 곧 자신이라고 동일시했다. 자신의 잔혹한 상상을 누군가에게 들킬 것만 같아서, 또 사람들의 비난이 들리는 것만 같아서 그는 매우 고통스러웠다. 하지만 객관적으로 본다면 그 상상은 그가 고의적이고 자의적으로 만들어 낸 것이 결코 아니다.

우리는 홀로 있기를 회피한다. 그래서 우리는 혼자 있다고 하지만 결국은 무엇인가를 하고 있다. 아무것도 하지 않은 채 그 자체로 홀로 있음이란 결국 자기 자신과의 진정한 대면이다. 진정한 대면이 어려운 것은 그만큼 우리 내부가 편안하지 않다는 것을 의미한다. 마음은 알지 못할 소리, 현실적으로 전혀 어울리지 않는 생각들, 원치 않는 위험한 상상들, 결코 드러내서는 안 되는 비도덕적 욕망들이 들끓는 가마솥과 같다. 우리는 이것을 망상이라고 부른다.

그 망상의 가마솥이 언제 끓어 넘칠지 몰라 끊임없이 불안해한다. 그것을 잠재우기 위해 우리는 온갖 방법을 사용한다. 명상·음악·취미·일 등등에 몰두하지만 그것은 진정한 해결방법이 될 수 없다. 왜냐하면 그러한 노력으로 마음속의 것들이 끓어 넘치지 않을 수도 있겠지만, 마음이 왜 끓고 있는지는 결코 알 수 없기 때문이다.

문제의 해결점은 '마음이 무엇이고, 마음이 왜 끓는지'에 대해 아는 것에 있다. 자기 자신과의 대면이 두려워 피하기만 한다면 그는 영원한 도망자 신세가 될 뿐이다. 융은 자기 자신을 알기 위해서 있는 그대로의 자신과 마주하라고 말한다. 물론 그 일이 결코 쉽다고 말할 수는 없다.

훈련받은 인격으로 살고 있는 자아의식은 '있는 그대로의 자신'과의 대면이 너무도 두렵기 때문이다. 두렵고 힘들지만 우리가 그것을 반드시 해내야만 하는 이유는, 그것이 바로 정신 에너지의 흐름을 원활하게 만드는 일이기 때문이다. 에너지의 흐름이 막힌다는 것은 정신을 죽음으로 몰고 가는 것이다. 양식이 거부된 정신이 성장하거나 건강할 수 없는 것은 너무도 당연한 진리이다.

하찮은 자신을 사랑하라

의식은 아름다운 것, 도덕적인 것, 지성적인 것을 추구한다. 이러한 의식의 추구는 한편으로 비도덕적이고 무식하며 어리석은 것들이 우리의 본성이라는 점을 인정하고 있는 것이다. 우리가 누군가를 '인간적'이라고 말할 때 그는 그것을 결코 비웃음이나 모멸감으로 느끼지 않는다. 왜냐하면 '인간적'이라는 말에는 이미 인간의 불완전성에 대한 수용이 포함되어 있기 때문이다.

'있는 그대로의 나'란 아름답고 도덕적이며 지성적인 나뿐만 아니라 추악한 인간으로서의 '나'까지를 포함한다. 그런데 좋은 측면만 강조됨으로써 추악한 인간은 보지 못한다. 그것은 반쪽 인간이다. 즉 전체적 인간이 아닌 것이다.

정신이 맑고 깨끗한 것으로만 이루어져 있다고 생각하는 것은 무리이다. 정말 그렇다면 우리가 도덕과 윤리, 교양을 배우고 인격을 고양시키려고 엄청난 노력을 하지 않을 것이기 때문이다 그런데 그러한 노력에도 불구하고 정신적 문제들은 간단하게 해결되는 것이 아니라는 점에 더 큰 문제가 있다.

우리가 끊임없이 자신을 깨끗하고 특별한 사람이라고 생각하고 싶어 하는 이유도, 바로 우리 자신이 무엇인가 하찮은 것들에게 붙잡혀 있다는 것을 본능적으로나마 알고 있기 때문은 아닐까? 마음은 언제나 시끄럽고 복잡하다. 무엇인지 정확하지는 않지만 혼란스럽고 불편하다. 그것이 심화되면 불안과 공포, 두려움으로 나타나기도 한다.

두려움은 죽음과 연관되어 있다. 질병이나 사고가 육체적 죽음과 관련되어 있다면 마음의 혼란은 정신적 죽음과 관련이 있다. 정신적 죽음은 곧 육체적 죽음으로 환원된다. 건강염려증은 외부적 요인보다 내부적 요인이 크다. 내면적 혼란이 죽음에 대한 강박증을 불러일으키고 그것이 몸에 대한 지나친 염려로 나타나는 것이다.

그렇기 때문에 사람은 자기 내면과 마주하는 일을 끔찍하게 여긴다. 한 주부는 마음이 복잡하고 혼란스러우면 집안청소를 한다고 한다. 열심히 일에 빠져 있는 동안에는 자신의 마음을 보지 않을 수 있기 때문이다. 요즘 많은 사람들이 핸드폰 없이는 불안하다고 말한다. 핸드폰이 세상과 자신을 연결시켜 주는 통로일 뿐 아니라 잠시나마 자기 문제를 잊게 해 주기 때문이다.

비록 많은 이들이 인식하고 있지는 못하지만, 사실 우리가 가장 두려워하는 것은 자신이다. 세상에는 자기 자신의 혼란과 직면하지 않으려는 수많은 시도들이 넘쳐난다. 종교적 믿음을 가진 사람들은 명상이나 기도를 통해 극복하려고 하고, 그렇지 않은 사람들은 자신의 두려움을 잊기 위해 외부적인 것들에 집착한다. 사람에 집착하고, 돈에 집착하고, 권력에 집착한다. 또한 쇼핑이나 술, 게임이나 마약 등 수많은 중독 현상들도 있다. 이 모두가 사람들의 정신적 혼란을 대변해 주고 있는 것들이다.

그 문제를 해결하고 싶다면 문제가 무엇인지 알아야 할 것이다. 즉 마음이 두려워 피하고 싶어 하는 그것이 무엇인지를 알아야만 한다. 조금 어려울 수도 있다. 그러나 문제를 해결하기 위해서는 알려는 노력이 필요하다. 의식이 알지 못하는 무의식이라는 정신의 초입에는 앞에서 언급한 '그림자'라는 놈들이 살고 있다. 그림자는 쉽게 말하자면 정신의 원시적 성질이다. 즉 정신이 텅 비어 있거나 혹은 전지전능한 신의 손으로 완벽하게 디자인한 것은 아니라는 말이다.

몸이 자연이듯이 정신도 자연이다. 몸은 오랜 세월을 거쳐 진화해 오고 있다. 몸과 마찬가지로 정신도 진화하는 중이다. 진화의 역사는 곧 원시성이라는 시작점에서 출발한다. 진화심리학자인 행크 데이비스의 『양복을 입은 원시인』에서 잘 보여주고 있는 것처럼, 인간의 뇌 안에는 석기시대인의 마음이 들어 있다.

현대인은 첨단문명과 잘 받은 교육에 의해서 세련된 모습을 하고 있지만 유전자에는 원시성이 그대로 저장되어 있는 셈이다. 말하자면 '그림자'는 원시적인 섯, 유지하고 불쾌해서 '나'라는 자아의식이 나의 것으로 인정하기에는 너무도 적합해 보이지 않는 성질들이다. 그러다 보니 '나'는 점점 더 그것들과 분리되기 위해 온갖 노력을 기울인다.

그런데 '그림자'는 무의식의 정신이다. 무의식은 '나'를 지탱하게 하는 뿌리다. '나'가 '그림자'로부터 분리된다는 것은 정신의 본체로부터 분리되는 일이다. 그것은 정신의 죽음이다. 뿌리로부터 분리된 나무는 살지 못하는 것과 마찬가지다.

그림자는 분명하게 인습적인 것들과 충돌하는 요소를 가지고 있다. 그렇기 때문에 언제나 나의 인격에 모독을 가하는 '위험한 반대자'임에는 틀림없다. 그러나 무의식의 정신은 의식에 영향을 받지 않는 자율적인 정신이다. 그러므로 그림자는 늘 자기 존재를 주장할 수 있다. 이렇게 되면 인생은 심각한 문제가 발생한다.

수많은 지성인들의 비도덕적 사건들은, 지성이 본성의 힘 앞에 얼마나 쉽게 무너질 수 있는가를 여실하게 보여준다. 자신의 욕구가 무엇인지를 인식하기만 해도 그 위험한 행동들을 멈출 수 있는 가능성은 매우 높다. 성적 욕구를 심하게 억압하고 살면서도 그것에 대한 인식이 없을 때, 억압된 성욕은 엄청난 힘이 되어 그 자신을 덮쳐버린다. 지킬 박사와 하이드는 의식과 무의식으로 분리되어서 살고 있는 우리 자신이다. 이것은 왜 우리가 정신의 구조를 알아야만 하는지를 가르쳐준다. 젊은 시절이 우월한 자신을 사랑한 시간이었다면, 중년은 하찮은 자신을 사랑할 시간이다.

지은이 **최명희**

1955년에 태어났으며, 대학에서는 철학을, 대학원에서는 자아초월상
담심리학을 공부했다.

현재 노미(KnowMe) 심리상담소장, 몸마음연구소심리소장, 무아심리상
담연구소장 등을 맡고 있으며, 한국문인협회 회원이기도 하다.

직접 창안한 '무아심행프로그램'과 '무아심리상담법'을 통해 창조적 에
너지의 원천인 무의식을 탐구하여 자신이 누구인지를 알고자 하는 사람
들을 돕고 있으며, 불교를 심리학으로 풀어내는 작업도 병행하고 있다.

지은 책으로 『무아의 심리학』, 『상징의 심리학』, 『자아와 깨달음, 심리학
으로 통하다』가 있다.

중년의 심리학

초판 1쇄 인쇄 2021년 2월 17일 | **초판 1쇄 발행** 2021년 2월 24일
지은이 최명희 | **펴낸이** 김시열
펴낸곳 도서출판 자유문고

    (02832) 서울시 성북구 동소문로 67-1 성심빌딩 3층

    전화 (02) 2637-8988 | 팩스 (02) 2676-9759

ISBN 978-89-7030-153-2 03180   값 15,000원

http://cafe.daum.net/jayumungo